21世纪高职高专智能建筑技术规划教材

建设工程项目管理

主　编　开永旺　刘　芳

副主编　陈家龙　邢建鑫　周黎明

参　编　汤永堂　朱兆彬　许　苹　许玮珑　陈莎莎

　　　　沈天杭　叶明几　杨希晓

主　审　李　明

内 容 提 要

本书依据《建设工程项目管理规范》(GB/T 50326—2006),从我国实际出发,融入二级注册建造师考试的部分内容,较全面、系统地构建了建设工程施工管理的知识体系框架,适合高职高专建筑工程及工程管理类课程体系要求。本书在编写过程中,坚持“以应用为目的,专业理论知识必需、够用为度”的原则,既注重理论知识的适用性,更突出建设工程项目管理的实践性。

本书可作为高职高专院校建筑工程及工程管理类专业的教材,也可作为工程项目管理的工程技术人员参考用书。

图书在版编目(CIP)数据

建设工程项目管理/开永旺,刘芳主编. —天津:天津大学出版社,2011.9

21 世纪高职高专智能建筑技术规划教材

ISBN 978-7-5618-4166-2

Ⅰ. ①建… Ⅱ. ①开… ②刘… Ⅲ. ①基本建设项目—项目管理—高等职业教育—教材 Ⅳ. ①F284

中国版本图书馆 CIP 数据核字(2011)第 192059 号

出版发行 天津大学出版社

出 版 人 杨欢

地 址 天津市卫津路 92 号天津大学内(邮编:300072)

电 话 发行部:022-27403647 邮购部:022-27402742

网 址 www.tjup.com

印 刷 廊坊市长虹印刷有限公司

经 销 全国各地新华书店

开 本 185mm×260mm

印 张 15.5

字 数 387 千

版 次 2011 年 9 月第 1 版

印 次 2011 年 9 月第 1 次

定 价 31.00 元

前　言

项目管理作为20世纪90年代才发展起来的新领域，已成为现代管理学的重要分支，并越来越受到重视。本书适应高职高专“建筑及相关工程及工程管理类专业”的教学需求，使学生系统地掌握建设工程项目管理的基本理论和基本方法，从而具备从事建设工程项目管理的基本能力，并适应注册建造师考试的需要。

本书注重理论和实际的结合，强调实用性和可操作性，注重项目管理知识体系的完整性。在教材编写中注重理论知识的适用性，以建设工程施工项目管理为核心，将“建筑施工组织”与“项目管理”的理论、方法与手段融为一体。教材深入浅出、通俗易懂，以培养和提高学生解决问题的能力为目的，力求体现高等职业教育的特色。

本书由浙江交通职业技术学院负责编写，共分7个项目，具体分工如下：项目一、二、七由开永旺副教授编写，项目三由北京铁路局工务处高级工程师邢建鑫编写，项目四由浙江正博科技工程有限公司周黎明编写，项目五由杭州铁路工务段总工程师刘芳编写，项目六由浙江中安电子工程有限公司高级工程师陈家龙编写。另外，汤永堂、朱兆彬、陈莎莎、许苹、沈天杭、叶明儿、杨希晓等也参加了部分编写工作。全书由开永旺副教授统稿和定稿，由浙江交通职业技术学院李明副教授主审。

本书在编写过程中，参考了有关专家、学者的论著，借鉴了很多规范，天津大学出版社领导及编辑也为本书的出版付出了辛勤的劳动，在此一并致以诚挚的谢意。由于时间仓促，编者水平有限，书中难免存在错漏和不当之处，恳请各位同行、专家和广大读者批评指正。

编者

2011年3月于杭州

目　录

项目一 建设工程项目管理概论

任务一 项目管理与工程项目管理

内容概要

1. 项目的概念及特点。
2. 工程项目的概念及特点。
3. 项目管理的概念及特点。
4. 工程项目管理的概念及特点。
5. 工程项目的建设程序。

一、项目

1. 项目的概念

项目是指在一定的约束条件下，具有特定目标的一次性任务。

项目包括许多内容，可以是建设一项工程，如建筑工程、公路工程等；也可以是完成某项科研课题或研制一套设备；还可以是开发一套计算机应用软件等。典型的项目有以下几个方面。

①新产品服务开发，如新型家电的开发。

②技术改造或技术革新，如现有设备或流水线的更新改造。

③科学技术研究或开发，如新材料、新工艺的开发。

④工程建设，如高速公路、住宅的建设。

⑤政治或社团组织推行的活动，如希望工程、“211”工程、申办奥运会工程。

⑥大型体育比赛或文艺演出，如奥运会比赛、春节文艺晚会。

2. 项目的特点

（1）项目的一次性或单件性

项目的一次性或单件性是项目最主要的特征。所谓一次性或单件性，是指就任务本身和最终成果而言，没有完全相同的另一项任务。例如建设一项工程或开发一种新产品，既不同于其他工业产品的批量性，也不同于其他生产过程的重复性。项目的一次性意味着一旦项目管理工作出现较大失误，其损失不可挽回。因此，必须有针对性地根据项目的具体情况进行科学的管理，以保证项目一次成功。

（2）项目的目标性和约束性

任何项目都具有预定的目标，目标是项目存在的前提；但是实现项目目标的过程中总会有一定的约束条件。一般情况下，项目的约束条件包括限定的质量、限定的时间和限定的投资，通常称这3个约束条件为项目的三大目标。如何在限定的约束条件下实现具体的项目目标，是项目管理工作的主要任务。

（3）项目具有生命周期

项目的一次性或单件性决定了每个项目都具有生命周期。任何项目都有产生、发展和结束的过程，在生命周期的不同阶段会有不同的任务和工作内容，因而管理的方法和内容都会有所不同。成功的项目管理是对项目全过程的管理和控制，是对整个项目生命周期的管理。

3. 项目的分类

项目按专业特点可以分为科研项目、工程项目、航天项目、维修项目和咨询项目等。工程项目是其中数量最多的一类。

二、工程项目

1. 工程项目的概念

工程项目是项目中数量最多、最为典型的一类项目，一般指为某种特定的目的而进行投资建设并含有一定建筑或建筑安装工程的建设项目。例如，建设具有一定生产能力的流水线，建设具有一定生产能力的工厂或车间，建设一定长度和等级的公路，建设一定规模的医院、文化娱乐设施，建设一定规模的住宅小区等。

2. 工程项目的特点

（1）工程项目具有明确的建设目标

任何工程项目都有明确的建设目标，包括宏观目标和微观目标。政府主管部门主要审核项目的宏观经济效果、社会效果和环境效果；企业则多重视项目的赢利能力等微观财务目标。每个工程项目的最终产品都有特定的用途和功能。

（2）工程项目具有一次性

工程项目的一次性主要体现在工程项目设计的单一性和施工的单件性。工程项目不同于一般商品的生产，不是批量生产。尽管从事一种成品或服务的单位很多，但由于工程项目建设的时间、地点、条件等会有若干差别，都会涉及某些以前没有做过的事情，因此决定了它具有一次性。

（3）工程项目具有不可逆转性

工程项目实施完成后，很难推倒重来，否则将会造成极大的损失。因此，工程项目具有不可逆转性。

（4）工程项目具有一定的限制性

工程项目目标的实现受多方面因素的限制，主要包括以下几个方面。

①质量约束，即工程项目要达到预期的使用要求。

②时间约束，即每个工程项目都有合理的工期限制。

③资金约束，即每个工程项目都要在一定的投资限额内完成。

④空间约束，即工程项目要在一定的空间范围内通过科学合理的方法来组织完成。

（5）工程项目投资风险大，管理复杂

工程项目投资巨大，且一次性及建设时间长等特点导致其不确定因素多、投资风险大；工程项目在实施过程中参与单位众多，各单位之间的沟通、协调困难，导致管理过程复杂，管理难度大。

3. 工程项目的分类

（1）按专业分类

工程项目按专业不同，可分为建筑工程项目、公路工程项目、水电工程项目、港口工程项目和铁路工程项目等。

（2）按参与方分类

同一工程项目，参与建设的各方常赋予其不同的名称：投资方或政府部门常称工程项目为建设项目；设计者称所设计的工程项目为设计项目；工程监理称所监理的工程项目为监理项目；工程咨询称所咨询的工程项目为咨询项目。

三、项目管理

1. 项目管理的概念

项目管理是指在一定的约束条件下，为达到项目的目标而运用系统的理论和方法，对项目进行计划、组织、指挥、协调和控制等专业化活动的过程。

项目管理的目的是保证项目目标的实现。项目管理的对象是项目，由于项目具有单件性或一次性的特点，因此项目管理应具有针对性、系统性、程序性和科学性。只有用系统的观点、方法和理论进行项目管理，才能保证项目目标的顺利实现。

2. 项目管理的特点

（1）每个项目都有特定的管理程序和管理步骤

项目的单件性决定了每个项目都有其特定的目标，而项目管理的内容和方法要针对项目目标而定。因此，每个项目的管理程序和管理步骤都应具有针对性和独特性。

（2）项目管理以项目经理为中心

项目的单件性和管理过程的一次性为项目管理带来较大的风险。为了更好地进行计划、组织、指挥、协调和控制，必须实施以项目经理为中心的管理模式，必须授予项目经理较大的权力，以使其能够及时处理项目实施过程中出现的各种问题。

（3）项目管理应使用现代化的管理方法和科学的技术手段

现代项目具有投资额大、建设周期长、建设环境复杂、涉及多学科多部门等特征，传

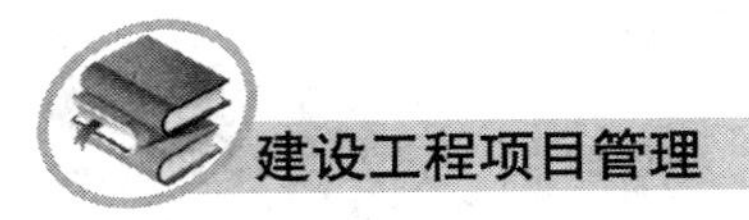

统的管理模式已经无法满足管理的需求，因此必须综合运用现代化的管理方法和科学的技术手段，如决策技术、网络与信息技术、网络计划技术、价值工程、系统工程等进行管理。

（4）项目管理过程中应实施动态管理

项目实施过程中各种因素都是动态变化的，为了保证项目目标的实现，应在项目实施过程中采用动态控制的方法，通过不断的检查、比较、分析、纠偏、制定新的计划、再实施等动态循环过程，最终实现项目的目标。

四、工程项目管理

1. 工程项目管理的概念

工程项目管理是项目管理中的一大类，其管理对象是工程项目。工程项目管理是以最优实现工程项目目标为目的，在一定的约束条件下，对工程项目进行有效的计划、组织、指挥、协调和控制等专业化管理活动的过程。

2. 工程项目管理的特点

（1）工程项目管理的一次性

工程项目的单件性或一次性决定了工程项目管理的一次性特征。没有完全相同的工程项目管理经验可以借鉴、重复，管理过程中一旦出现失误，将会产生严重损失。因此，工程项目管理应严密组织、严格管理。

（2）工程项目管理的全过程性和综合性

工程项目的各阶段既有明显界限，又相互有机衔接，不可间断，这就决定了工程项目管理是对项目生命周期全过程的综合管理，如对项目可行性研究、勘察设计、招标投标、施工等各阶段全过程的管理，在每个阶段中又包含进度、质量、投资（成本）、安全的管理。因此，工程项目管理是全过程的综合性管理。

（3）工程项目管理的强约束性

任何工程项目都有明确的目标，即限定的进度、质量、投资（成本）、安全等要求，各种要求之间相互影响和制约，一旦某些方面的约束被突破，则可能对其他方面造成不利的影响，进而影响项目整体目标的实现，所以工程项目管理是一种强约束性管理。工程项目管理的重点在于管理者如何在不超越限制条件的前提下，充分调动和利用各种资源，完成既定任务，达到预期目标。

五、一般工程项目的建设程序

工程项目建设程序是指一项工程项目从设想、提出到决策，经过设计、施工直到投产使用的全部过程的各个阶段及各项主要工作之间必须遵循的先后顺序。

按照工程项目发展的内在联系和发展过程，建设程序分为若干阶段，这些发展阶段有严格的先后次序，不能任意颠倒和违反其发展规律。坚持按工程项目建设的客观规律办事，正确处

理工程项目建设过程中各个阶段、各个环节、各项工作之间的关系，提高工程建设的经济效益。

工程项目的全生命周期包括项目的决策、实施和使用三大阶段，又可详细地划分为 7 个阶段，如图 1-1 所示。

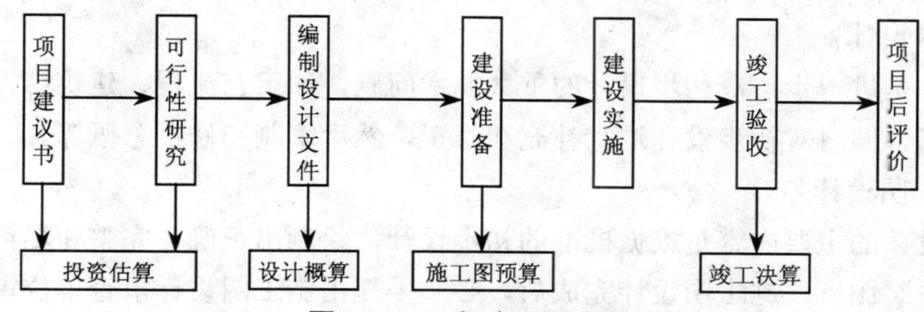

图 1-1　工程建设程序图

1. 项目建议书阶段

项目建议书阶段，也称初步可行性研究阶段。项目建议书是项目法人提出的，要求建设某一工程项目的建议性文件，是对拟建项目轮廓的设想。项目建议书的主要作用是对拟建项目进行初步说明，论述其建设的必要性、条件的可行性和获得的可能性，供基本建设管理部门选择并确定是否进行下一步工作。

2. 可行性研究阶段

项目建议书批准后，即可进行可行性研究。可行性研究是项目前期工作最重要的内容。可行性研究是指在项目决策前，通过对项目有关的工程、技术、经济等各方面条件和情况进行调查、研究、分析，对各种可能的建设方案和技术方案进行比较论证，并对项目建成后的经济效益进行预测和评价，由此考查项目技术上的先进性和通用性、经济上的营利性和合理性、建设的可能性和可行性，为项目最终决策提供直接的依据。

在可行性研究的基础上编写的可行性研究报告，必须具有相当的深度和准确性。可行性研究报告经评估后按项目审批权限由各级审批部门进行审批。批准后的可行性研究报告是初步设计的依据，不得随意修改或变更。

3. 编制设计文件阶段

可行性研究报告批准后，建设单位可委托设计单位根据可行性研究报告的要求，编制设计文件。

一般工程项目（包括工业与民用建筑、城市基础设施、水利工程、道路工程等）设计过程划分为初步设计和施工图设计两个阶段。对技术复杂而又缺乏经验的项目，可根据不同行业的特点和需要，增加技术设计阶段。

（1）初步设计

初步设计的内容依项目的类型不同而有所变化，一般来说，它是项目的宏观设计，即项目的总体设计、布局设计，主要的工艺流程、设备的选型和安装设计，土建工程量及费用的估算等。初步设计文件应当满足编制施工招标文件、主要设备材料订货和编制施工图设计文件的需要，是下一阶段设计的基础。

初步设计批准后，设计概算即为工程投资的最高限额，未经批准，不得随意突破。确因不可抗拒因素造成投资突破设计概算时，须上报原批准部门审批。

（2）技术设计

技术设计是进一步解决初步设计的重大技术问题，如工艺流程、建筑结构、设备选型及数量确定等，同时对初步设计进行补充和修正，然后编制和修正总概算。

（3）施工图设计

施工图设计的主要内容是根据批准的初步设计，绘制出正确、完整和尽可能详细的建筑、结构、安装图纸。施工图设计完成后，必须委托由施工图设计审查单位审查并加盖审查专用章后使用。经审查的施工图设计还必须经有权审批的部门进行审批。

4. 建设准备阶段

建设准备阶段的主要工作内容包括：征地、拆迁和场地平整；完成施工用水、电、路等工程；准备设备，材料订货；准备必要的施工图纸；组织施工招标，择优选定施工单位。

5. 建设实施阶段

工程项目经批准开工后，便进入了建设实施阶段。本阶段的主要任务是实现投资决策意图。在这一阶段，通过施工，在规定的工期、质量、价格范围内，按设计要求高效率地实现项目目标。建设实施是工程项目管理的重点阶段，在整个项目周期中工作量最大，投入的人力、物力和财力最多，管理的难度也最大。

在建设实施阶段还要进行生产准备或使用准备。生产准备是生产性建设项目投产前所要进行的一项重要工作，它是连接基本建设和生产的桥梁，是建设转入生产经营的必要条件；使用准备是非生产性建设项目正式投入运营使用所要进行的工作。

6. 竣工验收阶段

工程项目全部完成，符合设计要求，并具备竣工图表、竣工决算、工程总结等必要文件资料时，由项目主管部门或建设单位向负责验收的单位提出竣工验收申请报告。

竣工验收是投资成果转入生产或服务的标志，对促进工程项目及时投产、发挥投资效益及总结建设经验都具有重要意义。

7. 项目后评价阶段

工程项目后评价是工程项目竣工投产、生产运营一段时间后，对项目进行系统评价的一种技术经济活动。评价内容主要包括：影响评价——对项目投产后对各方面的影响进行评价；经济效益评价——对项目投资、国民经济效益、财务效益、技术进步和规模效益、可行性研究深度等进行评价；过程评价——对项目的立项决策、设计施工、竣工投产、生产运营等全过程进行评价。通过工程项目后评价达到肯定成绩、总结经验、研究问题、吸取教训、提出建议、改进工作、不断提高项目决策水平和增强投资效果的目的。

目前我国开展的工程项目后评价一般按 3 个层次组织实施，即项目法人的自我评价、项目所在行业的评价和各级发展计划部门（或主要投资方）的评价。

任务二　建设工程项目管理

内容概要

1. 建设工程项目管理的概念。
2. 建设工程项目管理的主体。
3. 建设工程项目管理的类型。
4. 工程项目管理的概念及特点。
5. 各方项目管理的目标和任务。

一、建设工程项目管理的概念

建设工程项目管理的概念是：自项目开始至项目完成，通过项目策划和项目控制，以使项目的费用目标、进度目标和质量目标得以实现。

“自项目开始至项目完成”指的是项目的实施期；“项目策划”指的是目标控制前的一系列筹划和准备工作；“费用目标”对业主而言是投资目标，对施工方而言是成本目标。项目决策期管理的主要任务是确定项目的含义，而项目实施期管理的主要任务是通过管理使项目的目标得以实现。

二、建设工程项目管理的参与方

1. 建设工程项目的主要利害关系者

建设工程项目的利害关系者是指那些积极参与该项目或其利益受到该项目影响的个人和组织。建设工程项目管理班子必须弄清楚谁是本工程项目的利害关系者，明确他们的要求和期望是什么，然后对这些要求和期望进行管理和施加影响，确保工程项目获得成功。图 1-2 列出了建筑工程项目的主要利害关系者。

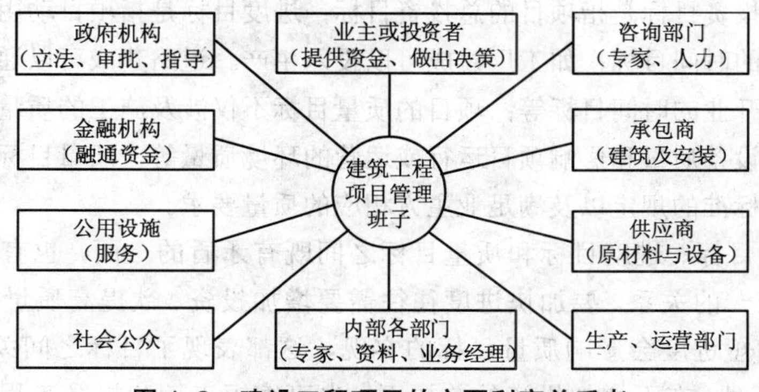

图 1-2　建设工程项目的主要利害关系者

2. 建设工程项目管理的主体

在图 1-2 所示的众多利害关系者中，把建设工程项目管理的参与者称为建设工程项目管理的主体，主要包括业主（建设单位）、承包商（施工方、建设项目总承包方）、设计单位、监理咨询机构、供货方。

与建筑工程项目相关的其他主体还包括政府的计划管理部门、建设管理部门、环境管理部门、审计部门等，它们分别对工程项目立项、工程建设质量、工程建设对环境的影响和工程建设资金的使用等方面进行管理。此外，还有工程招标代理公司、工程设备租赁公司、保险公司、银行等，它们均与建筑工程项目业主方签订合同，提供服务或产品等。

3. 建设工程项目管理的类型

按建设工程生产组织的特点，一个项目往往由众多参与单位承担不同的建设任务，而各参与单位的工作性质、工作任务和利益不同，因此形成了不同类型的项目管理。由于业主方是建设工程项目生产过程的总集成者——人力资源、物质资源和知识资源的集成，业主方也是建设工程项目生产过程的总组织者，因此对于一个建设工程项目而言，虽然有代表不同利益方的项目管理，但是业主方的项目管理是管理的核心。

按建设工程项目不同参与方的工作性质和组织特征划分，项目管理有如下几种类型：①业主方的项目管理；②设计方的项目管理；③施工方的项目管理；④供货方的项目管理；⑤建设项目工程总承包方的项目管理等。

投资方、开发方和由咨询公司提供的代表业主方利益的项目管理服务都属于业主方的项目管理；施工总承包方和分包方的项目管理都属于施工方的项目管理；材料和设备供应方的项目管理都属于供货方的项目管理；建设项目总承包有多种形式，如设计和施工任务综合的承包，设计、采购和施工任务综合的承包（简称 EPC 承包）等，它们的项目管理都属于建设项目总承包方的项目管理。

4. 各方项目管理的目标和任务

（1）业主方项目管理的目标和任务

业主方项目管理服务于业主的利益，其项目管理的目标包括项目的投资目标、进度目标和质量目标。投资目标是指项目的总投资目标；进度目标是指项目动用的时间目标，也即项目交付使用的时间目标，如工厂建成可以投入生产、道路建成可以通车、办公楼可以启用、旅馆可以开业的时间目标等；项目的质量目标不仅涉及施工的质量，还包括设计质量、材料质量、设备质量和影响项目运行或运营的环境质量等，质量目标包括满足相应的技术规范和技术标准的规定以及满足业主方相应的质量要求。

项目的投资目标、进度目标和质量目标之间既有矛盾的一面，也有统一的一面，它们之间是对立统一的关系。要加快进度往往需要增加投资、欲提高质量往往也需要增加投资、过度地缩短进度会影响质量目标的实现，这都表现了目标之间关系矛盾的一面；但通过有效的管理，在不增加投资的前提下，也可缩短工期和提高工程质量，这反映了目标之间关系统一的一面。

建设工程项目的全生命周期包括项目的决策阶段、实施阶段和使用阶段。项目的实施阶段包括设计前准备阶段、设计阶段、施工阶段、动用前准备阶段和保修阶段，如图 1-3 所示。招投标工作分散在设计前准备阶段、设计阶段和施工阶段中进行，因此可以不单独列招投标阶段。

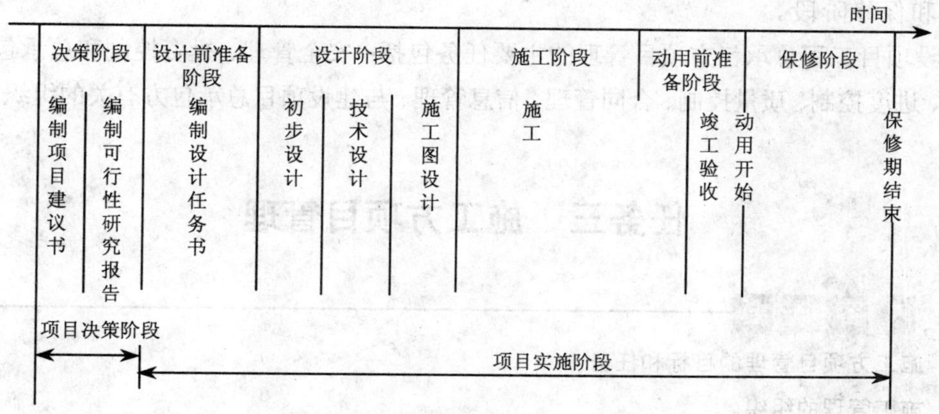

时间
决策阶段　设计前准备阶段　设计阶段　施工阶段　动用前准备阶段　保修阶段
编制项目建议书　编制可行性研究报告　编制设计任务书　初步设计　技术设计　施工图设计　施工　竣工验收　动用开始　保修期结束
项目决策阶段　项目实施阶段

图 1-3　建设工程项目的阶段划分

业主方的项目管理工作涉及项目实施阶段的全过程，即在设计前准备阶段、设计阶段、施工阶段、动用前准备阶段和保修阶段分别进行安全管理、投资控制、进度控制、质量控制、合同管理、信息管理。

（2）设计方项目管理的目标和任务

设计方作为项目建设的一个参与方，其项目管理主要服务于项目的整体利益和设计方本身的利益。其项目管理的目标包括设计方的成本目标、设计的进度目标、设计的质量目标和项目的投资目标。项目的投资目标能否实现与设计工作密切相关。设计方的项目管理工作主要在设计阶段进行，但也涉及设计前准备阶段、施工阶段、动用前准备阶段和保修阶段。

设计方项目管理的任务包括：与设计工作有关的安全管理、设计成本控制，与设计工作有关的工程造价控制、设计进度控制、设计质量控制、设计合同管理、设计信息管理和与设计工作有关的组织和协调。

（3）供货方项目管理的目标和任务

供货方作为项目建设的一个参与方，其项目管理主要服务于项目的整体利益和供货方本身的利益。其项目管理的目标包括供货方的成本目标、供货的进度目标和供货的质量目标。供货方的项目管理工作主要在施工阶段进行，但也涉及设计前准备阶段、设计阶段、动用前准备阶段和保修阶段。

供货方项目管理的主要任务包括：供货的安全管理、供货方的成本控制、供货的进度控制、供货的质量控制、供货合同管理、供货信息管理、与供货有关的组织与协调。

（4）建设项目工程总承包方项目管理的目标和任务

建设项目工程总承包方作为项目建设的一个参与方，其项目管理主要服务于项目的利益和建设项目总承包方本身的利益。其项目管理的目标包括项目的总投资目标和总承包方的成本目标、项目的进度目标和项目的质量目标。建设项目工程总承包方项目管理工作涉及项目实施阶段的全过程，即设计前准备阶段、设计阶段、施工阶段、动用前准备阶段和保修阶段。

建设项目工程总承包方项目管理的主要任务包括：安全管理、投资控制和总承包方的成本控制、进度控制、质量控制、合同管理、信息管理、与建设项目总承包方有关的组织和协调。

任务三　施工方项目管理

内容概要

1. 施工方项目管理的目标和任务。
2. 施工管理的组织。
3. 项目结构分析。
4. 施工管理的组织结构。

一、施工方项目管理的目标和任务

施工方作为项目建设的一个参与方，其项目管理主要服务于项目的整体利益和施工方本身的利益。其项目管理的目标包括施工的成本目标、施工的进度目标和施工的质量目标。施工方的项目管理工作主要在施工阶段进行，但它也涉及设计前准备阶段、设计阶段、动用前准备阶段和保修阶段。在工程实践中，设计阶段和施工阶段往往是交叉的，因此施工方的项目管理工作也涉及设计阶段。

施工方项目管理的任务包括：施工安全管理、施工成本控制、施工进度控制、施工质量控制、施工合同管理、施工信息管理、与施工有关的组织与协调。

施工方是承担施工任务的单位的总称谓，它可能是施工总承包方、施工总承包管理方、分包施工方、建设项目总承包的施工任务执行方或仅仅提供施工劳务的参与方。施工方担任的角色不同，其项目管理的任务和工作重点也会有差异。

1. 施工总承包方的管理任务

施工总承包方（General Contractor，GC）对所承包的建设工程承担施工任务的执行和组织的总的责任，它的主要管理任务如下。

①负责整个工程的施工安全、施工总进度控制、施工质量控制和施工的组织等。

②控制施工的成本。

③施工总承包方是工程施工的总执行者和总组织者，它除了完成自己承担的施工任务以外，还负责组织和指挥它自行分包的分包施工单位和业主指定的分包施工单位的施工(业主指定的分包施工单位有可能与业主单独签订合同，也可能与施工总承包方签约，不论采用何种合同模式，施工总承包方应负责组织和管理业主指定的分包施工单位的施工，这也是国际惯例)，并为分包施工单位提供和创造必要的施工条件。

④负责施工资源的供应组织。

⑤代表施工方与业主方、设计方、工程监理方等外部单位进行必要的联系和协调等。

分包施工方承担合同所规定的分包施工任务以及相应的项目管理任务。若采用施工总承包或施工总承包管理模式，分包方（不论是一般的分包方，或由业主指定的分包方）必须接受施工总承包方或施工总承包管理方的工作指令，服从其总体的项目管理。

2. 施工总承包管理方的主要特征

施工总承包管理方（Managing Contractor，MC）对所承包的建设工程承担施工任务组织的总的责任，它的主要特征如下。

①一般情况下，施工总承包管理方不承担施工任务，它主要进行施工的总体管理和协调。如果施工总承包管理方通过投标（在平等条件下竞标）获得一部分施工任务，则它也可参与施工。

②一般情况下，施工总承包管理方不与分包方和供货方直接签订施工合同，这些合同都由业主方直接签订。但若施工总承包管理方应业主方的要求，协助业主参与施工的招标和发包工作，其参与的工作深度由业主方决定。业主方也可能要求施工总承包管理方负责整个施工的招标和发包工作。

③不论是业主方选定的分包方，还是经业主方授权由施工总承包管理方选定的分包方，施工总承包管理方都承担对其的组织和管理责任。

④施工总承包管理方和施工总承包方承担相同的管理任务和责任，即负责整个工程的施工安全控制、施工总进度控制、施工质量控制和施工的组织等。因此，由业主方选定的分包方应经施工总承包管理方的认可，否则施工总承包管理方难以承担对工程管理的总的责任。

⑤负责组织和指挥分包施工单位的施工，并为分包施工单位提供和创造必要的施工条件。

⑥与业主方、设计方、工程监理方等外部单位进行必要的联系和协调等。

3. 建设项目工程总承包的特点

工程总承包和工程项目管理是国际通行的工程建设项目组织实施方式。积极推行工程总承包和工程项目管理，是深化我国工程建设项目组织实施方式改革、提高工程建设管理水平、保证工程质量和投资效益、规范建筑市场秩序的重要措施；是勘察、设计、施工、监理企业调整经营结构、增强综合实力、加快与国际工程承包和管理方式接轨、适应社会主义市场经济发展和加入世界贸易组织后新形势的必然要求；是贯彻党的十六大关于“走出去”的发展战略、积极开拓国际承包市场、带动我国技术和机电设备及工程材料的出口、促进劳务输出、提高我国企业国际竞争力的有效途径。

建设项目工程总承包的基本出发点是借鉴工业生产组织的经验，实现建设生产过程的组织集成化，以克服由于设计与施工的分离致使投资增加、由于设计和施工的不协调而影响建设进度等弊病。

建设项目工程总承包的主要意义并不在于总价包干，也不是“交钥匙”，其核心是通过设计与施工过程的组织集成，促进设计与施工的紧密结合，以达到为项目建设增值的目的。即使采用总价包干的方式，稍大一些的项目也难以用固定总价包干，而多数采用变动总价合同。

二、施工管理的组织

1. 系统的定义

系统取决于人们对客观事物的观察方式：一个企业、一个学校、一个科研项目或一个建设项目都可以视为一个系统；但不同系统的目标不同，从而形成的组织观念、组织方法和组织手段也就会不相同，各种系统的运行方式也不同。

建设工程项目作为一个系统，与一般的系统相比，有其明显的特征。

①建设项目都是一次性的，没有两个完全相同的项目。

②建设项目全生命周期一般由决策阶段、实施阶段和使用阶段组成，各阶段的工作任务和工作目标不同，其参与或涉及的单位也不相同。

③一个建设项目的任务往往由多个单位共同完成，它们的合作关系多数不是固定的，并且一些参与单位的利益不尽相同，甚至相对立。

因此，在考虑一个建设工程项目的组织问题或进行项目管理的组织设计时，应充分考虑上述特征。

2. 系统的目标和系统的组织的关系

影响一个系统目标实现的主要因素除了组织以外，还有以下两种因素，如图 1-4 所示。

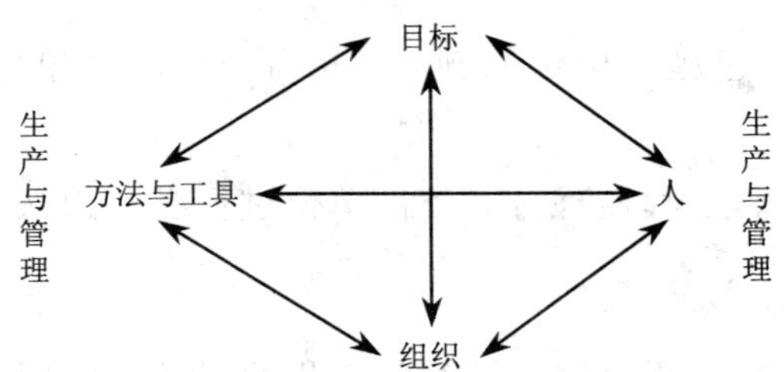

图 1-4　影响一个系统目标实现的主要因素

①人的因素，包括管理人员和生产人员的数量和质量。

②方法与工具，包括管理的方法与工具以及生产的方法与工具。

结合建设工程项目的特点，其中人的因素包括：建设单位和该项目所有参与单位（设计、工程监理、施工、供货单位等）的管理人员的数量和质量，该项目所有参与单位（设计、工程监理、施工、供货单位等）的生产人员的数量和质量。

其中方法与工具包括：建设单位和所有参与单位管理的方法与工具，所有参与单位生产的方法与工具（设计和施工的方法与工具等）。

系统的目标决定了系统的组织，而组织是目标能否实现的决定性因素，这是组织论的一个重要结论。如果把一个建设项目的项目管理视为一个系统，其目标决定了项目管理的组织，而项目管理的组织是项目管理的目标能否实现的决定性因素，由此可见项目管理的组织的重要性。

控制项目目标的主要措施包括组织措施、管理措施、经济措施和技术措施，其中组织措施是最重要的措施。如果对一个建设工程的项目管理进行诊断，首先应分析其组织方面存在的问题。

3. 组织论和组织工具

组织论是一门学科，它主要研究系统的组织结构模式、组织分工和工作流程组织（图 1-5），它是与项目管理学相关的一门非常重要的基础理论学科。

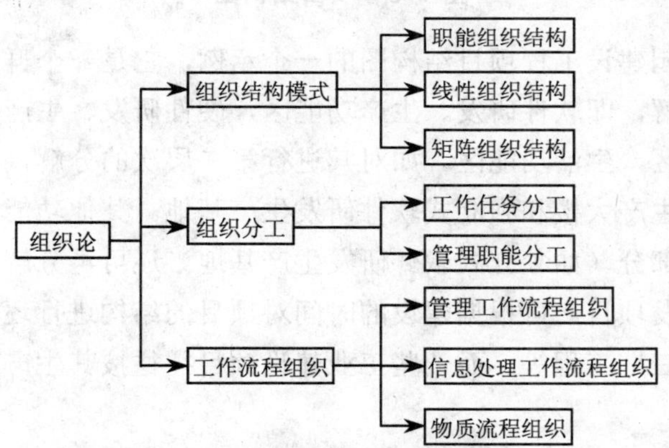

图 1-5　组织论的基本内容

组织结构模式反映一个组织系统中各子系统之间或各元素（各工作部门或各管理人员）之间的指令关系。指令关系是指哪一个工作部门或哪一位管理人员可以对哪一个工作部门或哪一位管理人员下达工作指令。

组织分工反映一个组织系统中各子系统或各元素的工作任务分工和管理职能分工。组织结构模式和组织分工都是一种相对静态的组织关系。

工作流程组织则可反映一个组织系统中各项工作之间的逻辑关系，是一种动态关系。图 1-5 中的物质流程组织对于建设工程项目而言，是指项目实施任务的工作流程组织。如设计的工作流程组织可以是方案设计、初步设计、技术设计、施工图设计，也可以是方案设计、初步设计（扩大初步设计）、施工图设计；施工作业也有多个可能的工作流程。

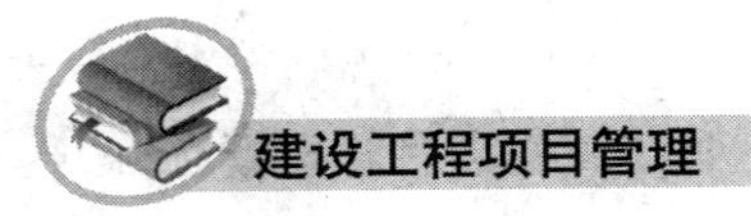

组织工具是组织论的应用手段，用图或表等形式表示各种组织关系，包括项目结构图、组织结构图（管理组织结构图）、工作任务分工表、管理职能分工表、工作流程图等。

三、项目结构分析

1. 项目结构图

项目结构图（Project Diagram，也称 WBS-Work Breakdown Structure）是一个组织工具，它通过树状图的方式对一个项目的结构进行逐层分解，以反映组成该项目的所有工作任务，如图 1-6 所示。项目结构图中，矩形框表示工作任务（或第一层、第二层子项目等），矩形框之间的连接用连线表示。

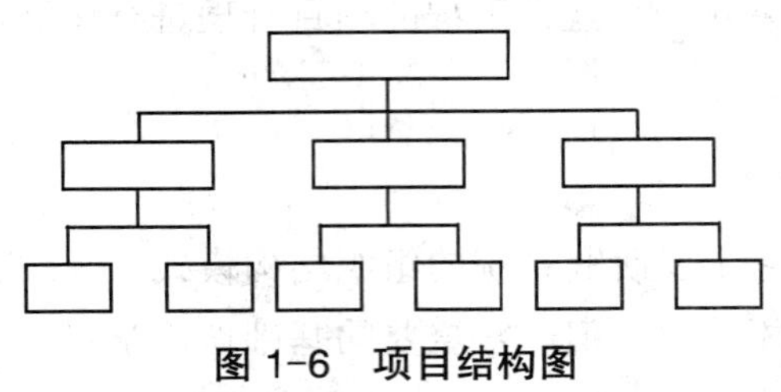

图 1-6　项目结构图

图 1-7 是某软件园建设工程项目结构图的一个示例，它是一个群体项目，可按照功能区进行第一层次的分解，即软件研发、生产功能区，硬件研发、生产功能区，公共服务功能区，园区管理功能区，生活功能区。如对其进行第二层次的分解，其中软件开发、生产功能区包括软件研发生产大楼和独立式软件研发生产基地。其他功能区也可再分解。某些第二层次的项目组成部分（如独立式软件研发生产基地）还可再分解。

一些居住建筑开发项目，可根据建设的时间对项目的结构进行逐层分解，如第一期工程、第二期工程和第三期工程等。而一些工业建设项目往往按其生产子系统的构成对项目的结构进行逐层分解。

同一个建设工程项目可有不同的项目结构的分解方法，项目结构的分解应和整个工程实施的部署相结合，并和将采用的合同结构相结合。如地铁工程主要有两种不同的合同分解方案，其对应的项目结构不相同，具体如下。

①方案 1，地铁车站（一个或多个）和区间隧道（一段或多段）分别发包，如图 1-8 所示。

②方案 2，一个地铁车站和一段区间隧道或几个地铁车站和几段区间隧道作为一个标段发包，如图 1-9 所示。

由于图 1-8 所示的项目结构在施工时交界面较多，对工程的组织与管理可能不利，因此国际上较多的地铁工程则采用图 1-9 的方式，采用如图 1-10 所示方式进行项目结构分解。

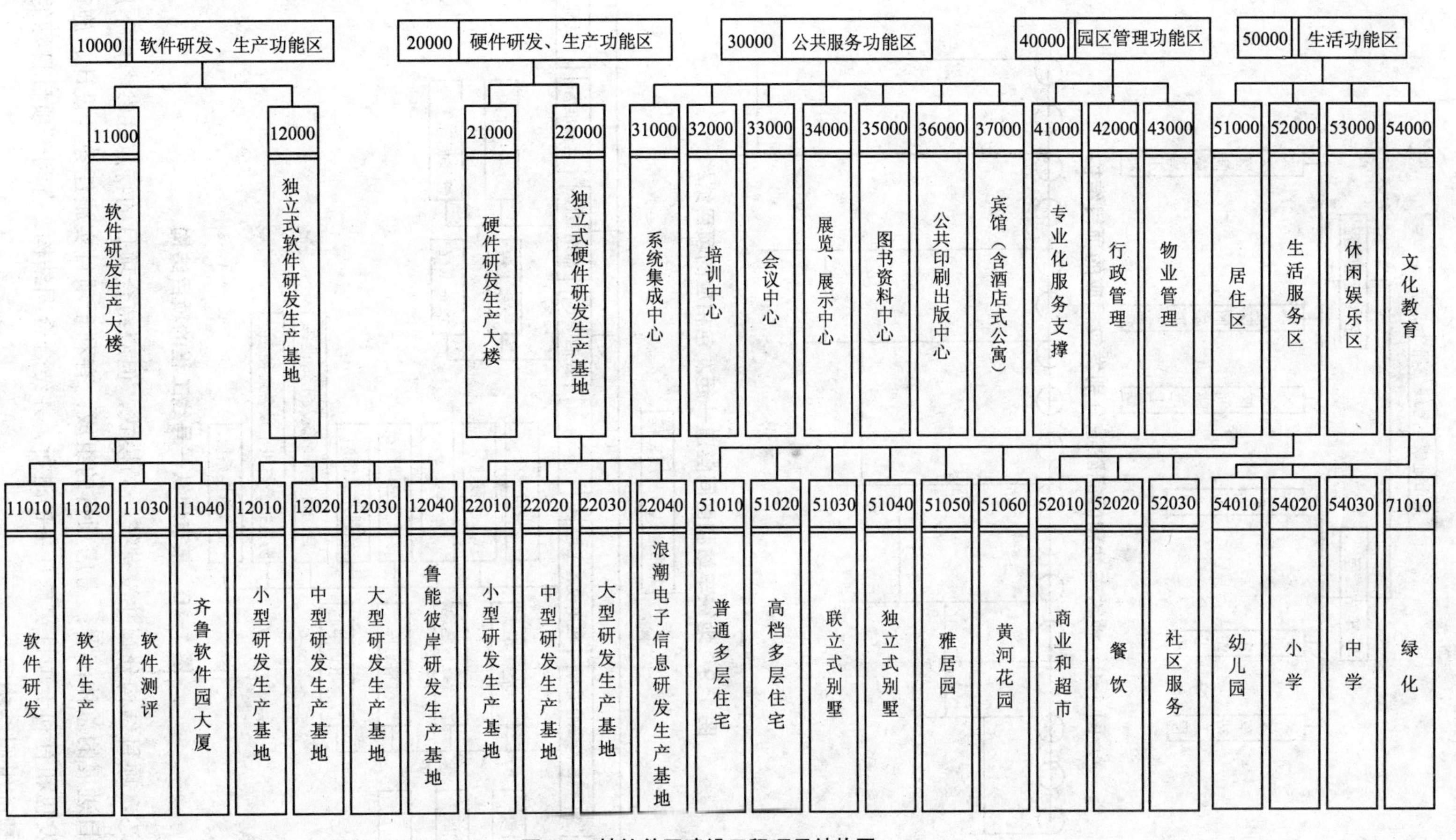

图1-7　某软件园建设工程项目结构图

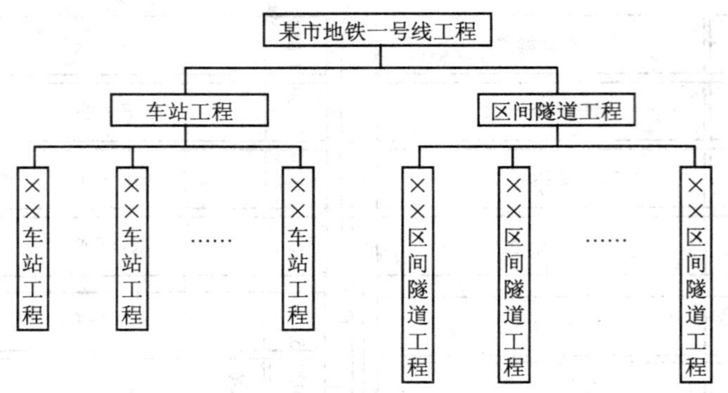

图 1-8　地铁车站和区间隧道分别发包相应的项目结构

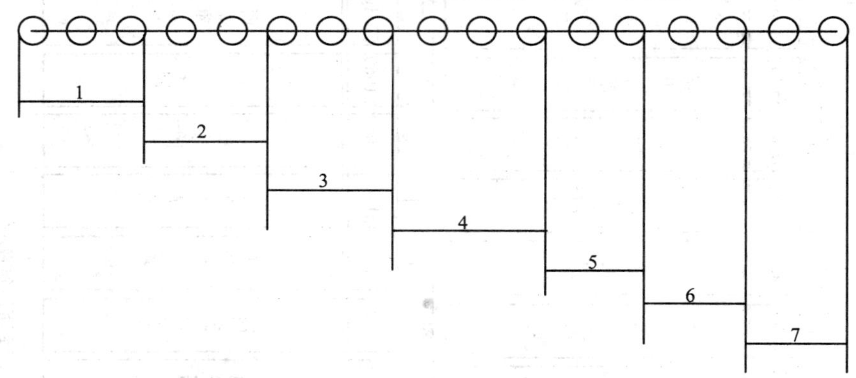

图 1-9　地铁车站和区间隧道一起发包相应的项目结构

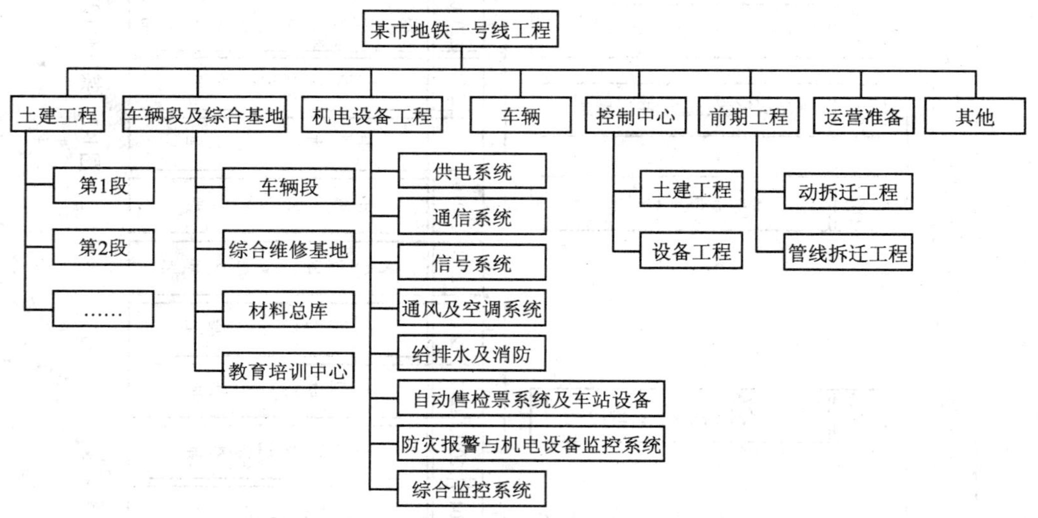

图 1-10　某市地铁一号线工程的项目结构

综上所述，项目结构分解并没有统一的模式，但应结合项目的特点并参考以下原则进行：考虑项目进展的总体部署；考虑项目的组成；有利于项目实施任务（设计、施工和物资采购）的发包和有利于项目实施任务的进行，并结合合同结构；有利于项目目标的控制；结合项目管理的组织结构等。

以上都是群体工程的项目结构分解，单体工程如有必要（如投资、进度和质量控制的需要）也应进行项目结构分解。如一栋高层办公大楼可分解为地下工程、裙房结构工程、高层主体结构工程、建筑装饰工程、幕墙工程、建筑设备工程（不包括弱电工程）、弱电工程、室外总体工程等。

2. 项目结构的编码

每个人的身份证都有编码，最新版编码由18位数字组成，其中的几个字段分别表示地域、出生年月日和性别等。交通车辆也有编码，表示城市和购买顺序等。编码由一系列符号（如文字）和数字组成，编码工作是信息处理的一项重要的基础工作。

一个建设工程项目有不同类型和不同用途的信息，为了有组织地存储信息、方便信息的检索和信息的加工整理，必须对项目的信息进行编码。如项目的结构编码、项目管理组织结构编码、项目的政府主管部门和各参与单位编码（组织编码）、项目实施的工作项编码（项目实施的工作过程的编码）、项目的投资项编码（业主方）/成本项编码（施工方）、项目的进度项（进度计划的工作项）编码、项目进展报告和各类报表编码、合同编码、函件编码、工程档案编码等。

以上这些编码是因不同的用途而编制的，如投资项编码（业主方）/成本项编码（施工方）服务于投资控制工作/成本控制工作，进度项编码服务于进度控制工作等。

项目结构的编码依据项目结构图，对项目结构每一层的每一个组成部分进行编码。项目结构的编码和用于投资控制、进度控制、质量控制、合同管理和信息管理等管理工作的编码有紧密的有机联系，但它们之间又有区别。项目结构图和项目结构的编码是编制上述其他编码的基础。

图1-11所示某国际会展中心进度计划的一个工作项的综合编码由5个部分（5段）组成，其中第3段有4个字符（$C_1C_2C_3C_4$）是项目结构编码。一个工作项的综合编码由13个字符构成。

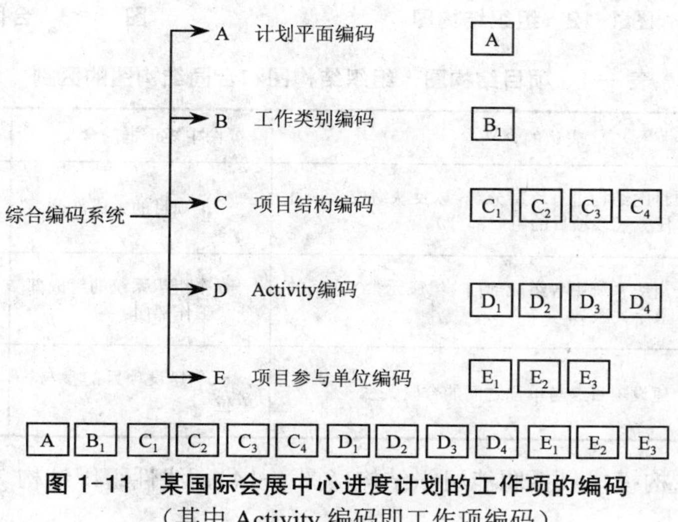

图1-11　某国际会展中心进度计划的工作项的编码
（其中Activity编码即工作项编码）

①计划平面编码：1 个字符，如 A_1 表示总进度计划平面的工作，A_2 表示第 2 进度计划平面的工作等。

②工作类别编码：1 个字符，如 B_1 表示设计工作，B_2 表示施工工作等。

③项目结构编码：4 个字符。

④工作项（Activity）编码：4 个字符。

⑤项目参与单位编码：3 个字符，如 001 表示甲设计单位，002 表示乙设计单位，004 表示丁施工单位等。

四、施工管理的组织结构

1. 基本的组织结构模式

组织结构模式可用组织结构图来描述，组织结构图（图 1-12）也是一个重要的组织工具，反映一个组织系统中各组成部门（组成元素）之间的组织关系（指令关系）。在组织结构图中，矩形框表示工作部门，上级工作部门对其直接下属工作部门的指令关系用单向箭线表示。

组织论的三个重要的组织工具——项目结构图、组织结构图和合同结构图（图 1-13）的区别如表 1-1 所示。

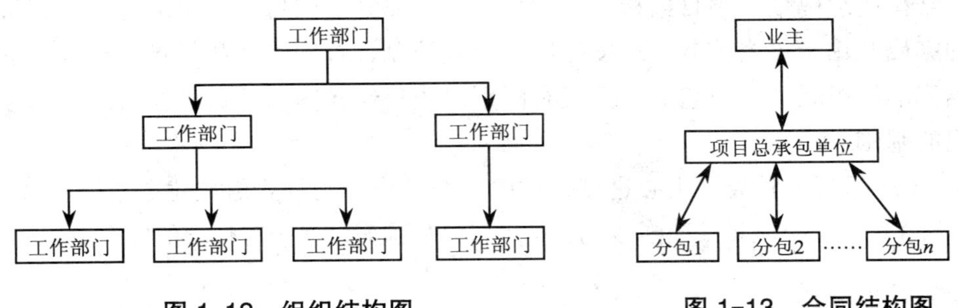

图 1-12　组织结构图　　图 1-13　合同结构图

表 1-1　项目结构图、组织结构图和合同结构图的区别

	表达的含义	图中矩形框的含义	矩形框连接的表达
项目结构图	对一个项目的结构进行逐层分解，以反映组成该项目的所有工作任务（该项目的组成部分）	一个项目的组成部分	直线
组织结构图	反映一个组织系统中各组成部门（组成元素）之间的组织关系（指令关系）	一个组织系统的组成部分（工作部门）	单向箭线
合同结构图	反映一个建设项目参与单位之间的合同关系	一个建设项目的参与单位	双向箭线

常用的组织结构模式包括职能组织结构（图 1-14）、线性组织结构（图 1-15）和矩阵

组织结构（图 1-16）等。这几种常用的组织结构模式既可以在企业管理中运用，也可在建设项目管理中运用。

组织结构模式反映了一个组织系统中各子系统之间或各元素（各工作部门）之间的指令关系。组织分工反映了一个组织系统中各子系统或各元素的工作任务分工和管理职能分工。组织结构模式和组织分工都是一种相对静态的组织关系；而工作流程组织则反映一个组织系统中各项工作之间的逻辑关系，是一种动态关系。在一个建设工程项目实施过程中，其管理工作的流程、信息处理的流程以及设计工作、物资采购和施工的流程的组织都属于工作流程组织的范畴。

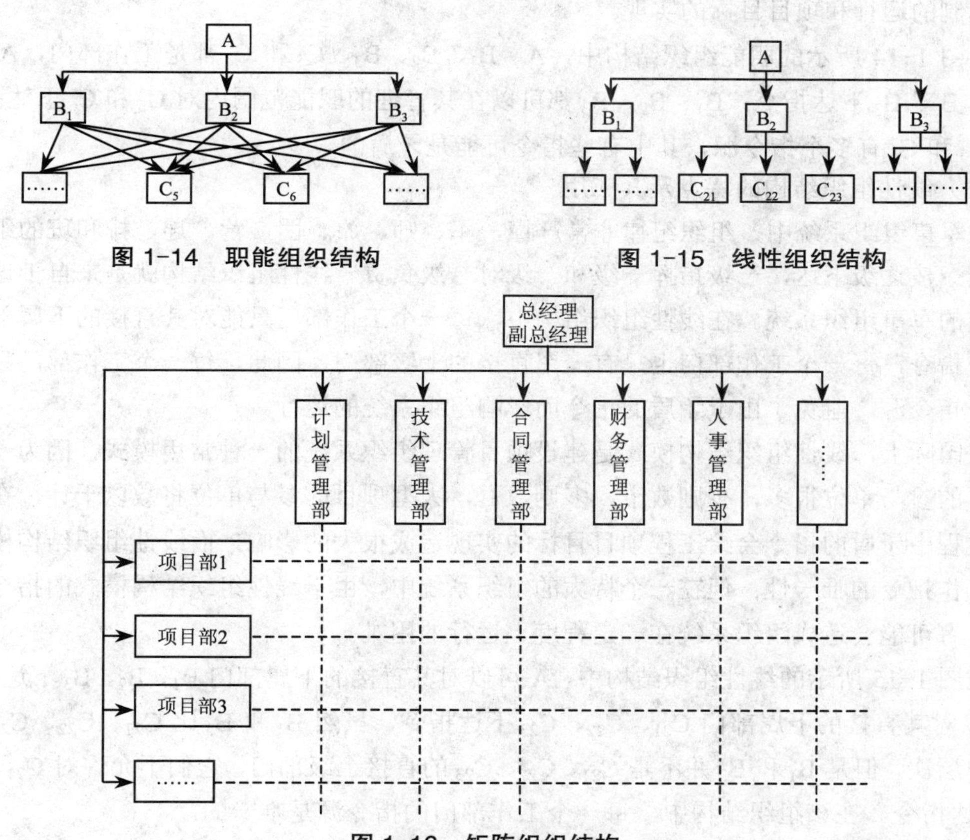

图 1-14　职能组织结构

图 1-15　线性组织结构

图 1-16　矩阵组织结构

（1）职能组织结构的特点及其应用

在人类历史发展过程中，当手工业作坊发展到一定的规模时，一个企业内需要设置对人、财、物和产、供、销管理的职能部门，这样就产生了初级的职能组织结构。因此，职能组织结构是一种传统的组织结构模式。在职能组织结构中，每一个职能部门可根据它的管理职能对其直接和非直接的下属工作部门下达工作指令。因此，每一个工作部门可能得到其直接和非直接的上级工作部门下达的工作指令，它就会有多个矛盾的指令源。一个工作部门多个矛盾的指令源会影响企业管理机制的运行。

在一般的工业企业中，设有人、财、物和产、供、销管理的职能部门，另有生产车间和后勤保障机构等。虽然生产车间和后勤保障机构并不一定是职能部门的直接下属部门，但是，职能管理部门可以在其管理的职能范围内对生产车间和后勤保障机构下达工作指令，这是典型的职能组织结构。在高等院校中，设有人事、财务、教学、科研和基本建设等管理的职能部门（处室），另有学院、系和研究中心等教学和科研的机构，其组织结构模式也是职能组织结构，人事处和教务处等都可对学院和系下达其分管范围内的工作指令。我国多数的企业、学校、事业单位目前还沿用这种传统的组织结构模式。许多建设项目也还用这种传统的组织结构模式，在工作中常出现交叉和矛盾的工作指令关系，严重影响了项目管理机制的运行和项目目标的实现。

在图 1-14 所示的职能组织结构中，A、B_1、B_2、B_3、C_5和 C_6 都是工作部门，A 可以对 B_1、B_2、B_3 下达指令；B_1、B_2、B_3 都可以在其管理的职能范围内对 C_5 和 C_6 下达指令；因此 C_5 和 C_6 有多个指令源，其中有些指令可能是矛盾的。

（2）线性组织结构的特点及其应用

在军事组织系统中，组织纪律非常严谨，军、师、旅、团、营、连、排和班的组织关系是指令按逐级下达，一级指挥一级和一级对一级负责。线性组织结构就是来自于这种十分严谨的军事组织系统。在线性组织结构中，每一个工作部门只能对其直接的下属部门下达工作指令，每一个工作部门也只有一个直接的上级部门，因此，每一个工作部门只有唯一一个指令源，避免了由于矛盾的指令而影响组织系统的运行。

在国际上，线性组织结构模式是建设项目管理组织系统的一种常用模式，因为一个建设项目的参与单位很多，少则数十，多则数百，大型项目的参与单位将数以千计，在项目实施过程中矛盾的指令会给工程项目目标的实现造成很大的影响，而线性组织结构模式可确保工作指令的唯一性；但在一个特大的组织系统中，由于线性组织结构模式的指令路径过长，有可能会造成组织系统在一定程度上运行的困难。

在图 1-15 所示的线性组织结构中，A 可以对其直接的下属部门 B_1、B_2、B_3 下达指令，B_2 可以对其直接的下属部门 C_{21}、C_{22}、C_{23} 下达指令，虽然 B_1 和 B_3 比 C_{21}、C_{22}、C_{23} 高一个组织层次，但是 B_1 和 B_3 并不是 C_{21}、C_{22}、C_{23} 的直接上级部门，它们不允许对 C_{21}、C_{22}、C_{23} 下达指令。在该组织结构中，每一个工作部门的指令源是唯一的。

（3）矩阵组织结构的特点及其应用

矩阵组织结构是一种较新型的组织结构模式。在矩阵组织结构最高指挥者（部门）（图 1-17 中的 A）下设纵向（图 1-17 的 X_i）和横向（图 1-17 的 Y_i）两种不同类型的工作部门。纵向工作部门如人、财、物、产、供、销的职能管理部门，横向工作部门如生产车间等。

一个施工企业，如采用矩阵组织结构模式，则纵向工作部门可以是计划管理、技术管理、合同管理、财务管理和人事管理部门等，而横向工作部门可以是项目部，如图 1-16 所示。

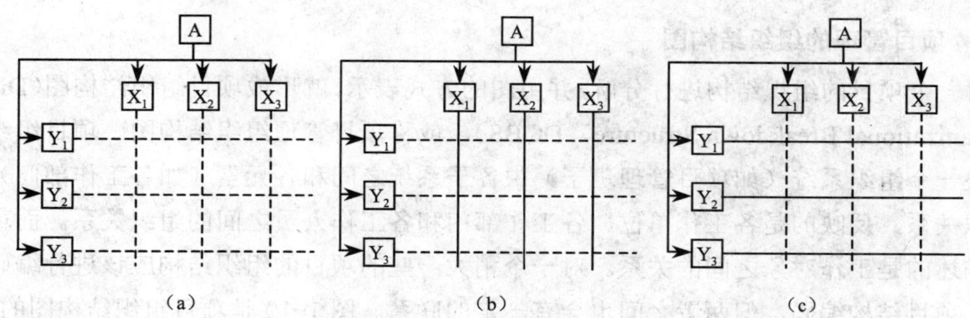

图 1-17　矩阵组织结构图

（a）矩阵组织结构；（b）以纵向工作部门指令为主的矩阵组织结构；（c）以横向工作部门指令为主的矩阵组织结构

一个大型建设项目如采用矩阵组织结构模式，则纵向工作部门可以是投资控制、进度控制、质量控制、合同管理、信息管理、人事管理、财务管理和物资管理等部门，而横向工作部门可以是各子项目的项目管理部，如图 1-18 所示。矩阵组织结构适宜用于大的组织系统，在上海地铁和广州地铁一号线建设时都采用了矩阵组织结构模式。

在矩阵组织结构中，每一项纵向和横向交汇的工作（如图 1-18 中的项目管理部 1 涉及的投资问题），指令来自于纵向和横向两个工作部门，因此其指令源为两个。当纵向和横向工作部门的指令发生矛盾时，由该组织系统的最高指挥者（部门），即图 1-17（a）的 A 进行协调或决策。

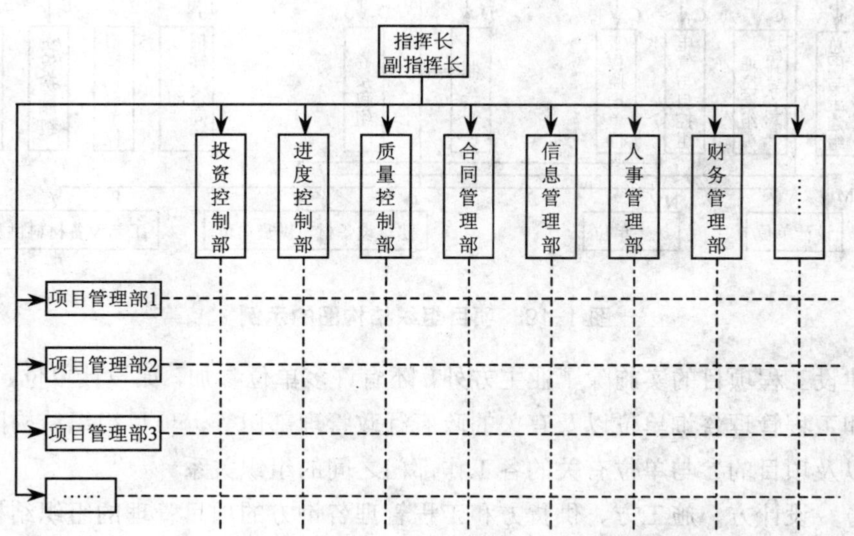

图 1-18　一个大型建设项目采用矩阵组织结构模式的示例

在矩阵组织结构中，为避免纵向和横向工作部门指令矛盾对工作的影响，可以采用以纵向工作部门指令为主（图 1-17（b））或以横向工作部门指令为主（图 1-17（c））的矩阵组织结构模式，这样也可减轻该组织系统的最高指挥者（部门），即图 1-17（b）和图 1-17（c）中 A 的协调工作量。

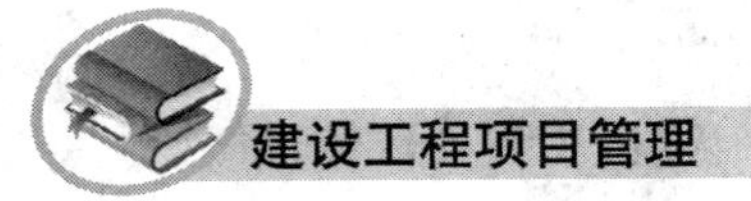

2. 项目管理的组织结构图

对一个项目的组织结构进行分解，并用图的方式表示，就形成项目组织结构图（Diagram of Organizational Breakdown Structure，DOBS），或称项目管理组织结构图。项目组织结构图反映一个组织系统（如项目管理班子）中各子系统之间和各元素（如各工作部门）之间的组织关系，反映的是各工作单位、各工作部门和各工作人员之间的组织关系。而项目结构图描述的是工作对象之间的关系。对一个稍大一些的项目的组织结构应该进行编码，它不同于项目结构编码，但两者之间也会有一定的联系。图 1-19 是项目组织结构图的示例，它属于职能组织结构。

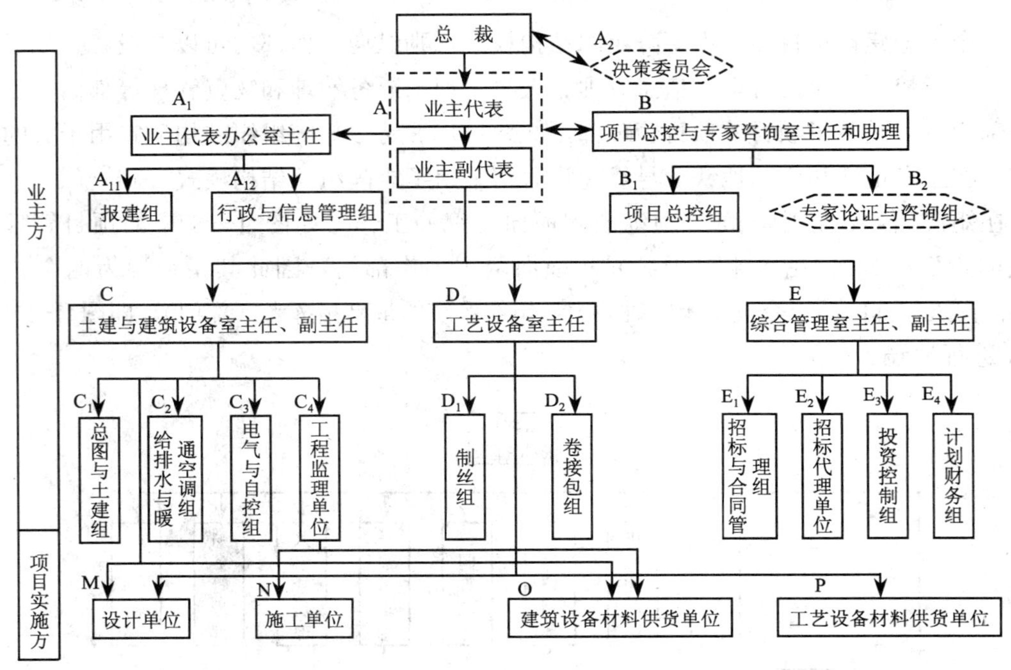

图 1-19　项目组织结构图的示例

一个建设工程项目的实施除了业主方外，还有许多单位参加，如设计单位、施工单位、供货单位和工程管理咨询单位以及有关的政府行政管理部门等，项目组织结构图应注意表达业主方以及项目的参与单位有关的各工作部门之间的组织关系。

业主方、设计方、施工方、供货方和工程管理咨询方的项目管理的组织结构都可用各自的项目组织结构图予以描述。项目组织结构图应反映项目经理和费用（投资或成本）控制、进度控制、质量控制、合同管理、信息管理及组织与协调等主管工作部门或主管人员之间的组织关系。

图 1-20 是一个线性组织结构的项目组织结构图示例，在线性组织结构中每一个工作部门只有唯一的上级工作部门，其指令来源是唯一的。在图 1-20 中表示了总经理不允许对项目经理、设计方直接下达指令，总经理必须通过业主代表下达指令；而业主代表也不允许对

设计方等直接下达指令，业主代表必须通过项目经理下达指令，否则就会出现矛盾的指令。项目的实施方（如图 1-20 中的设计方、施工方和甲供物资方）的唯一指令来源是业主方的项目经理，这有利于项目的顺利进行。

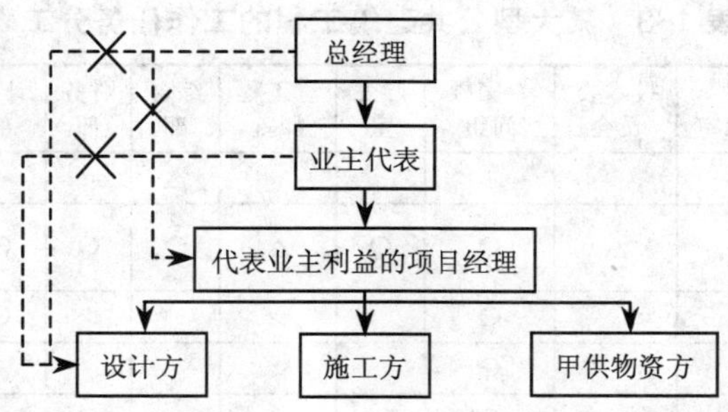

图 1-20　在线性组织结构中不允许出现多重指令

3. 施工管理的工作任务分工

业主方和项目各参与方，如设计单位、施工单位、供货单位和工程管理咨询单位等都有各自的项目管理任务，上述各方都应该编制各自的项目管理任务分工表。

为了编制项目管理任务分工表，首先应对项目实施各阶段的费用（投资或成本）控制、进度控制、质量控制、合同管理、信息管理和组织与协调等管理任务进行详细分解，在项目管理任务分解的基础上确定项目经理和费用（投资或成本）控制、进度控制、质量控制、合同管理、信息管理及组织与协调等主管工作部门或主管人员的工作任务。

（1）工作任务分工

每一个建设项目都应编制项目管理任务分工表，这是一个项目组织设计文件的一部分。在编制项目管理任务分工表前，应结合项目的特点，对项目实施各阶段的费用（投资或成本）控制、进度控制、质量控制、合同管理、信息管理和组织与协调等管理任务进行详细分解。在项目管理任务分解的基础上，明确项目经理和上述管理任务主管工作部门或主管人员的工作任务，从而编制工作任务分工表（表 1-2）。

表 1-2　工作任务分工表

工作部门 工作任务	项目经理部	投资控制部	进度控制部	质量控制部	合同管理部	信息管理部	…	…	…

（2）工作任务分工表

在工作任务分工表中应明确各项工作任务由哪个工作部门（或个人）负责，由哪些工作部门（或个人）配合或参与。在项目的进展过程中，应视必要性对工作任务分工表进行调整。

某大型公共建筑属国家重点工程，在项目实施的初期，项目管理咨询公司建议把工作任务划分成 26 个大块，针对这 26 个大块编制了工作任务分工表（表 1-3），随着工程的进展，任务分工表还将不断深化和细化。

表 1-3　某大型公共建筑工程的工作任务分工表

	工作项目	经理室、指挥部室	技术委员会	专家顾问组	办公室	总工程师室	综合部	财务部	计划部	工程部	设备部	运营部	物业开发部
1	人事	☆					△						
2	重大技术审查决策	☆	△	○	○	△	○	○	○	○	○	○	○
3	设计管理			○		☆			○	△	△	○	
4	技术标准			○		☆				△	△	○	
5	科研管理			○		☆		○	○	○	○		
6	行政管理				☆	○	○	○	○	○	○	○	○
7	外事工作			○	☆	○				○	○	○	
8	档案管理			○	☆	○	○	○	○	○	○	○	○
9	资金保险						○	☆	○				
10	财务管理						○	☆	○				
11	审计						☆	○	○				
12	计划管理						○	○	☆	△	△	○	
13	合同管理						○	○	☆	△	△	○	
14	招投标管理			○		○	○		☆	△	△	○	
15	工程筹划			○		○				☆	○	○	
16	土建评定项目管理			○		○				☆	○		
17	工程前期工作			○						☆	○		○
18	质量管理			○		△				☆	△		
19	安全管理					○	○			☆	△		
20	设备选型			△		○					☆	○	
21	设备材料采购							○	○	△	△		☆
22	安装工程项目管理			○					○	△	☆	○	
23	运营准备			○		○				△	△	☆	
24	开通、调试、验收			○		△				△	☆	△	
25	系统交接			○	○	○	○	○	○	☆	☆	☆	
26	物业开发						○	○	○	○	○	○	☆

注：☆——主办；△——协办；○——配合。

4. 施工管理的管理职能分工

（1）管理职能的内涵

管理是由多个环节组成的过程（图 1-21），即提出问题→筹划→决策→执行→检查，这些组成管理的环节就是管理的职能。

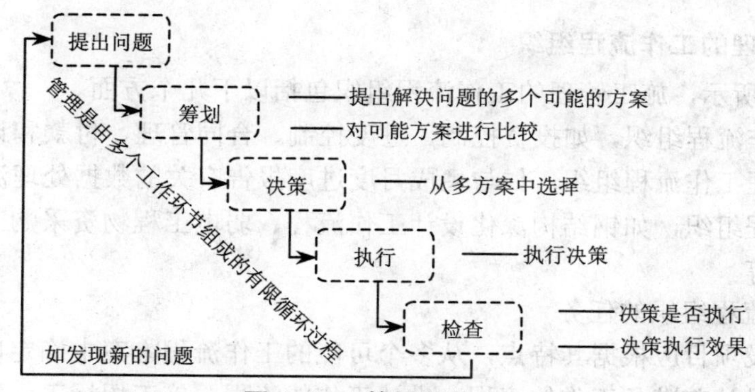

图 1-21　管理职能

下面以一个示例来解释管理职能的含义。

①提出问题——通过进度计划值和实际值的比较，发现进度推迟了。

②筹划——加快进度有多种可能的方案，如改一班工作制为两班工作制、增加夜班作业，增加施工设备，改变施工方法，应对这 3 个方案进行比较。

③决策——从上述 3 个可能的方案中选择一个将被执行的方案，如增加夜班作业。

④执行——落实夜班施工的条件，组织夜班施工。

⑤检查——检查增加夜班施工的决策是否被执行，如已执行，则检查执行的效果如何。

如通过增加夜班施工，工程进度的问题解决了，但发现新的问题，如施工成本增加了，这样就进入了管理的一个新的循环：提出问题、筹划、决策、执行和检查。整个施工过程中管理工作就是不断发现问题和解决问题的过程。

以上不同的管理职能可由不同的职能部门承担，如进度控制部门负责跟踪和提出有关进度的问题；施工协调部门对进度问题进行分析，提出 3 个可能的方案，并对其进行比较；项目经理在 3 个可供选择的方案中，决定采用第一方案，即增加夜班作业；施工协调部门负责执行项目经理的决策，组织夜班施工；项目经理助理检查夜班施工后的效果。

业主方和项目各参与方，如设计单位、施工单位、供货单位和工程管理咨询单位等都有各自的项目管理任务和其管理职能分工，上述各方都应该编制各自的项目管理职能分工表。管理职能分工表（表 1-4）是用表的形式反映项目管理班子内部项目经理、各工作部门和各工作岗位对各项工作任务的项目管理职能分工，表中用拉丁字母表示管理职能。管理职能分工表也可用于企业管理。

表 1-4　管理职能分工表

工作部门 工作任务	项目经理部	投资控制部	进度控制部	质量控制部	合同管理部	信息管理部				

每一个方块用拉丁字母表示管理的职能

5. 施工管理的工作流程组织

如图 1-22 所示，施工管理的工作流程组织包括以下几个方面。

①管理工作流程组织，如投资控制、进度控制、合同管理、付款和设计变更等流程。

②信息处理工作流程组织，如与生成月度进度报告有关的数据处理流程。

③物质流程组织，如钢结构深化设计工作流程、弱电工程物资采购工作流程、外立面施工工作流程等。

（1）工作流程组织的任务

每一个建设项目应根据其特点，从多个可能的工作流程方案中确定以下几个主要的工作流程组织：设计前准备工作的流程、设计工作的流程、施工招标工作的流程、物资采购工作的流程、施工作业的流程、各项管理工作（投资控制、进度控制、质量控制、合同管理和信息管理等）的流程、与工程管理有关的信息处理的流程。

工作流程图应视需要逐层细化，如投资控制工作流程可细化为初步设计阶段投资控制工作流程图、施工图阶段投资控制工作流程图和施工阶段投资控制工作流程图等。

业主方和项目各参与方，如工程管理咨询单位、设计单位、施工单位和供货单位等都有各自的工作流程组织的任务。

（2）工作流程图

工作流程图用图的形式反映一个组织系统中各项工作之间的逻辑关系，它可用以描述工作流程组织。工作流程图是一个重要的组织工具，如图 1-22 所示。工作流程图用矩形框表示工作，箭线表示工作之间的逻辑关系，菱形框表示判别条件，也可用两个矩形框分别表示工作和工作的执行者。

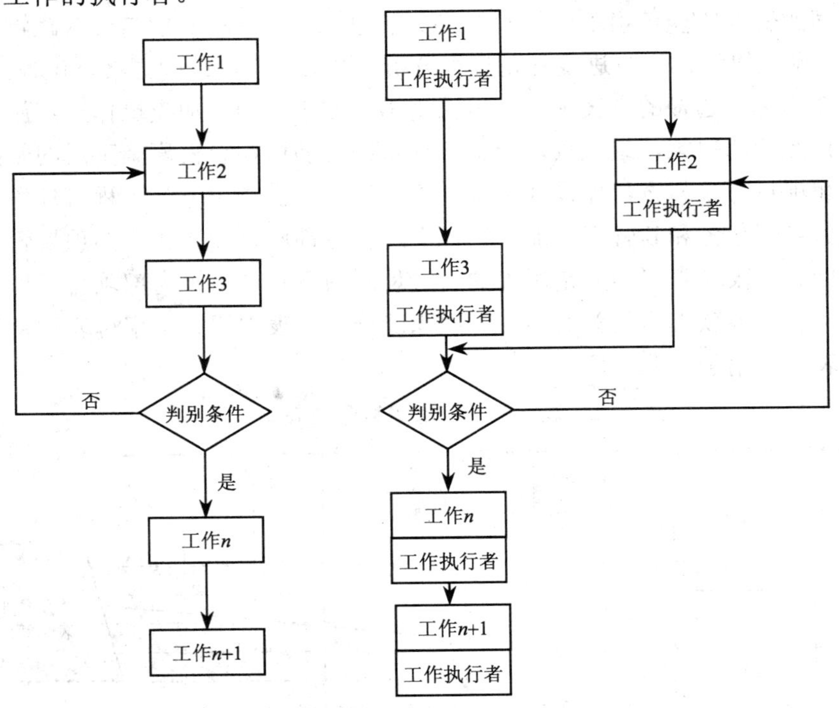

图 1-22　工作流程图示例

任务四　施工组织设计

内容概要

1. 施工组织设计的概念、任务与作用。
2. 施工组织设计的分类。
3. 施工组织设计的内容。
4. 施工组织设计的编制原则、编制依据和编制程序。
5. 施工组织设计的原始资料调查分析。

一、施工组织设计的概念、任务与作用

施工组织设计是规划和指导施工项目从施工准备到竣工验收全过程的一个综合性技术经济文件。《建设工程项目管理规范》（GB/T 50326—2006）将施工组织设计称为施工项目管理规划。施工项目管理规划又分为施工项目管理规划大纲和施工项目管理实施规划。前者是由参加项目投标的承包企业管理层在投标之前编制，旨在作为投标依据，其内容要满足招标文件及签订合同要求；后者是在项目中标之后、开工之前，由项目经理主持编制，旨在作为指导施工全过程各项工作的依据。施工组织设计既要体现工程项目的设计和使用要求，又要符合建筑施工的客观规律，对施工全过程起战略部署和战术安排的作用。

施工组织设计（主要指施工项目管理实施规划）是施工准备工作的重要组成部分，是编制施工预算和施工计划的主要依据，是做好施工准备工作、合理组织施工和加强项目管理的重要措施。

施工组织设计的基本任务是在充分研究工程的客观情况和施工特点的基础上，结合施工企业的技术力量、装配水平，从人力、材料、机械、施工方法和资金等5个基本要素出发进行统筹规划、合理安排；充分利用有限的空间和时间，采用先进的施工技术，选择合理的施工方案，确定合理的施工进度，建立正常的生产秩序，用最少的资源和财力取得质量高、工期短、成本低、效益好、用户满意的建筑产品。

施工组织设计的作用主要体现在：①实现项目设计的要求，衡量设计方案施工的可行性和经济合理性；②保证各施工阶段的准备工作及时进行；③使施工按科学的程序进行，建立正常的生产秩序；④协调各施工单位、各工种、各种资源之间的合理关系；⑤明确施工重点，掌握施工关键和控制方法，并提出相应的技术安全措施；⑥为组织物质供应提供必要的依据。

二、施工组织设计的分类

1. 按设计阶段分类

按两个阶段进行设计，施工组织设计分为施工组织总设计和单位工程施工组织设计。

按三个阶段进行设计，施工组织设计分为施工组织条件设计、施工组织总设计和单位

工程施工组织设计。

2. 按编制对象和范围分类

施工组织设计按编制对象和范围不同分为施工组织总设计、单位工程施工组织设计和分部分项工程施工组织设计。

3. 按使用时间长短分类

施工组织设计按使用时间长短分为长期施工组织设计、年度施工组织设计和季度施工组织设计。

4. 按编制内容繁简程度分类

施工组织设计按编制内容的繁简程度不同可分为完整的施工组织设计和简单的施工组织设计。

下面分别介绍施工组织条件设计、施工组织总设计、单位工程施工组织设计和分部分项工程施工组织设计的基本内容。

（1）施工组织条件设计

施工组织条件设计的作用在于对拟建工程，从施工角度分析工程设计的技术可行性与经济合理性，同时做出轮廓性的施工规划，并提出在施工准备阶段首先应进行的工作，以便尽早着手准备。这一设计主要应由设计单位负责编制，并作为工程项目初步设计的一个组成部分。

（2）施工组织总设计

施工组织总设计是以整个建设项目或一个建筑群为对象编制的，用以指导全场性施工全过程的各项施工活动的技术、经济和组织的综合性文件。施工组织总设计一般是在初步设计或技术设计被批准后，由建设总承包单位组织编制。

（3）单位工程施工组织设计

单位工程施工组织设计是以一个单位工程（一个建筑物、构筑物或一个交工系统）为对象编制的，用以直接指导施工全过程的各项施工活动的技术、经济和组织的综合性文件。单位工程施工组织设计一般在施工图设计完成后、在拟建工程开工前，由单位工程施工项目技术负责人组织编制。

（4）分部分项工程施工组织设计

分部分项工程施工组织设计是以单位工程中复杂的分部分项工程或处于冬雨季和特殊条件下施工的分部分项工程为对象编制的，用以具体指导其施工作业的技术、经济和组织的综合性文件。分部分项工程施工组织设计的编制工作一般与单位工程施工组织设计同时进行，由单位工程施工项目技术负责人或分部分项工程的分包单位技术负责人组织编制。

施工组织总设计、单位工程施工组织设计、分部分项工程施工组织设计之间有如下关系：施工组织总设计是指导全场性施工活动和控制各个单位工程施工全过程的综合性文件：单位工程施工组织设计是以施工组织总设计和企业施工计划为依据编制的，把施工组织总设计的有关内容在单位工程上具体化；分部分项工程施工组织设计是以施工组织总设计、单位工程施工组织设计和企业施工计划为依据编制的，把单位工程施工组织设计的有关内容在分部分项工程上具体化，是专业工程的作业设计。

三、施工组织设计的内容

施工组织设计的内容要根据工程对象和工程特点，并结合现有和可能的施工条件，从实际出发来确定。不同的施工组织设计在内容和深度方面不尽相同，不论是哪一类施工组织设计一般都要有如下几方面主要内容。

（1）工程概况

工程概况应概要说明该项目的性质、规模、建设地点、结构特点、建设期限、分批交付使用的条件、合同条件，该地区地形、地质、水文和气象情况，施工力量，劳动力、机具、材料、构件等资源供应情况，施工环境及施工条件等。

（2）施工部署及施工方案

根据工程情况，结合人力、材料、机械设备、资金、施工方法等条件，全面部署施工任务，合理安排施工顺序，确定主要工程的施工方案；对拟建工程可能采用的几个施工方案进行定性、定量的分析，通过技术经济评价，选择最佳方案。

（3）施工进度计划

施工进度计划反映了最佳施工方案在时间上的安排，采用计划的形式，使工期、成本、资源等方面，通过计算和调整达到优化配置，符合项目目标的要求；它能使工程有序地进行，使工期、成本、资源等通过优化调整达到既定目标，在此基础上编制相应的人力和时间安排计划、资源需求计划和施工准备计划。

（4）施工（总）平面图

施工（总）平面图是施工方案及施工进度计划在空间上的全面安排。它把投入的各种资源、材料、构件、机械、道路、水电供应网络、生产、生活活动场地及各种临时工程设施合理地布置在施工现场，使整个现场能有组织地进行文明施工。

（5）主要技术经济指标

技术经济指标用以衡量组织施工的水平，是对施工组织设计文件的技术经济效益进行全面评价。

四、施工组织设计的编制方法

1. 施工组织设计的编制原则

在编制施工组织设计时，宜重视工程的组织对施工的作用，提高施工的工业化程度，重视管理创新和技术创新，重视工程施工的目标控制，积极采用国内外先进的施工技术，充分利用时间和空间，合理安排施工顺序，提高施工的连续性和均衡性，合理部署施工现场，实现文明施工。

2. 施工组织总设计和单位工程施工组织设计的编制依据

施工组织总设计的编制依据主要包括：计划文件，设计文件，合同文件，建设地区基础资料，有关的标准、规范和法律，类似建设工程项目的资料和经验。

单位工程施工组织设计的编制依据主要包括：建设单位的意图和要求（如工期、质量、预算要求等），工程的施工图纸及标准图，施工组织总设计对本单位工程的工期、质量和成本的控制要求，资源配置情况，建筑环境、场地条件及地质、气象资料（如工程地质勘测报告、地形图和测量控制等），有关的标准、规范和法律，有关技术新成果和类似建设工程项目的资料和经验。

3. 施工组织总设计的编制程序

①收集和熟悉编制施工组织总设计所需的有关资料和图纸，进行项目特点和施工条件的调查研究。

②计算主要工种工程的工程量。

③确定施工的总体部署。

④拟订施工方案。

⑤编制施工总进度计划。

⑥编制资源需求量计划。

⑦编制施工准备工作计划。

⑧施工总平面图设计。

⑨计算主要技术经济指标。

应该指出，以上顺序中有些顺序必须这样，不可逆转。例如：拟订施工方案后才可编制施工总进度计划（因为进度的安排取决于施工的方案）；编制施工总进度计划后才可编制资源需求量计划（因为资源需求量计划要反映各种资源在时间上的需求）。

但是在以上顺序中也有些顺序应该根据具体项目而定，如确定施工的总体部署和拟订施工方案，两者有紧密的联系，往往可以交叉进行。

五、施工组织设计的原始资料调查分析

编制施工组织设计所需的原始资料通常包括各种自然条件资料和技术经济条件资料，通过调查、收集和分析研究原始资料，为解决施工组织设计中的实际问题提供科学的、实事求是的依据，以便能够获得最佳的施工组织设计方案。

1. 自然条件资料

（1）地形资料

通过地形勘察获得建设地区及建设地点的地形情况，以便充分利用有利条件，合理使用施工场地。地形资料包括以下几个方面。

①建设区域地形图。在图上应标明邻近居民区、工业企业、自来水厂和邻近车站、码头、铁路、公路、上下水道、电力电讯网、河流湖泊位置以及邻近砂石场、建筑材料基地等。建设区域地形图的比例尺一般不小于1:5 000，等高线高差为5～10 m。

②建设工地及相邻地区地形图。本图的比例尺一般为1:2 000或1:1 000，等高线高差为0.5～1.0 m。图上应标明主要水准点和场地方格网，以便测定各个房屋和构筑物的轴线、标高和计算土方量。此外，还应当标出现有的一切房屋、地上地下管道、线路和构筑物、绿化地带、河流周界线及水面标高、最高洪水位警戒线等。

（2）工程地质资料

通过工程地质勘察，获得建设地区的地质构造、人为的地表破坏现象（如土坑、古墓等）和土壤特征、承载力等资料，作为设计和施工的依据。地质资料的主要内容有：①建设地区钻孔布置图；②工程地质剖面图，表明土层特征及其厚度；③土壤的物理力学性质，如天然含水率、天然孔隙比等；④土壤压缩试验和关于承载能力的结论等报告文件；⑤有古墓地区还应包括古墓钻探报告等。根据这些资料，可以拟定特殊地基（如黄土、古墓、流沙等）的施工方法和技术措施，复核设计中规定的地基与当地地质情况是否相符，并决定土方开挖的坡度。

（3）水文地质资料

通过水文地质勘察，获得地下水、地面水文资料及其对水质的分析资料。

①地下水文资料。包括地下水位高度及变化范围，地下水的流向、流速和流量，地下水的水质分析，地下水对建筑物下部的冲刷情况等。根据这些资料可以确定土方工程、施工排水、打桩工程的施工方法。

②地面水文资料。包括历年逐月最高、最低及平均水位，山洪情况；河流历年的平均流量、逐月的最大及最小流量，湖泊的贮水量等；历年逐月最高、最低及平均水温，冰冻期间及最大、最小、平均冻结深度等；选择水样，进行水质分析，以确定水的透明度、颜色、气味、酸碱度以及所含杂质程度等。这些资料可作为考虑设置升水、蓄水、净水和送水设备时的条件。此外还可作为判断利用水路运输可能性的依据。

（4）气象资料

①气温资料。包括年平均、最高、最低温度及其起止日期和持续天数。根据这些资料制定冬期施工、防暑降温等措施，估计混凝土和砂浆强度增长时间。

②降雨、降雪资料。包括雨季起止日期，年平均降雨、降雪量和日最大降雨、降雪量。根据这些资料可以制定冬雨季施工措施，预先拟定临时排水设施，以免在暴雨后淹没施工场地。

③风的资料。包括常年风向、风速、风力等。风的资料通常绘成风象玫瑰图。根据风的资料确定临时设施的位置，生活区与生产区房屋相互间的位置和高空作业、吊装工程技术措施。

2. 技术经济条件资料

（1）地方建筑工业企业情况

通过对这部分资料的调查，了解当地有无采料场，建筑材料、配件和构件的生产企业；这些单位的分布情况；主要产品名称、规格、生产能力、供应能力、价格等；同时还应当了解这些产品运往项目工地的方式方法、交货价格和运输费用。

（2）地方资源情况

地方资源是可以直接或间接供工程使用的原料或材料。应查明当地有无石灰石、石膏石、黏土等供生产黏结材料和保温材料的资源情况；有无建立采石、采砂场等所需的块石、卵石、河砂、山砂等；这些资源在数量和质量方面能否满足建筑施工的要求，并要研究、分析进行开采、运输和使用的可能性及经济合理性。

（3）交通运输条件

为了正确组织交通运输，必须详细调查建设地区的铁路、公路、航运情况，利于组织运输业务，选择经济合理的运输方式。

（4）建设基地情况

调查建设地区附近有无建筑机械化基地及机械化装备，有无中心修配站及仓库，分析可供建筑工地利用的程度。

（5）劳动力和生活设施情况

调查当地可招工人的数量和素质。项目承包单位在未施工前要对工人宿舍、食堂、文化室、浴室等建筑物的数量、地点、结构特征、面积、交通和设备条件做充分的调查研究。

（6）供水、供电条件

调查当地有无发电站和变压站；查明能否从地区电力网上取得电力，可供工地利用的程度，接线地点及使用的条件；了解供水情况，现有上下水道的管径、埋置深度、管底标高、水头压力；还要了解利用邻近电讯设施的可能性等。

任务五　建设工程项目经理

1. 项目经理的概念及应具备的素质。
2. 项目经理责任制和责任书的内容。
3. 项目经理的责、权、利。
4. 建造师执业资格制度。
5. 注册建造师与项目经理的关系。

项目经理是项目经理部的灵魂和最高决策者，项目经理的理念和经营管理水平直接影响着项目经理部的工作效率和业绩。只有优秀睿智的项目经理领导的项目经理部，才是高

效精干并具有创新开拓精神的施工项目管理责任主体。优秀的项目经理部既是企业经济效益和社会信誉的直接责任人，又是业主对项目投资的最基本保证。

一、项目经理的概念和素质

1. 项目经理的概念

项目经理是指受企业法定代表人委托和授权，在工程项目施工中担任项目经理岗位职务，直接负责工程项目施工的组织实施者；是对工程项目实施全过程、全面负责的项目管理者；是工程项目的责任主体，是企业法人代表在工程项目上的委托代理人。

建设部颁发的《建筑施工企业项目经理资质管理办法》指出“施工企业项目经理是受企业法定代表人委托，对工程项目施工过程全面负责的项目管理者，是建筑施工企业法定代表人在工程项目的代表人”。这就决定了项目经理在项目中是最高的责任者、组织者，是项目决策的关键人物。项目经理在项目管理中处于中心地位。

为了确保工程项目的目标实现，项目经理不应同时承担两个或两个以上未完工程项目领导岗位的工作。为了确保工程项目实施的可持续性和项目经理责任、权利和利益的连贯性和可追溯性，在项目运行正常的情况下，企业不应随意撤换项目经理；但在工程项目发生重大安全、质量事故或项目经理违法、违纪时，企业可撤换项目经理，而且必须进行绩效审计，并按合同规定报告有关合作单位。

2. 项目经理的素质

项目经理应该具有以下一些基本素质。

①符合项目管理要求的能力，善于领导、组织协调与沟通。

②相应的项目管理经验和业绩。

③项目管理需要的专业技术、管理、经济、法律和法规知识。

④良好的职业道德和团结协作精神，遵纪守法、爱岗敬业、诚信尽责。

⑤身体健康。

二、项目经理责任制

1. 项目经理责任制概述

项目经理责任制是我国施工管理体制上的一个重大改革，对加强工程项目管理、提高工程质量起到了很好的作用。所谓项目经理责任制是指以项目经理为责任主体的施工项目管理目标责任制度，它是以施工项目为对象、以项目经理全面负责为前提、以“项目管理目标责任书”为依据、以创优质工程为目标、以求得项目产品的最佳经济效益为目的，实行从施工项目开工到竣工验收的一次性全过程的管理。

项目经理责任制是项目管理目标实现的具体保障和基本条件。它有利于明确项目经理与企业、职工三者之间责、权、利、效的关系；有利于运用经济手段强化对施工项目的法制管理；有利于项目规范化、科学化管理和提高工程质量；有利于促进和提高企业项目管理的经济效益和社会效益。

项目经理责任制的主体是项目经理个人全面负责，项目经理部集体全面管理。其中个人全面负责是指施工项目管理活动中，由项目经理代表项目经理部统一指挥，并承担主要的责任；集体全面管理是指项目经理部成员根据工作分工，承担相应的责任并享受相应的利益。

项目经理责任制的重点在于管理，即要遵循科学规律，注重现代化管理的内涵和运用，通过强化项目管理，全面实现项目管理目标责任书的内容与要求。

2. 项目管理目标责任书

项目经理责任制作为项目管理的基本制度，是评价项目经理绩效的依据，其核心是项目管理目标责任书确定的责任。

工程项目在实施之前，法定代表人或其授权人要与项目经理就工程项目全过程管理签订项目管理目标责任书，明确规定项目经理部应达的成本、质量、进度和安全等管理目标，它是具有企业法规性的文件，也是项目经理的任职目标，具有很强的约束性。

项目管理目标责任书一般包括下列内容。

①项目管理实施目标。

②企业各部门与项目经理部之间的责任、权限和利益分配。

③项目施工、试运行等管理的内容和要求。

④项目需要资源的提供方式和核算办法。

⑤法定代表人向项目经理委托的特殊事项。

⑥项目经理部应承担的风险。

⑦项目管理目标评价的原则、内容和方法。

⑧对项目经理部进行奖惩的依据、标准和办法。

⑨项目经理解职和项目经理部解体的条件和办法。

项目管理目标责任书的重点是明确项目经理工作内容，其核心是为了完成项目管理目标，是组织考核项目经理和项目经理部成员业绩的标准和依据。

三、项目经理的责、权、利

1. 项目经理应履行的职责

项目经理一般应履行下列一些指责。

①代表企业实施施工项目管理，贯彻执行国家法律、法规、方针、政策和强制性标准，执行企业的管理制度，维护企业的合法权益。

②“项目管理目标责任书”规定的职责。

③主持编制项目管理实施规划，并对项目目标进行系统管理。

④对进入现场的资源进行优化配置和动态管理。

⑤建立质量管理体系和职业健康安全管理体系并组织实施。

⑥在授权范围内负责与企业管理层、劳务作业层、各协作单位、发包人、分包人和监理工程师等的协调，解决项目中出现的问题。

⑦在授权范围内处理项目经理部与国家、企业、分包单位以及职工之间的利益分配。

⑧收集工程资料，准备结算资料，参与工程竣工验收。

⑨接受审计，处理项目经理部解体的善后工作。

⑩协助企业进行项目的检查、鉴定和评奖申报。

2. 项目经理应具有的权限

项目经理一般应具有以下一些权限。

①参与企业进行的施工项目投标和签订施工合同。

②参与组建项目经理部，确定项目经理部的组织形式，选择、聘任管理人员，确定管理人员的职责，并定期进行考核、评价和奖惩。

③主持项目经理部工作，组织制定施工项目的各项管理制度。

④在企业财务制度规定的范围内，根据企业法定代表人授权和施工项目管理的需要，决定资金的投入和使用。

⑤制定项目经理部的计酬办法。

⑥参与选择并使用具有相应资质的分包人。

⑦在授权范围内，按物资采购程序性文件的规定行使采购权。

⑧在授权范围内，协调和处理与施工项目管理有关的内部与外部事项。

⑨法定代表人授予的其他权力。

3. 项目经理应享有的利益

项目经理应享有以下利益。

①获得工资和奖励。

②项目完成后，按照“项目管理目标责任书”的规定，经审计后给予奖励或处罚。

③除按“项目管理目标责任书”可获得物质奖励外，还可获得表彰、记功等奖励。

四、建造师执业资格制度

建造师执业资格制度于 1834 年起源于英国，迄今已有近 170 年的历史。世界上许多国家已经建立了这项制度，1997 年在华盛顿正式召开了国际建造师协会成立大会。我国施工企业约有 10 万个，从业人员约 3 500 万人。在从事建设工程项目总承包和施工管理的广大专业技术人员中，特别是在施工项目经理队伍中，建立建造师执业资格制度是非常必要的。

1. 我国建造师执业资格制度的建立

2002 年 12 月 5 日，人事部、建设部联合印发了《建造师执业资格制度暂行规定》（人发[2002]111 号），这标志着我国建造师执业资格制度正式建立。该规定明确指出：我国的建造师是指从事建设工程项目总承包和施工管理关键岗位的专业技术人员，分为一级建造师和二级建造师。这项制度的建立，必将促进我国工程项目管理人员素质和管理水平的提高，促进我们进步开拓国际建筑市场。

2003 年 2 月 27 日，《国务院关于取消第二批行政审批项目和改变一批行政审批项目管理方式的决定》（国发[2003]5 号）规定：取消建筑施工企业项目经理资格核准，由注册建造师代替，并设立过渡期。

2003 年 4 月 23 日，《关于建筑业企业项目经理资质管理制度向建造师执业资格制度过渡有关问题的通知》（建市[2003]86 号）中规范了过渡期项目经理的任职条件和过渡期满后项目经理的任职条件。

建筑业企业项目经理资质管理制度向建造师执业资格制度过渡的时间定为 5 年，即从国发[2003]5 号文印发之日起至 2008 年 2 月 27 日止；在过渡期内，原项目经理资质证书继续有效；对于具有建筑业企业项目经理资质证书的人员，在取得建造师注册证书后，其项目经理资质证书应缴回原发证机关；过渡期满后，项目经理资质证书停止使用。

从国发[2003]5 号文印发之日起，各级建设行政主管部门、国务院有关专业部门、中央管理的企业及有关行业协会不再审批建筑业企业项目经理资质。

在过渡期内，大中型工程项目的项目经理的补充，由获取建造师执业资格的渠道实现；小型工程项目的项目经理的补充，可由企业依据原三级项目经理的资质条件考核合格后聘用。在过渡期内，凡持有项目经理资质证书或者建造师注册证书的人员，经其所在企业聘用后均可担任工程项目施工的项目经理。过渡期满后，大、中型工程项目施工的项目经理必须由取得建造师注册证书的人员担任；但取得建造师注册证书的人员是否担任工程项目施工的项目经理，由企业自主决定。

2. 建造师执业资格证书

一级建造师执业资格实行全国统一大纲、统一命题、统一组织的考试制度，由人事部、建设部共同组织实施，原则上每年举行一次考试；二级建造师执业资格实行全国统一大纲，各省、自治区、直辖市命题并组织的考试制度，考试内容分为综合知识与能力和专业知识与能力两部分。报考人员要符合有关文件规定的相应条件。对一级、二级建造师执业资格考试合格的人员，可分别获得《中华人民共和国一级建造师执业资格证书》、《中华人民共和国二级建造师执业资格证书》。取得建造师执业资格证书的人员，必须经过注册登记，方可以建造师名义执业。

按照建设部颁布的《建筑业企业资质等级标准》：一级建造师可以担任特级、一级建筑业企业资质的建设工程项目施工的项目经理；二级建造师可以担任二级及以下建筑业企业资质的建设工程项目施工的项目经理。

3. 注册建造师与项目经理的关系

建造师是一种专业人员的名称，而项目经理是一个工作岗位的名称。建造师与项目经理所从事的都是建设工程的管理，但执业范围不同。建造师执业的覆盖面较大，可涉及工程建设项目管理的许多方面，担任项目经理只是建造师执业中的一项。除此之外，建造师还可以从事法律、行政法规或国务院建设行政主管部门规定的其他业务以及其他施工活动的管理工作，而项目经理则限于企业内某一特定工程的项目管理。建造师选择工作的权利相对自由，可在社会市场上有序流动，有较大的活动空间；项目经理岗位是企业设定的，项目经理是企业法人代表授权或聘用的、一次性的工程项目施工管理者。

我国在全面实施建造师执业资格制度后仍然要坚持落实项目经理岗位责任制。项目经理岗位是保证工程项目建设质量、安全、工期的重要岗位，要充分发挥有关行业协会的作用，加强项目经理培训，不断提高项目经理队伍素质。要加强对建筑业企业项目经理市场行为的监督管理，对发生重大工程质量安全事故或市场违法违规行为的项目经理，必须依法予以严肃处理。国发[2003]5 号文取消的是项目经理资质的行政审批，而不是取消项目经理。这里发生变化的是，大中型工程项目的项目经理必须由取得建造师执业资格的建造师担任。注册建造师资格是担任大中型工程项目经理的一个必要条件，是国家的强制性要求。小型工程项目的项目经理可以由不是建造师的人员担任。

任务六　建设工程监理

内容概要

1. 建设工程监理的工作性质。
2. 建设工程监理的工作任务。
3. 建设工程监理的工作方法。

建设工程监理是指具有相应资质的工程监理企业，接受建设单位的委托，承担其项目管理工作，并代表建设单位对承建单位的建设行为进行监控的专业化服务活动。其项目管理工作应包括投资控制、进度控制、质量控制、合同管理、信息管理和组织与协调工作。工程监理企业是指取得企业法人营业执照、具有监理资质证书的依法从事建设业务活动的经济组织。

我国推行建设工程监理制度的目的是：确保工程建设质量、提高工程建设水平、充分发挥投资效益。

一、建设工程监理的工作性质

工程监理单位是建筑市场的主体之一，建设工程监理是一种高智能的有偿技术服务。

国际上把这类服务归为工程咨询（工程顾问）服务。我国的建设工程监理属于国际上业主方项目管理的范畴。从事建设工程监理活动，应当遵守国家有关法律、行政法规，严格执行工程建设程序、国家工程建设强制性标准和有关标准、规范，遵循守法、诚信、公平、科学的原则，认真履行委托监理合同。

工程监理单位与建设单位应当在实施建设工程监理前以书面形式签订委托监理合同。合同条款中应当明确合同履行期限，工作范围和内容，双方的责任、权利和义务，监理酬金及其支付方式，合同争议的解决办法等。

建设工程监理的工作性质有如下几个特点。

（1）服务性

工程监理单位受业主的委托进行工程建设的监理活动，它提供的不是工程任务的承包，而是服务。工程监理单位将尽一切努力进行项目的目标控制，但它不可能保证项目的目标一定实现，它也不可能承担由于不是它的缘故而导致项目目标失控的责任。

（2）科学性

工程监理单位拥有从事工程监理工作的专业人士——监理工程师，监理工程师将应用所掌握的工程监理科学的思想、组织、方法和手段从事工程监理活动。

（3）独立性

独立性指的是不依附性，工程监理单位在组织上和经济上不能依附于监理工作的对象（如承包商、材料和设备的供货商等），否则就不可能自主地履行其义务。

（4）公正性

当业主方和承包商发生利益冲突或矛盾时，工程监理单位应以事实为依据，以法律和有关合同为准绳，在维护业主的合法权益时，不损害承包商的合法权益，这体现了建设工程监理的公正性。

二、建设工程监理的工作任务

建设工程监理应当依照法律、行政法规及有关的技术标准、设计文件和建筑工程承包合同，对承包单位在施工质量、建设工期和建设资金使用等方面，代表建设单位实施监督。

1.《建设工程质量管理条例》中的有关规定

《建设工程质量管理条例》中对建设工程监理有如下一些规定。

①“工程监理单位应当依照法律、法规以及有关技术标准、设计文件和建设工程承包合同，代表建设单位对施工质量实施监理，并对施工质量承担监理责任。”

②“工程监理单位应当选派具备相应资质的总监理工程师和监理工程师进驻施工现场。未经监理工程师签字，建筑材料、建筑构配件和设备不得在工程上使用或者安装，施工单位不得进行下一道工序的施工。未经总监理工程师签字，建设单位不拨付工程款，不进行竣工验收。”

③“监理工程师应当按照工程监理规范的要求，采取旁站、巡视和平行检验等形式，对建设工程实施监理。”

2.《建设工程安全生产管理条例》中的有关规定

《建设工程安全生产管理条例》中对建设工程监理也有一些规定。

①“工程监理单位应当审查施工组织设计中的安全技术措施或者专项施工方案是否符合工程建设强制性标准。工程监理单位在实施监理过程中，发现存在安全事故隐患的，应当要求施工单位整改；情况严重的，应当要求施工单位暂时停止施工，并及时报告建设单位。施工单位拒不整改或者不停止施工的，工程监理单位应当及时向有关主管部门报告。工程监理单位和监理工程师应当按照法律、法规和工程建设强制性标准实施监理，并对建设工程安全生产承担监理责任。”

②违反本条例的规定，工程监理单位有下列行为之一的，责令限期改正；逾期未改正的，责令停业整顿，并处10万元以上30万元以下的罚款；情节严重的，降低资质等级，直至吊销资质证书；造成重大安全事故，构成犯罪的，对直接责任人员，依照刑法有关规定追究刑事责任；造成损失的，依法承担赔偿责任。

- 未对施工组织设计中的安全技术措施或者专项施工方案进行审查的；
- 发现安全事故隐患未及时要求施工单位整改或者暂时停止施工的；
- 施工单位拒不整改或者不停止施工，未及时向有关主管部门报告的；
- 未依照法律、法规和工程建设强制性标准实施监理的。

3. 建设工程项目实施的几个主要阶段建设工程监理工作的主要任务

（1）设计阶段建设工程监理工作的主要任务

设计阶段建设工程监理工作的主要任务视业主的需求而定，国家并没有统一的规定。一般包括：编写设计要求文件；组织建设工程设计方案竞赛或设计招标，协助业主选择勘测设计单位；拟订和商谈设计委托合同；配合设计单位开展技术经济分析，参与设计方案的比选；参与设计协调工作；参与主要材料和设备的选型（视业主的需求而定）；审核或参与审核工程估算、概算和施工图预算；审核或参与审核主要材料和设备的清单；参与检查设计文件是否满足施工的需求；设计进度控制；参与组织设计文件的报批。

（2）施工招标阶段建设工程监理工作的主要任务

设计阶段建设工程监理工作的主要任务视业主的需求而定，国家也没有统一的规定。一般包括：拟订或参与拟订建设工程施工招标方案；准备建设工程施工招标条件；协助业主办理招标申请；参与或协助编写施工招标文件；参与建设工程施工招标的组织工作；参与施工合同的商签。

（3）材料和设备采购供应的建设工程监理工作的主要任务

对于由业主负责采购的材料和设备物资，监理工程师应负责制定计划、监督合同的执行。具体内容包括：制订（或参与制订）材料和设备供应计划和相应的资金需求计划；通

过材料和设备的质量、价格、供货期和售后服务等条件的分析和比选，协助业主确定材料和设备等物资的供应单位；起草并参与材料和设备的订货合同；监督合同的实施。

（4）施工准备阶段建设工程监理工作的主要任务

具体内容包括：审查施工单位选择的分包单位的资质；监督检查施工单位质量保证体系及安全技术措施，完善质量管理程序与制度；参与设计单位向施工单位的设计交底；审查施工组织设计；在单位工程开工前检查施工单位的复测资料；对重点工程部位的中线和水平控制进行复查；审批一般单项工程和单位工程的开工报告。

（5）工程施工阶段建设工程监理工作的主要任务

具体内容包括以下几个方面。

①施工阶段的质量控制：对所有的隐蔽工程在进行隐蔽以前进行检查和办理签证，对重点工程由监理人员驻点跟踪监理，签署重要的分项、分部工程和单位工程质量评定表；对施工测量和放样进行检查，对发现的质量问题应及时通知施工单位纠正，并做监理记录；检查和确认运到施工现场的材料、构件和设备的质量，并应查验试验和化验报告单，监理工程师有全权禁止不符合质量要求的材料和设备进入工地和投入使用；监督施工单位严格按照施工规范和设计文件要求进行施工；监督施工单位严格执行施工合同；对工程主要部位、主要环节及技术复杂工程加强检查；检查和评价施工单位的工程自检工作；对施工单位的检测仪设备、度量衡定期检验，不定期地进行抽验，以确保度量资料的准确；监督施工单位对各类土木和混凝土试件按规定进行检查和抽查；监督施工单位认真处理施工中发生的一般质量事故，并认真做好记录；对大和重大质量事故以及其他紧急情况报告业主。

②施工阶段的进度控制：主要有监督施工单位严格按照施工合同规定的工期组织施工；进行施工进度的动态控制；建立工程进度台账，核对工程形象进度，按月、季和年度向业主报告工程执行情况、工程进度以及存在的问题。

③施工阶段的投资控制：主要有审查施工单位申报的月度和季度计量表，认真核对其工程数量，不超计、不漏计，严格按合同规定进行计量支付签证；建立计量支付签证台账，定期与施工单位核对清算；从投资控制的角度审核设计变更。

（6）施工验收阶段建设工程监理工作的主要任务

具体内容包括：督促和检查施工单位及时整理竣工文件和验收资料，受理单位工程竣工验收报告，并提出意见；根据施工单位的竣工报告，提出工程质量检验报告；组织工程预验收，参加业主组织的竣工验收。

（7）施工合同管理方面的工作

具体内容包括：拟订合同结构和合同管理制度，包括合同草案的拟订、会签、协商、修改、审批、签署和保管等工作制度及流程；协助业主拟订工程的各类合同条款，并参与各类合同的商谈；合同执行情况的分析和跟踪管理；协助业主处理与工程有关的索赔事宜及合同争议事宜。

三、建设工程监理的工作方法

实施建设工程监理前，建设单位应当将委托的工程监理单位、监理的内容及监理权限，书面通知被监理的建筑施工企业。

工程监理人员认为工程施工不符合工程设计要求、施工技术标准和合同约定的，有权要求建筑施工企业改正；工程监理人员发现工程设计不符合建筑工程质量标准或者合同约定的质量要求的，应当报告建设单位要求设计单位改正。

1. 建设工程监理的工作程序

建设工程监理一般应按下列程序进行。

①编制建设工程监理规划。

②按建设工程进度、分专业编制建设工程监理实施细则。

③按照建设工程监理细则进行建设工程监理。

④参与工程竣工预验收，签署建设工程监理意见。

⑤建设工程监理业务完成后，向项目法人提交工程建设工程监理档案资料。

2. 建设工程监理规划

建设工程监理规划的编制应针对项目的实际情况，明确项目监理单位的工作目标，确定具体的监理工作制度、程序、方法和措施，并应具有可操作性。建设工程监理规划的程序和依据应符合下列规定：建设工程监理规划应在签订委托监理合同及收到设计文件后开始编制，完成后必须经监理单位技术负责人审核批准，并应在召开第一次工地会议前报送业主；应由总监理工程师主持，专业监理工程师参加编制。

编制建设工程监理规划的依据有：建设工程的相关法律、法规及项目审批文件；与建设工程项目有关的标准、设计文件和技术资料；监理大纲、委托监理合同文件以及建设项目相关的合同文件。

建设工程监理规划一般包括：建设工程概况、监理工作范围、监理工作内容、监理工作目标、监理工作依据、项目监理单位的组织形式、项目监理单位的人员配备计划、项目监理单位的人员岗位职责、监理工作程序、监理工作方法及措施、监理工作制度、监理设施。

3. 建设工程监理实施细则

对中型及中型以上或专业性较强的工程项目，项目监理单位应编制建设工程监理实施细则。它应符合建设工程监理规划的要求，并应结合工程项目的专业特点，做到详细具体，并具有可操作性。在监理工作实施过程中，建设工程监理实施细则应根据实际情况进行补充、修改和完善。

①建设工程监理实施细则的编制程序和依据应符合下列规定：建设工程监理实施细则应在工程施工开始前编制完成，并必须经总监理工程师批准；建设工程监理实施细则应由各有关专业的专业工程师参与编制；编制建设工程监理实施细则的依据有已批准的建设工

程监理规划，相关的专业工程的标准、设计文件和有关的技术资料，施工组织设计。

②建设工程监理实施细则应包括：专业工程的特点、监理工作的流程、监理工作的控制要点及目标值、监理工作的方法和措施。

4. 旁站监理

旁站监理是指监理人员在房屋建筑工程施工阶段监理中，对关键部位、关键工序的施工质量实施全过程现场跟班的监督活动。

旁站监理规定的房屋建筑工程的关键部位、关键工序。在基础工程方面包括：土方回填，混凝土灌注桩浇筑，地下连续墙、上钉墙、后浇带及其他结构混凝土、防水混凝土浇筑，卷材防水层细部构造处理，钢结构安装。在主体结构工程方面包括：梁柱节点钢筋隐蔽过程、混凝土浇筑、预应力张拉、装配式结构安装、钢结构安装、网架结构安装、索膜安装。

施工企业根据监理企业制定的旁站监理方案，在需要实施旁站监理的关键部位、关键工序进行施工前 24 小时，应当书面通知监理企业派驻工地的项目监理单位。项目监理单位应当安排旁站监理人员按照旁站监理方案实施旁站监理。

旁站监理人员的主要职责是：检查施工企业现场质检人员到岗、特殊工种人员持证上岗以及施工机械、建筑材料准备情况；在现场跟班监督关键部位、关键工序的施工执行施工方案以及工程建设强制性标准情况；核查进场建筑材料、建筑构配件、设备和商品混凝土的质量检验报告等，并可在现场监督施工企业进行检验或者委托具有资格的第三方进行复验；做好旁站监理记录和监理日记，保存旁站监理原始资料。

旁站监理人员应当认真履行职责，对需要实施旁站监理的关键部位、关键工序在施工现场跟班监督，及时发现和处理旁站监理过程中出现的质量问题，如实准确地做好旁站监理记录。凡旁站监理人员和施工企业现场质检人员未在旁站监理记录（见附件）上签字的，不得进行下一道工序施工。

旁站监理人员实施旁站监理时，发现施工企业有违反工程建设强制性标准行为的，有权责令施工企业立即整改；发现其施工活动已经或者可能危及工程质量的，应当及时向监理工程师或者总监理工程师报告，由总监理工程师下达局部暂停施工指令或者采取其他应急措施。

项目二 建设工程施工成本管理

任务一 建筑安装工程费用项目组成与计算

内容概要

1. 项目成本的概念、构成及形式。
2. 直接费（直接工程费和措施费）的组成。
3. 间接费（规费和企业管理费）的组成。

一、项目成本的概念、构成及形式

成本是指为进行某项生产经营活动所发生的全部费用。它是一种耗费，是耗费劳动（物化劳动和活劳动）的货币表现形式。

项目成本是指在建设工程项目的施工过程中所发生的全部生产费用的总和，包括消耗的原材料、辅助材料、构配材料等费用，周转材料的摊销费或租赁费，施工机具的使用费或租赁费，支付给生产工人的工资、奖金、工资性质的津贴等以及进行施工组织与管理所发生的全部费用支出。

按照国家现行制度的规定，施工过程中所发生的各项费用支出均应计入施工项目成本。在经济运行过程中，没有一种单一的成本概念能适用于各种不同的场合，不同的研究目的就需要不同的成本概念。成本费用按性质可划分为直接成本和间接成本两部分。

1. 直接成本

直接成本是指施工过程中耗费的构成工程实体或有助于工程实体形成的各项费用支出，是可以直接计入工程对象的费用，包括人工费、材料费、施工机械使用费和施工措施费等。

2. 间接成本

间接成本是指为施工准备、组织和管理施工生产的全部费用的支出，是非直接用于也无法直接计入工程对象，但为进行工程施工所必须发生的费用，包括管理人员工资、办公费、差旅交通费等。

对于企业所发生的企业管理费用、财务费用和其他费用则按规定计入当期损益，亦计为期间成本，不得计入施工项目成本。

企业下列支出不仅不能列入施工项目成本，也不能列入企业成本：购置和建造固定资

产、无形资产和其他资产的支出；对外投资的支出；被没收的财物；支付的滞纳金、罚款、违约金、赔偿金、企业赞助和捐赠支出等。

二、建筑工程费用项目组成

建筑工程费由直接费、间接费、利润和税金组成，如图 2-1 所示。直接费由直接工程费和措施费组成，间接费由规费和企业管理费组成。

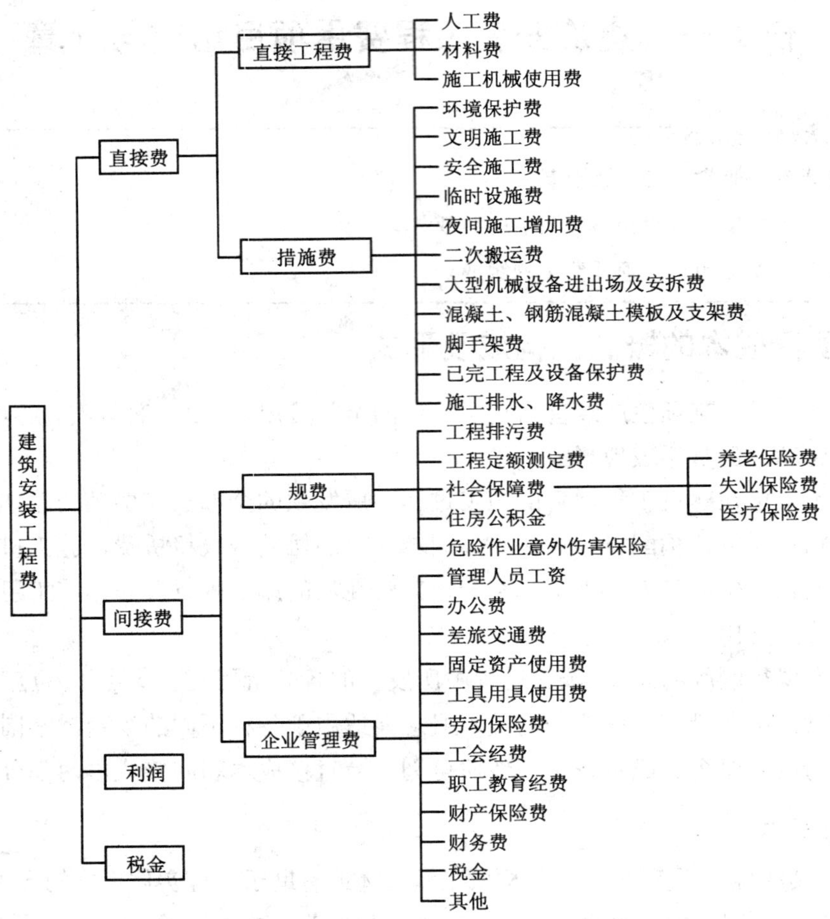

图 2-1 建筑安装工程费用项目组成

（一）直接工程费的组成

直接工程费是指施工过程中构成工程实体所耗费的各项费用，包括人工费、材料费、施工机械使用费。

1. 人工费

人工费是指直接从事建筑安装工程施工的生产工人开支的各项费用，主要包括以下内容。

①基本工资：指发放给生产工人的基本工资。

②工资性补贴：指按规定标准发放的物价补贴，煤、燃气补贴，交通补贴，住房补贴，流动施工津贴等。

③生产工人辅助工资：指生产工人年有效施工天数以外非作业天数的工资，包括职工学习、培训期间的工资，调动工作、探亲、休假期间的工资，因气候影响的停工工资，女工哺乳时间的工资，病假在6个月以内的工资以及产、婚、丧假期的工资。

④职工福利费：指按规定标准计提的职工福利费。

⑤生产工人劳动保护费：指按规定标准发放的劳动保护用品的购置费及修理费，徒工服装补贴、防暑降温费、在有碍身体健康环境中施工的保健费用等。

人工费的计算公式为：

$$人工费=\sum（人工消耗量\times日工资单价） \tag{2-1}$$

即

$$G=\sum_{i=1}^{5}G_i \tag{2-2}$$

式中　G——日工资单价；

G_1——日基本工资；

G_2——日工资性补贴；

G_3——日生产工人辅助工资；

G_4——日职工福利费；

G_5——日生产工人劳动保护费。

$$①日基本工资=\frac{生产工人平均月工资}{年平均每月法定工作日} \tag{2-3}$$

$$②日工资性补贴=\frac{\sum年发放标准}{全年日历月-法定假日}+\frac{\sum日发放标准}{年平均每月法定工作日}+每工作日发放标准 \tag{2-4}$$

$$③日生产工人辅助工资=\frac{全年无效工作日\times(G_1+G_2)}{全年日历月-法定假日} \tag{2-5}$$

$$④日职工福利费=(G_1+G_2+G_3)\times福利费计提比例 \tag{2-6}$$

$$⑤日生产工人劳动保护费=\frac{生产工人年平均支出劳动保护费}{全年日历月-法定假日} \tag{2-7}$$

2. 材料费

材料费是指施工过程中耗用的构成工程实体的原材料、辅助材料、构配件、零件、半成品的费用，包括以下内容。

①材料原价（或供应价格）。

②材料运杂费：指材料自来源地运至工地仓库或指定堆放地点所发生的全部费用。

③运输损耗费：指材料在运输装卸过程中不可避免的损耗。

④采购及保管费：指为组织采购、供应和保管材料过程中所需要的各项费用，包括采购费、仓储费、工地保管费、仓储损耗。

⑤检验试验费：指对建筑材料、构件和建筑安装物进行一般鉴定、检查所发生的费用，包括自设试验室进行试验所耗用的材料和化学药品等费用，但不包括新结构、新材料的试验费和建设单位对具有出厂合格证明的材料进行检验、对构件做破坏性试验及其他特殊要求检验试验的费用。

材料费的计算公式为：

$$材料费=\sum（材料消耗量\times材料基价）+检验试验费 \quad (2-8)$$

$$材料基价=[（供应价格+运杂费）\times（1+运输损耗率）]\times（1+采购保管费率） \quad (2-9)$$

$$检验试验费=\sum（单位材料量检验试验费\times材料消耗量） \quad (2-10)$$

3. 施工机械使用费

施工机械使用费是指施工机械作业所发生的机械使用费以及机械安拆费和场外运费。施工机械使用费的计算公式为：

$$施工机械使用费=\sum（施工机械台班消耗量\times机械台班单价） \quad (2-11)$$

$$机械台班单价=台班折旧费+台班大修费+台班经常修理费+台班安拆费及场外运费+台班人工费+台班燃料动力费+台班养路费及车船使用税 \quad (2-12)$$

①折旧费：指施工机械在规定的使用年限内，陆续收回其原值及购置资金的时间价值。其计算公式为：

$$台班折旧费=\frac{机械预算价格\times(1-残值率)}{耐用总台班数} \quad (2-13)$$

$$耐用总台班数=折旧年限\times年工作台班 \quad (2-14)$$

②大修费：指施工机械按规定的大修理间隔台班进行必要的大修理，以恢复其正常功能所需的费用。其计算公式如下：

$$台班大修费=\frac{一次大修费\times大修次数}{耐用总台班数} \quad (2-15)$$

③经常修理费：指施工机械除大修理以外的各级保养和临时故障排除所需的费用，包括为保障机械正常运转所需替换设备与随机配备工具附具的摊销和维护费用、机械运转中日常保养所需润滑与擦拭的材料费用及机械停滞期间的维护和保养费用等。

④安拆费及场外运费：安拆费指施工机械在现场进行安装与拆卸所需的人工、材料、机械和试运转费用以及机械辅助设施的折旧、搭设、拆除等费用；场外运费指施工机械整体或分体自停放地点运至施工现场或由一施工地点运至另一施工地点的运输、装卸、辅助材料及架线等费用。

⑤人工费：指机上司机（司炉）和其他操作人员的工作日人工费及上述人员在施工机械规定的年工作台班以外的人工费。

⑥燃料动力费：指施工机械在运转作业中所消耗的固体燃料（煤、木柴）、液体燃料（汽油、柴油）及水、电等费用。

⑦养路费及车船使用税：指施工机械按照国家规定和有关部门规定应缴纳的养路费、车船使用税、保险费及年检费等。

（二）措施费的组成

措施费是指为完成工程项目施工，发生于该工程施工前和施工过程中非工程实体项目的费用，一般包括下列项目。

1. 环境保护费

环境保护费是指施工现场为达到环保部门要求所需要的各项费用。

$$\text{环境保护费}=\text{直接工程费}\times\text{环境保护费费率} \tag{2-16}$$

$$\text{环境保护费费率}=\frac{\text{本项费用年度平均支出}}{\text{全年建安产值}\times\text{直接工程费占总造价比例}} \tag{2-17}$$

2. 文明施工费

文明施工费是指施工现场文明施工所需要的各项费用。

$$\text{文明施工费}=\text{直接工程费}\times\text{文明施工费费率} \tag{2-18}$$

$$\text{文明施工费费率}=\frac{\text{本项费用年度平均支出}}{\text{全年建安产值}\times\text{直接工程费占总造价比例}} \tag{2-19}$$

3. 安全施工费

安全施工费是指施工现场安全施工所需要的各项费用。

$$\text{安全施工费}=\text{直接工程费}\times\text{安全施工费费率} \tag{2-20}$$

$$\text{安全施工费费率}=\frac{\text{本项费用年度平均支出}}{\text{全年建安产值}\times\text{直接工程费占总造价比例}} \tag{2-21}$$

4. 临时设施费

临时设施费是指施工企业为进行建筑安装工程施工所必须搭设的生活和生产用的临时建筑物、构筑物和其他临时设施费用等。临时设施包括临时宿舍、文化福利及公用事业房屋与构筑物，仓库、办公室、加工厂以及规定范围内道路、水、电、管线等临时设施和小型临时设施。临时设施费用包括临时设施的搭设、维修、拆除费或摊销费。

$$\text{临时设施费}=(\text{周转使用临建费}+\text{一次性使用临建费})\times(1+\text{其他临时设施所占比例}) \tag{2-22}$$

其中：

①周转使用临建费：

$$周转使用临建费=\sum\left[\frac{临时面积\times每平方米造价}{使用年限\times365\times利用率}\times工期（天）\right]+一次性拆除费 \quad (2\text{-}23)$$

②一次性使用临建费：

$$一次性使用临建费=\sum临建面积\times每平方米造价\times（1-残值率）+一次性拆除费 \quad (2\text{-}24)$$

③其他临时设施在临时设施费中所占比例，可由各地区造价管理部门依据典型施工企业的成本资料经分析后综合测定。

5. 夜间施工增加费

夜间施工增加费是指因夜间施工所发生的夜班补助费、夜间施工降效、夜间施工照明设备摊销及照明用电等费用。

$$夜间施工增加费=\left(1-\frac{合同工期}{定额工期}\right)\times\frac{直接工程费中的人工费合计}{平均日工资单价}\times每工日夜间施工费开支 \quad (2\text{-}25)$$

6. 二次搬运费

二次搬运费是指因施工场地狭小等特殊情况而发生的二次搬运费用。

$$二次搬运费=直接工程费\times二次搬运费费率 \quad (2\text{-}26)$$

$$二次搬运费费率=\frac{年平均二次搬运费开支额}{全年建安产值\times直接工程费占总造价的比例} \quad (2\text{-}27)$$

7. 大型机械设备进出场及安拆费

大型机械设备进出场及安拆费是指机械整体或分体自停放场地运至施工现场或由一个施工地点运至另一个施工地点，所发生的机械进出场运输及转移费用以及机械在施工现场进行安装、拆卸所需的人工费、材料费、机械费、试运转费和安装所需的辅助设施的费用。

8. 混凝土、钢筋混凝土模板及支架费

混凝土、钢筋混凝土模板及支架费是指混凝土施工过程中需要的各种钢模板、木模板、支架等的支、拆、运输费用及模板、支架的摊销（或租赁）费用。

$$模板及支架费=模板摊销量\times模板价格+支、拆、运输费 \quad (2\text{-}28)$$

$$摊销量=一次使用量\times(1+施工损耗)\times\left[1+\frac{(周转次数-1)\times补损率}{周转次数}-\frac{(1-不损率)\times50\%}{周转次数}\right] \quad (2\text{-}29)$$

租赁费=模板使用量×使用日期×租赁价格+支、拆、运输费　　（2-30）

9. 脚手架费

脚手架费是指施工需要的各种脚手架搭、拆、运输费用及脚手架的摊销（或租赁）费用。

脚手架搭拆费=脚手架摊销量×脚手架价格+搭、拆、运输费　　（2-31）

$$脚手架摊销量=\frac{单位一次使用量\times(1-残值率)}{耐用期}\times一次使用期 \tag{2-32}$$

租赁费=脚手架每日租金×搭设周期+搭、拆、运输费　　（2-33）

10. 已完工程及设备保护费

已完工程及设备保护费是指竣工验收前，对已完工程及设备进行保护所需费用。

已完工程及设备保护费=成品保护所需机械费+材料费+人工费　　（2-34）

11. 施工排水、降水费

施工排水、降水费是指为确保工程在正常条件下施工，采取各种排水、降水措施所发生的各种费用。

排水降水费=$\sum$排水降水机械台班费×排水降水周期+排水降水使用材料费、人工费　　（2-35）

（三）间接费的组成

间接费包括规费和企业管理费。

1. 规费

（1）规费的内容

规费是指政府和有关权力部门规定必须缴纳的费用（简称规费），包括以下内容。

①工程排污费：指施工现场按规定缴纳的工程排污费。

②工程定额测定费：指按规定支付工程造价（定额）管理部门的定额测定费。

③社会保障费：包括企业按照国家规定标准为职工缴纳的养老保险费、失业保险费、医疗保险费。

④住房公积金：指企业按规定标准为职工缴纳的住房公积金。

⑤危险作业意外伤害保险：指按照建筑法规规定，企业为从事危险作业的建筑安装施工人员支付的意外伤害保险费。

（2）规费的计算

规费的计算公式为：

规费=计算基数×规费费率　　（2-36）

规费的计算可采用以“直接费”、“人工费和机械费合计”或“人工费”为计算基数。投标人在投标报价时，规费一般按国家及有关部门规定的计算公式及费率标准执行。

2. 企业管理费

（1）企业管理费的内容

企业管理费是指建筑安装企业组织施工生产和经营管理所需费用，包括以下内容。

①管理人员工资：指管理人员的基本工资、工资性补贴、职工福利费、劳动保护费等。

②办公费：指企业管理办公用的文具、纸张、账表、印刷、邮电、书报、会议、水电、烧水和集体取暖（包括现场临时宿舍取暖）用煤等费用。

③差旅交通费：指职工因公出差、调动工作的差旅费、住勤补助费，市内交通费和误餐补助费，职工探亲路费，劳动力招募费，职工离退休、退职一次性路费，工伤人员就医路费，工地转移费以及管理部门使用的交通工具的油料、燃料、养路费及牌照费。

④固定资产使用费：指管理和试验部门及附属生产单位使用的属于固定资产的房屋、设备仪器等的折旧、大修、维修或租赁费。

⑤工具用具使用费：指管理使用的不属于固定资产的生产工具、器具、家具、交通工具和检验、试验、测绘、消防用具等的购置、维修和摊销费。

⑥劳动保险费：指由企业支付离退休职工的异地安家补助费、职工退职金、6 个月以上的病假人员工资、职工死亡丧葬补助费、抚恤费、按规定支付给离休干部的各项经费。

⑦工会经费：指企业按职工工资总额计提的工会经费。

⑧职工教育经费：指企业为职工学习先进技术和提高文化水平，按职工工资总额计提的费用。

⑨财产保险费：指施工管理用财产、车辆保险费。

⑩财务费：指企业为筹集资金而发生的各种费用。

⑪税金：指企业按规定缴纳的房产税、车船使用税、土地使用税、印花税等。

⑫其他：包括技术转让费、技术开发费、业务招待费、绿化费、广告费、公证费、法律顾问费、审计费、咨询费等。

（2）企业管理费的计算

企业管理费的计算主要有两种方法：公式计算法和费用分析法。

①公式计算法。利用公式计算企业管理费的方法比较简单，也是投标人经常采用的一种计算方法，其计算公式为：

$$\text{企业管理费}=\text{计算基数}\times\text{企业管理费费率} \tag{2-37}$$

其中企业管理费费率的计算因计算基数不同可分为三种。

➢ 以直接费为计算基数

$$\text{企业管理费费率}=\frac{\text{生产工人年平均管理费}}{\text{年有效施工天数}\times\text{人工单价}}\times\text{人工费占直接费比例} \tag{2-38}$$

➢ 以人工费和机械费合计为计算基数

$$企业管理费费率=\frac{生产工人年平均管理费}{年有效施工天数\times(人工单价+每一工日机械使用费)}\times100\% \tag{2-39}$$

➢ 以人工费为计算基数

$$企业管理费费率=\frac{生产工人年平均管理费}{年有效施工天数\times人工单价}\times100\% \tag{2-40}$$

②费用分析法。用费用分析法计算企业管理费就是根据企业管理费的构成，结合具体的工程项目确定各项费用的发生额，计算公式为：

企业管理费=管理人员工资+办公费+差旅交通费+固定资产使用费+

工具用具使用费+劳动保险费+工会经费+职工教育经费+

财产保险费+财务费+税金+其他 （2-41）

（四）利润与税金的组成

1. 利润

利润是指施工企业完成所承包工程获得的赢利。按照不同的计价程序，利润的计算方法有所不同。具体计算公式为：

利润=计算基数×利润率 （2-42）

计算基数可采用以下三种方法：以直接费和间接费合计为计算基数；以人工费和机械费合计为计算基数；以人工费为计算基数。

随着市场经济的进一步发展，企业决定利润率水平的自主权将会更大。在投标报价时，企业可以根据工程的难易程度、市场竞争情况和自身的经营管理水平自行确定合理的利润率。

2. 税金

建筑安装工程税金是指国家税法规定的应计入建筑安装工程造价的营业税、城市维护建设税及教育费附加。

（1）营业税

营业税的税额为营业额的3%，计算公式为：

营业税=营业额×3% （2-43）

其中营业额是指从事建筑、安装、修缮、装饰及其他工程作业收取的全部收入，还包括建筑、修缮、装饰工程所用原材料及其他物资和动力的价款，当安装设备的价值作为安装工程产值时，亦包括所安装设备的价款；但建筑业的总承包人将工程分包或转包给他人的，其营业额中不包括付给分包或转包人的价款。

（2）城市维护建设税

城市维护建设税是国家为了加强城乡的维护建设，扩大和稳定城市、乡镇维护建设资金来源，而对有经营收入的单位和个人征收的一种税。

城市维护建设税应纳税额的计算公式为：

$$\text{应纳税额}=\text{应纳营业税额}\times\text{适用税率} \tag{2-44}$$

城市维护建设税的纳税人所在地为市区的，按营业税的7%征收；所在地为县镇的，按营业税的5%征收；所在地为农村的，按营业税的1%征收。

（3）教育费附加

教育费附加税额为营业税的3%，计算公式为：

$$\text{应纳税额}=\text{应纳营业税额}\times 3\% \tag{2-45}$$

为了计算上的方便，可将营业税、城市维护建设税和教育费附加合并在一起计算，以工程成本加利润为基数计算税金。即：

$$\text{税金}=（\text{直接费}+\text{间接费}+\text{利润}）\times\text{税率} \tag{2-46}$$

$$\text{税率}=\left[\frac{1}{1-\text{营业税税率}\times（1+\text{城市维护建设税税率}+\text{教育费附加费率}）}-1\right]\times 100\% \tag{2-47}$$

如果纳税人所在地为市区，则：

$$\text{税率}=\left[\frac{1}{1-3\%\times(1+7\%+3\%)}-1\right]\times 100\% \tag{2-48}$$

如果纳税人所在地为县镇，则：

$$\text{税率}=\left[\frac{1}{1-3\%\times(1+5\%+3\%)}-1\right]\times 100\% \tag{2-49}$$

如果纳税人所在地为农村，则：

$$\text{税率}=\left[\frac{1}{1-3\%\times(1+1\%+3\%)}-1\right]\times 100\% \tag{2-50}$$

任务二　建设工程定额

内容概要

1. 建设工程定额的分类。
2. 人工定额的编制、形式和制定方法。
3. 材料消耗定额。
4. 施工机械台班使用定额。

一、建设工程定额的分类

建设工程定额是建设工程中各类定额的总称。为了对建设工程定额有一个全面的了解，可以按照不同的原则和方法对其进行科学的分类。

1. 按生产要素内容分类

（1）人工定额

人工定额也称劳动定额，是指在正常的施工技术和组织条件下，完成单位合格产品所必需的人工消耗量标准。

（2）材料消耗定额

材料消耗定额是指在合理和节约使用材料的条件下，生产单位合格产品所必须消耗的一定规格的材料、成品、半成品和水、电等资源的数量标准。

（3）施工机械台班使用定额

施工机械台班使用定额也称施工机械台班消耗定额，是指施工机械在正常施工条件下完成单位合格产品所必需的工作时间。它反映了合理、均衡地组织劳动和使用机械时该机械在单位时间内的生产效率。

2. 按编制程序和用途分类

（1）施工定额

施工定额是以同一性质的施工过程——工序作为研究对象，表示生产产品数量与时间消耗综合关系编制的定额。它是工程建设定额中分项最细、定额子目最多的一种定额，也是建设工程定额中的基础性定额，由人工定额、材料消耗定额和机械台班使用定额组成。

施工定额是建筑安装施工企业进行施工组织、成本管理、经济核算和投标报价的重要依据，属于企业定额性质。施工定额直接应用于施工项目的施工管理，用来编制施工作业计划、签发施工任务单、签发限额领料单以及结算计件工资或计量奖励工资等。施工定额和施工生产结合紧密，施工定额的定额水平反映施工企业生产与组织的技术水平和管理水平，同时施工定额也是编制预算定额的基础。

（2）预算定额

预算定额是以建筑物或构筑物各个分部分项工程为对象编制的定额。预算定额是以施工定额为基础综合扩大编制的，同时也是编制概算定额的基础。其中人工、材料和机械台班的消耗水平根据施工定额综合取定，定额项目的综合程度大于施工定额。预算定额是编制施工图预算的主要依据，是编制单位估价表、确定工程造价、控制建设工程投资的基础和依据。与施工定额不同，预算定额是社会性的，而施工定额则是企业性的。

（3）概算定额

概算定额是以扩大的分部分项工程为对象编制的，是编制扩大初步设计概算、确定建设项目投资额的依据。概算定额一般是在预算定额的基础上综合扩大而成的，每一综合分项概算定额都包含了数项预算定额。

（4）概算指标

概算指标是概算定额的扩大与合并，它是以整个建筑物和构筑物为对象，以更为扩大的计量单位来编制的。概算指标的设定和初步设计的深度相适应，是设计单位编制设计概算或建设单位编制年度投资计划的依据，也可作为编制估算指标的基础。

（5）投资估算指标

投资估算指标通常是以独立的单项工程或完整的工程项目为计算对象编制确定的生产要素消耗的数量标准或项目费用标准，是根据已建工程或现有工程的价格数据和资料，经分析、归纳和整理编制而成的。投资估算指标是在项目建议书和可行性研究阶段编制投资估算、计算投资需要量时使用的一种指标，是合理确定建设工程项目投资的基础。

3. 按编制单位和适用范围分类

（1）全国统一定额

全国统一定额是指由国家建设行政主管部门组织，依据有关国家标准和规范，综合全国工程建设的技术与管理状况等编制和发布，在全国范围内使用的定额。

（2）行业定额

行业定额是指由行业建设行政主管部门组织，依据有关行业标准和规范，考虑行业工程建设特点等情况所编制和发布，在本行业范围内使用的定额。

（3）地区定额

地区定额是指由地区建设行政主管部门组织，考虑地区工程建设特点和情况制定和发布，在本地区内使用的定额。

（4）企业定额

企业定额是指由施工企业自行组织，主要根据企业的自身情况，包括人员素质、机械装备程度、技术和管理水平等编制，在本企业内部使用的定额。

4. 按投资的费用性质分类

（1）建筑工程定额

建筑工程定额是建筑工程的施工定额、预算定额、概算定额和概算指标的统称。建筑工程一般理解为房屋和构筑物工程，建筑工程定额在整个建设工程定额中占有突出的地位。

（2）设备安装工程定额

设备安装工程定额是设备安装工程的施工定额、预算定额、概算定额和概算指标的统称。设备安装工程一般是指对需要安装的设备进行定位、组合、校正、调试等工作的工程。

（3）建筑安装工程费用定额

建筑安装工程费用定额包括措施费定额和间接费定额。

（4）工具、器具定额

工具、器具定额是为新建或扩建项目投产运转首次配置的工具、器具数量标准。工具和器具是指按照有关规定不够固定资产标准而起劳动手段作用的工具、器具和生产用家具。

（5）工程建设其他费用定额

工程建设其他费用定额是独立于建筑安装工程定额、设备和工器具购置之外的其他费用开支的标准。其他费用定额是按各项独立费用分别编制的，以便合理控制这些费用的开支。

二、人工定额

人工定额反映生产工人在正常施工条件下的劳动效率，表明了每个工人在单位时间内为生产合格产品所必需消耗的劳动时间，或者在一定的劳动时间中所生产的合格产品数量。

1. 人工定额的编制

编制人工定额主要包括拟定正常的施工条件以及拟定定额时间两项工作，但拟定定额时间的前提是对工人工作时间按其消耗性质进行分类研究。

（1）工人工作时间消耗的分类

工人在工作班内消耗的工作时间，按其消耗的性质，基本可以分为两大类：必需消耗的时间和损失时间。必需消耗的时间是工人在正常施工条件下，为完成一定产品（工作任务）所消耗的时间，是制定定额的主要根据。损失时间是与产品生产无关，而与施工组织和技术上的缺陷有关、与工人在施工过程中的个人过失或某些偶然因素有关的时间消耗。

工人工作时间的分类如图 2-2 所示。

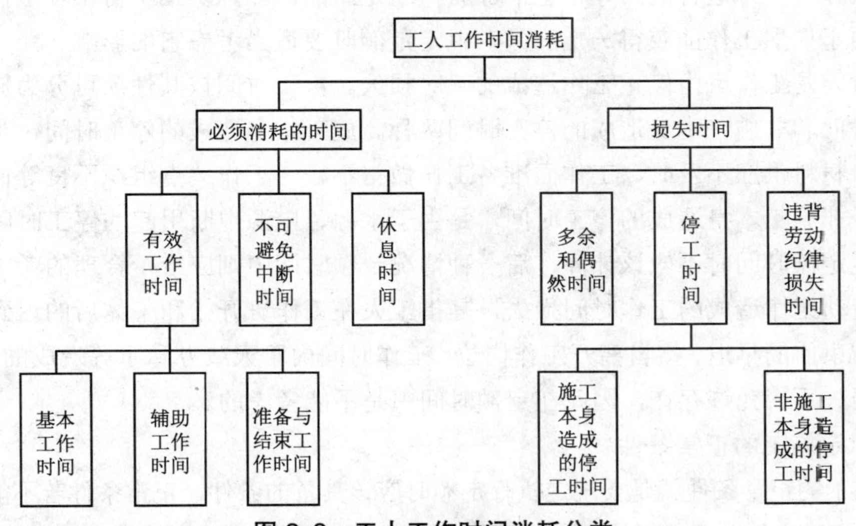

图 2-2　工人工作时间消耗分类

必需消耗的工作时间包括有效工作时间、不可避免中断时间和休息时间。

有效工作时间是从生产效果来看与产品生产直接有关的时间消耗，包括基本工作时间、辅助工作时间、准备与结束工作时间。基本工作时间是工人完成一定产品的施工工艺过程所消耗的时间。基本工作时间所包括的内容依工作性质各不相同，基本工作时间的长短和工作量大小成正比。辅助工作时间是指为保证基本工作能顺利完成所消耗的时间。在辅助

工作时间里，不能使产品的形状大小、性质或位置发生变化。辅助工作时间的结束，往往就是基本工作时间的开始。辅助工作一般是手工操作，但如果在机手并动的情况下，辅助工作是在机械运转过程中进行的，为避免重复则不应再计辅助工作时间的消耗。准备与结束工作时间是执行任务前或任务完成后所消耗的工作时间，如工作地点、劳动工具和劳动对象的准备工作时间，工作结束后的整理工作时间等。准备和结束工作时间的长短与所担负的工作量大小无关，但往往和工作内容有关。准备与结束工作时间可以分为班内的准备与结束工作时间和任务的准备与结束工作时间。

不可避免的中断时间是指由于施工工艺特点引起的工作中断所必需的时间。与施工过程、工艺特点有关的工作中断时间，应包括在定额时间内，但应尽量缩短此项时间消耗。与工艺特点无关的工作中断所占用时间，是由于劳动组织不合理引起的，属于损失时间，不能计入定额时间。

休息时间是工人在工作过程中为恢复体力所必需的短暂休息和生理需要的时间消耗。休息时间是为了保证工人精力充沛地进行工作，所以在定额时间中必须进行计算。休息时间的长短和劳动条件有关，劳动越繁重紧张、劳动条件越差（如高温），则休息时间越长。

损失时间中包括多余和偶然时间、停工时间以及违背劳动纪律所引起的损失时间。

多余工作就是工人进行了任务以外而又不能增加产品数量的工作。多余工作的工时损失，一般都是由于工程技术人员和工人的差错引起的，因此不应计入定额时间中。偶然工作也是工人在任务外进行的工作，但能够获得一定产品。如抹灰工不得不补上偶然遗留的墙洞等。由于偶然工作能获得一定产品，拟定定额时要适当考虑它的影响。

停工时间是工作班内停止工作造成的工时损失。停工时间按其性质可分为施工本身造成的停工时间和非施工本身造成的停工时间两种。施工本身造成的停工时间，是由于施工组织不善、材料供应不及时、工作面准备工作做得不好、工作地点组织不良等情况引起的停工时间；非施工本身造成的停工时间，是由于水源、电源中断引起的停工时间。前一种情况在拟定定额时间时不应该计算，后一种情况定额时间中则应给予合理的考虑。

违背劳动纪律造成的工作时间损失，是指工人在工作班开始和午休后的迟到、午饭前和工作班结束前的早退、擅自离开工作岗位、工作时间内聊天或办私事等造成的工时损失。此项工时损失不应允许存在，因此在定额时间中是不能考虑的。

（2）拟定施工的正常条件

拟定施工的正常条件就是要规定执行定额时应该具备的条件，正常条件若不能满足，则可能达不到定额中的劳动消耗量标准，因此正确拟定施工的正常条件有利于定额的实施。

拟定施工的正常条件包括拟定施工作业的内容、拟定施工作业的方法、拟定施工作业地点的组织和拟定施工作业人员的组织等。

（3）拟定施工作业的定额时间

施工作业的定额时间是在拟定基本工作时间、辅助工作时间、准备与结束时间、不可避免的中断时间以及休息时间的基础上编制的。

上述各项时间是以时间研究为基础，通过时间测定方法，得出相应的观测数据，经加工整理计算后得到的。计时测定的方法有许多种，如测时法、写实记录法、工作日写实法等。

2. 人工定额的形式

人工定额按表现形式的不同，可分为时间定额和产量定额两种形式。

（1）时间定额

时间定额，就是某种专业、某种技术等级工人班组或个人，在合理的劳动组织和合理使用材料的条件下，完成单位合格产品所必需的工作时间，包括准备与结束时间、基本工作时间，辅助工作时间、不可避免的中断时间及工人必需的休息时间。时间定额以工日为单位，每工日按 8 小时计算。其计算方法如下：

$$\text{单位产品时间定额（工日）} = \frac{1}{\text{每工产量}} \tag{2-51}$$

或

$$\text{单位产品时间定额（工日）} = \frac{\text{小组成员工日数总和}}{\text{机械台班产量}} \tag{2-52}$$

（2）产量定额

产量定额就是在合理的劳动组织和合理使用材料的条件下，某种专业、某种技术等级的工人班组或个人在单位工日中所应完成的合格产品的数量。其计算方法如下：

$$\text{每工产量} = \frac{1}{\text{单位产品时间定额（工日）}} \tag{2-53}$$

产量定额的计量单位有：米（m）、平方米（m^2）、立方米（m^3）、吨（t）、块、根、件、扇等。

时间定额与产量定额互为倒数，即：

$$\text{时间定额} \times \text{产量定额} = 1 \tag{2-54}$$

$$\text{时间定额} = \frac{1}{\text{产量定额}} \tag{2-55}$$

$$\text{产量定额} = \frac{1}{\text{时间定额}} \tag{2-56}$$

按定额的标定对象不同，人工定额又分单项工序定额和综合定额两种，综合定额表示完成同一产品中的各单项（工序或工种）定额的综合。按工序综合的用“综合”表示，按工种综合的一般用“合计”表示。其计算方法如下：

$$\text{综合时间定额} = \sum \text{各单项（工序）时间定额} \tag{2-57}$$

$$\text{综合产量定额} = \frac{1}{\text{综合时间定额（工日）}} \tag{2-58}$$

时间定额和产量定额都表示同一人工定额项目，它们是同一人工定额项目的两种不同表现形式。时间定额以工日为单位，综合计算方便，时间概念明确；产量定额则以产品数量为单位表示，具体、形象，劳动者的工作目标一目了然，便于分配任务。

3. 人工定额的制定方法

人工定额是根据国家的经济政策、劳动制度和有关技术文件及资料制定的，制定人工定额常用的方法有以下四种。

（1）技术测定法

技术测定法是根据生产技术和施工组织条件，对施工过程中各工序采用测时法、写实记录法、工作日写实法，测出各工序的工时消耗等资料，再对所获得的资料进行科学的分析，制定出人工定额的方法。

（2）统计分析法

统计分析法是把过去施工生产中同类工程或同类产品的工时消耗统计资料，与当前生产技术和施工组织条件的变化因素结合起来，进行统计分析的方法。这种方法简单易行，适用于施工条件正常、产品稳定、工序重复量大和统计工作制度健全的施工过程。但是，过去的纪录只是实耗工时，不能反映生产组织和技术的状况，所以，在这样条件下求出的定额水平，只是已达到的劳动生产率水平，而不是平均水平。实际工作中，必须分析研究各种变化因素，使定额能真实地反映施工生产平均水平。

（3）比较类推法

对于同类型产品规格多，工序重复、工作量小的施工过程，常用比较类推法。采用此法制定定额是以同类型工序和同类型产品的实耗工时为标准，类推出相似项目定额水平的方法。此法必须掌握类似的程度和各种影响因素的异同程度。

（4）经验估计法

根据定额专业人员、经验丰富的工人和施工技术人员的实际工作经验，参考有关定额资料，对施工管理组织和现场技术条件进行调查、讨论和分析制定定额的方法，叫做经验估计法。经验估计法通常作为一次性定额使用。

三、材料消耗定额

材料消耗定额指标的组成，按其使用性质、用途和用量大小划分为以下四类。

①主要材料：指直接构成工程实体的材料。

②辅助材料：指直接构成工程实体，但比重较小的材料。

③周转性材料：又称工具性材料，指施工中多次使用但并不构成工程实体的材料，如模板、脚手架等。

④零星材料：指用量小、价值不大、不便计算的次要材料，可用估算法计算。

1. 材料消耗定额的编制

编制材料消耗定额主要包括确定直接使用在工程上的材料净用量和在施工现场内运输及操作过程中不可避免的废料和损耗。

（1）材料净用量的确定

材料净用量的确定，一般有以下几种方法。

①理论计算法：根据设计、施工验收规范和材料规格等，从理论上计算材料的净用量。如砖墙的用砖数和砌筑砂浆的用量可用下列理论计算公式计算各自的净用量。

砖砌体材料用量计算时，标准砖砌体中，标准砖、砂浆用量计算公式为：

$$A=\frac{1}{\text{墙厚}\times(\text{砖长}+\text{灰缝})\times(\text{砖厚}+\text{灰缝})}\times K \qquad (2\text{-}59)$$

式中 A——标准砖砌体中，标准砖、砂浆用量；

K——墙厚的砖数×2（墙厚的砖数是 0.5 砖墙、1 砖墙、1.5 砖墙……）。

$$1\,\text{m}^3\text{标准砖砌体砂浆净用量}=1\,\text{m}^3\text{砌体}-1\,\text{m}^3\text{砌体中标准砖的净体积}$$

$$=1-0.24\times0.115\times0.053\times\text{标准砖数量}$$

$$=1-0.001\,462\,8\times\text{标准砖数量} \qquad (2\text{-}60)$$

$$\text{标准砖（砂浆）总消耗量}=\text{净用量}\times（1+\text{损耗率}） \qquad (2\text{-}61)$$

②测定法：根据试验情况和现场测定的资料数据确定材料的净用量。

③图纸计算法：根据选定的图纸，计算各种材料的体积、面积、延长米或质量。

④经验法：根据历史上同类项目的经验进行估算。

（2）材料损耗量的确定

材料的损耗一般以损耗率表示。材料损耗率可以通过观察法或统计法计算确定。材料消耗量计算的公式如下：

$$\text{损耗率}=\frac{\text{损耗量}}{\text{净用量}}\times100\% \qquad (2\text{-}62)$$

$$\text{总消耗量}=\text{净用量}+\text{损耗量}=\text{净用量}\times（1+\text{损耗率}） \qquad (2\text{-}63)$$

2. 周转性材料消耗定额的编制

周转性材料指在施工过程中多次使用、周转的工具性材料，如钢筋混凝土工程用的模板，搭设脚手架用的杆子、跳板、挖土方工程用的挡土板等。

周转性材料消耗一般与下列四个因素有关：第一次制造时的材料消耗（一次使用量）；每周转使用一次材料的损耗（第二次使用时需要补充）；周转使用次数；周转材料的最终回收及其回收折价。

定额中周转材料消耗量指标应当用一次使用量和摊销量两个指标表示。一次使用量是指周转材料在不重复使用时的一次使用量，供施工企业组织施工用；摊销量是指周转材料退出使用，应分摊到每一计量单位的结构构件的周转材料消耗量，供施工企业成本核算或投标报价使用。

四、施工机械台班使用定额

1. 施工机械台班使用定额的形式

（1）施工机械时间定额

施工机械时间定额是指在合理劳动组织与合理使用机械条件下，完成单位合格产品所必需的工作时间，包括有效工作时间（正常负荷下的工作时间和降低负荷下的工作时间）、不可避免的中断时间、不可避免的无负荷工作时间。机械时间定额以“台班”表示，即一台机械工作一个作业班时间。一个作业班时间为 8 小时。

$$\text{单位产品机械时间定额（台班）}=\frac{1}{\text{台班产量}} \tag{2-64}$$

由于机械必须由工人小组配合，所以完成单位合格产品的时间定额，同时列出人工时间定额，即：

$$\text{单位产品人工时间定额（工日）}=\frac{\text{小组成员总人数}}{\text{台班产量}} \tag{2-65}$$

例如，斗容量 1 m^3 正铲挖土机，挖 4 类土，装车，小组成员 2 人，机械台班产量为 4.76（定额单位 100 m^3），则：

$$\text{挖 100 } m^3 \text{ 的人工时间定额}=\frac{2}{4.76}=0.42\text{（工日）}$$

$$\text{挖 100 } m^3 \text{ 的机械时间定额}=\frac{1}{4.76}=0.21\text{（台班）}$$

（2）机械产量定额

机械产量定额是指在合理劳动组织与合理使用机械条件下，机械在每个台班时间内应完成合格产品的数量。

$$\text{机械产量定额}=\frac{1}{\text{机械时间定额}}\text{（台班）} \tag{2-66}$$

机械产量定额和机械时间定额互为倒数关系。

2. 施工机械台班使用定额的编制

（1）机械工作时间消耗的分类

机械工作时间的消耗，按其性质分类如图 2-3 所示。机械工作时间分为必需消耗的时间和损失时间两大类。

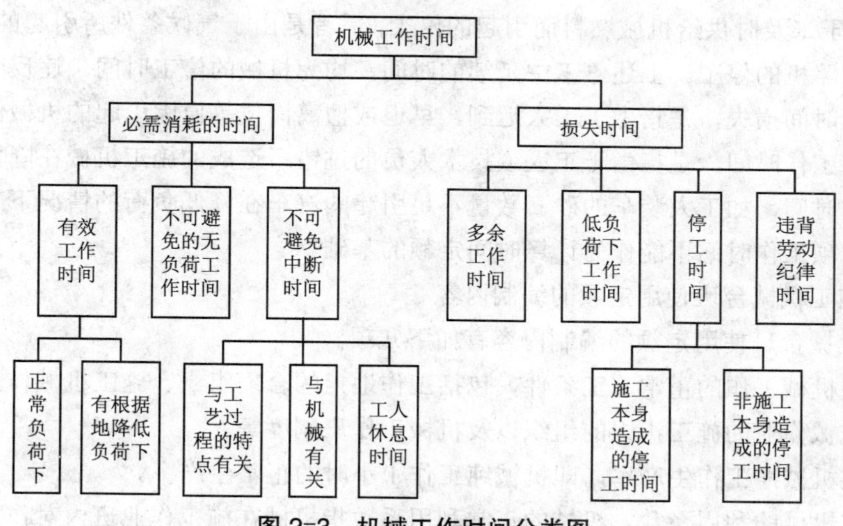

图 2-3　机械工作时间分类图

在必需消耗的工作时间里，包括有效工作、不可避免的无负荷工作和不可避免的中断三项时间消耗。而在有效工作的时间消耗中又包括正常负荷下、有根据地降低负荷下的工时消耗。

正常负荷下的工作时间，是指机械在与机械说明书规定的计算负荷相符的情况下进行工作的时间；有根据地降低负荷下的工作时间，是指在个别情况下由于技术上的原因，机械在低于其计算负荷下工作的时间。例如，汽车运输重量轻而体积大的货物时，不能充分利用汽车的载重吨位，因而不得不降低其计算负荷。

不可避免的无负荷工作时间，是指由施工过程的特点和机械结构的特点造成的机械无负荷工作时间。例如筑路机在工作区末端调头等，都属于此项工作时间的消耗。

不可避免的中断工作时间，是与工艺过程的特点、机械的使用和保养、工人休息有关的中断时间。与工艺过程的特点有关的不可避免中断工作时间，有循环的和定期的两种。循环的不可避免中断工作时间，是在机械工作的每一个循环中重复一次，如汽车装货和卸货时的停车；定期的不可避免中断工作时间，是经过一定时期重复一次，如把灰浆泵由一个工作地点转移到另一工作地点时的工作中断。与机械有关的不可避免中断工作时间，是由于工人进行准备与结束工作或辅助工作时，机械停止工作而引起的中断工作时间，它是与机械的使用与保养有关的不可避免中断时间。工人休息时间前面已经做了说明。要注意的是应尽量利用与工艺过程有关的和与机械有关的不可避免中断时间进行休息，以充分利用工作时间。

损失时间包括多余工作时间、停工时间、违背劳动纪律所消耗的工作时间和低负荷下的工作时间。机械的多余工作时间，是机械进行任务内和工艺过程内未包括的工作而延续的时间，如工人没有及时供料而使机械空运转的时间。机械的停工时间，按其性质也可分为施工本身造成和非施工本身造成的停工时间。前者是由于施工组织得不好而引起的停工现象，如由于未及时供给机械燃料而引起的停工；后者是由于气候条件所引起的停工现象，如暴雨时压路机的停工。上述停工中延续的时间，均为机械的停工时间。违反劳动纪律引起的机械的时间损失，是指由于工人迟到、早退或擅离岗位等原因引起的机械停工时间。低负荷下的工作时间，是指由于工人或技术人员的过错所造成的施工机械在降低负荷的情况下工作的时间，如工人装车的砂石数量不足引起的汽车在降低负荷的情况下工作所延续的时间，此项工作时间不能作为计算时间定额的基础。

（2）施工机械台班使用定额的编制内容

施工机械台班使用定额的编制内容有如下几项。

①拟定机械工作的正常施工条件，包括工作地点的合理组织、施工机械作业方法的拟定、配合机械作业的施工小组的组织以及机械工作班制度等。

②确定机械净工作生产率，即机械纯工作 1 小时的正常生产率。

③确定机械的利用系数。机械的正常利用系数指机械在施工作业班内对作业时间的利用率。

$$\text{机械利用系数}=\frac{\text{工作班净工时间}}{\text{机械工作班时间}} \tag{2-67}$$

④计算机械台班定额。施工机械台班产量定额的计算如下：

施工机械台班产量定额=机械净工作生产率×工作班延续时间×机械利用系数

$$\text{施工机械时间定额}=\frac{1}{\text{施工机械台班产量定额}} \tag{2-68}$$

⑤拟定工人小组的定额时间。工人小组的定额时间指配合施工机械作业工人小组的工作时间总和。

$$\text{工人小组定额时间}=\text{施工机械时间定额}\times\text{工人小组的人数} \tag{2-69}$$

任务三　施工成本管理与施工成本计划

内容概要

1. 施工成本的概念。
2. 施工成本管理的工作内容。
3. 施工成本管理的措施。
4. 施工成本计划的概念和类型。
5. 施工成本计划的内容、编制原则。
6. 施工成本计划的编制依据、编制方法。

一、施工成本管理的内容与措施

1. 施工成本的概念

施工成本是指在建设工程项目的施工过程中所发生的全部生产费用的总和，包括所消耗的原材料、辅助材料、构配件等的费用，周转材料的摊销费或租赁费等，施工机械的使用费或租赁费等，支付给生产工人的工资、奖金、工资性质的津贴等以及进行施工组织与管理所发生的全部费用支出。

建设工程项目施工成本由直接成本和间接成本组成。直接成本是指施工过程中耗费的构成工程实体或有助于工程实体形成的各项费用支出，是可以直接计入工程对象的费用，包括人工费、材料费、施工机械使用费和施工措施费等；间接成本是指为施工准备、组织和管理施工生产的全部费用的支出，是非直接用于也无法直接计入工程对象、但为进行工程施工所必须发生的费用，包括管理人员工资、办公费、差旅交通费等。

2. 施工成本管理的工作内容

施工成本管理的工作内容主要包括成本预测、成本计划、成本控制、成本核算、成本分析和成本考核。根据建筑产品成本运行规律，成本管理责任体系应包括组织管理层和项目管理层。组织管理层的成本管理除生产成本以外，还包括经营管理费用；项目管理层应对生产成本进行管理。组织管理层管理贯穿于项目投标、实施和结算过程，体现效益中心的管理职能；项目管理层管理则着眼于执行组织确定的施工成本管理目标，发挥现场生产成本控制中心的管理职能。

（1）成本预测

施工成本预测就是根据成本信息和施工项目的具体情况，运用一定的专门方法，对未来的成本水平及其可能发展趋势做出科学的估计，它是在工程施工以前对成本进行的估算。通过成本预测，可以在满足项目业主和本企业要求的前提下，选择成本低、效益好的最佳成本方案，并能够在施工项目成本形成过程中，针对薄弱环节，加强成本控制，克服盲目性，提高预见性。因此，施工成本预测是施工项目成本决策与计划的依据。施工成本预测，通常是对施工项目计划工期内影响其成本变化的各个因素进行分析，比照近期已完工施工项目或将完工施工项目的成本（单位成本），预测这些因素对工程成本中有关项目（成本项目）的影响程度，预测出工程的单位成本或总成本。

（2）成本计划

施工成本计划是以货币形式编制施工项目在计划期内的生产费用、成本水平、成本降低率以及为降低成本所采取的主要措施和规划的书面方案，它是建立施工项目成本管理责任制、开展成本控制和核算的基础，也是该项目降低成本的指导文件、设立目标成本的依据。可以说，成本计划是目标成本的一种形式。施工成本计划应满足以下要求：①合同规定的项目质量和工期要求；②组织对施工成本管理目标的要求；③以经济合理的项目实施方案为基础的要求；④有关定额及市场价格的要求。

（3）成本控制

施工成本控制是指在施工过程中，对影响施工成本的各种因素加强管理，并采取各种有效措施，将施工中实际发生的各种消耗和支出严格控制在成本计划范围内，随时揭示并及时反馈，严格审查各项费用是否符合标准，计算实际成本和计划成本之间的差异并进行分析，进而采取多种措施，消除施工中的损失浪费现象。

建设工程项目施工成本控制应贯穿于项目从投标阶段开始直至竣工验收的全过程，它是企业全面成本管理的重要环节。施工成本控制可分为事先控制、事中控制（过程控制）和事后控制。在项目的施工过程中，需按动态控制原理对实际施工成本的发生过程进行有效控制。合同文件和成本计划是成本控制的目标，进度报告和工程变更与索赔资料是成本控制过程中的动态资料。

成本控制应满足下列要求：①要按照计划成本目标值来控制生产要素的采购价格，并认真做好材料、设备进场数量和质量的检查、验收与保管；②要控制生产要素的利用效率和消耗定额，如任务单管理、限额领料、验工报告审核等；同时要做好不可预见成本风险的分析和预控，包括编制相应的应急措施等；③控制影响效率和消耗量的其他因素（如工程变更等）所引起的成本增加；④把施工成本管理责任制度与对项目管理者的激励机制结合起来，以增强管理人员的成本意识和控制能力；⑤承包人必须有一套健全的项目财务管理制度，按规定的权限和程序对项目资金的使用和费用的结算支付进行审核、审批，使其成为施工成本控制的一个重要手段。

（4）成本核算

施工成本核算包括两个基本环节：一是按照规定的成本开支范围对施工费用进行归类和分配，计算出施工费用的实际发生额；二是根据成本核算对象，采用适当的方法，计算出该施工项目的总成本和单位成本。施工成本管理需要正确及时地核算施工过程中发生的各项费用，计算施工项目的实际成本。施工项目成本核算所提供的各种成本信息是成本预测、成本计划、成本控制、成本分析和成本考核等各个环节的依据。

施工成本一般以单位工程为成本核算对象，但也可以按照承包工程项目的规模、工期、结构类型、施工组织和施工现场等情况，结合成本管理要求，灵活划分成本核算对象。施工成本核算的基本内容包括：①人工费核算；②材料费核算；③周转材料费核算；④结构件费核算；⑤机械使用费核算；⑥其他措施费核算；⑦分包工程成本核算；⑧间接费核算；⑨项目月度施工成本报告编制。

（5）成本分析

施工成本分析是在施工成本核算的基础上，对成本的形成过程和影响成本升降的因素进行分析，以寻求进一步降低成本的途径，包括有利偏差的挖掘和不利偏差的纠正。施工成本分析贯穿于施工成本管理的全过程，是在成本的形成过程中，主要利用施工项目的成本核算资料（成本信息），与目标成本、预算成本以及类似的施工项目的实际成本等进行比较，了解成本的变动情况；同时也要分析主要技术经济指标对成本的影响，系统地研究成本变动的因素，检查成本计划的合理性，并通过成本分析，深入揭示成本变动的规律，寻找降低施工项目成本的途径，以便有效地进行成本控制。成本偏差的控制，分析是关键，纠偏是核心，要针对分析得出的偏差发生原因，采取切实措施，加以纠正。

（6）成本考核

施工成本考核是指在施工项目完成后，对施工项目成本形成中的各责任者，按施工项目成本目标责任制的有关规定，将成本的实际指标与计划、定额、预算进行对比和考核，评定施工项目成本计划的完成情况和各责任者的业绩，并以此给以相应的奖励和处罚。通过成本考核，做到有奖有惩、赏罚分明，才能有效地调动每一位员工在各自施工岗位上努力完成目标成本的积极性，为降低施工项目成本和增加企业的积累做出自己的贡献。

施工成本考核是衡量成本降低的实际成果，也是对成本指标完成情况的总结和评价。

3. 施工成本管理的措施

为了取得施工成本管理的理想效果，应当从多方面采取措施实施管理，通常可以将这些措施归纳为组织措施、技术措施、经济措施和合同措施。

（1）组织措施

组织措施是从施工成本管理的组织方面采取的措施。施工成本控制是全员的活动，如实行项目经理责任制，落实施工成本管理的组织机构和人员，明确各级施工成本管理人员的任务和职能分工、权利和责任。施工成本管理不仅是专业成本管理人员的工作，同时各级项目管理人员都负有成本控制责任。

组织措施的另一方面是编制施工成本控制工作计划、确定合理详细的工作流程。要做好施工采购规划，通过生产要素的优化配置、合理使用、动态管理，有效控制实际成本；加强施工定额管理和施工任务单管理，控制活劳动和物化劳动的消耗；加强施工调度，避免因施工计划不周和盲目调度造成窝工损失、机械利用率降低、物料积压等而使施工成本增加。成本控制工作只有建立在科学管理的基础之上，具备合理的管理体制、完善的规章制度、稳定的作业秩序、完整准确的信息传递，才能取得成效。组织措施是其他各类措施的前提和保障，而且一般不需要增加什么费用，运用得当可以收到良好的效果。

（2）技术措施

施工过程中降低成本的技术措施包括：进行技术经济分析，确定最佳的施工方案；结合施工方法，进行材料使用的比选，在满足功能要求的前提下，通过代用、改变配合比、使用添加剂等方法降低材料消耗的费用；确定最合适的施工机械、设备使用方案；结合项目的施工组织设计及自然地理条件，降低材料的库存成本和运输成本；先进的施工技术的应用、新材料的运用、新开发机械设备的使用等。在实践中，也要避免仅从技术角度选定方案而忽视对其经济效果的分析论证。

技术措施不仅对解决施工成本管理过程中的技术问题是不可缺少的，而且对纠正施工成本管理目标偏差也有相当重要的作用。因此，运用技术纠偏措施的关键，一是要能提出多个不同的技术方案，二是要对不同的技术方案进行技术经济分析。

（3）经济措施

经济措施是最容易为人们所接受和采用的措施。管理人员应编制资金使用计划，确定、分解施工成本管理目标。对施工成本管理目标进行风险分析，并制定防范性对策。对各种支出，应认真做好资金的使用计划，并在施工中严格控制各项开支。及时准确地记录、收集、整理、核算实际发生的成本。对各种变更，及时做好增减账、及时落实业主签证、及时结算工程款。通过偏差分析和未完工工程预测，可发现一些潜在的问题将引起未完工程施工成本增加，对这些问题应以主动控制为出发点，及时采取预防措施。由此可见，经济措施的运用绝不仅仅是财务人员的事情。

（4）合同措施

采用合同措施控制施工成本，应贯穿整个合同周期，包括从合同谈判开始到合同终结的全过程。首先是选用合适的合同结构。对各种合同结构模式进行分析、比较，在合同谈判时，要争取选用适合于工程规模、性质和特点的合同结构模式。其次，在合同的条款中应仔细考虑一切影响成本和效益的因素，特别是潜在的风险因素。通过对引起成本变动的风险因素的识别和分析，采取必要的风险对策，如通过合理的方式，增加承担风险的个体数量，降低损失发生的比例，并最终使这些策略反映在合同的具体条款中。在合同执行期间，合同管理的措施既要密切注视对方合同执行的情况，以寻求合同索赔的机会；同时也要密切关注自己履行合同的情况，以防止被对方索赔。

二、施工成本计划的概念及类型

1. 施工成本计划的概念

施工成本计划是以货币形成预先规定施工项目进行中施工生产耗费的水平，确定对比项目总投资（或中标额）应实现的计划成本降低额与降低率，提出保证成本计划实施的主要措施方案。施工成本计划一经确定，就应按成本管理层次、有关成本项目以及项目进展的阶段对成本计划加以分解，层层落实到部门、班组，并制定各级成本实施方案。

2. 施工成本计划的类型

对于一个施工项目而言，其成本计划的编制是一个不断深化的过程。在这一过程的不同阶段形成深度和作用不同的成本计划，按其作用可分为三类。

（1）竞争性成本计划

竞争性成本计划即工程项目投标及签订合同阶段的估算成本计划。这类成本计划是以招标文件中的合同条件、投标者须知、技术规程、设计图纸或工程量清单等为依据，以有关价格条件说明为基础，结合调研和现场考察获得的情况，根据本企业的工料消耗标准、水平、价格资料和费用指标，对本企业完成招标工程所需要支出的全部费用的估算。在投标报价过程中，虽然着力考虑降低成本的途径和措施，但总体上较为粗略。

（2）指导性成本计划

指导性成本计划即选派项目经理阶段的预算成本计划，是项目经理的责任成本目标。它是以合同标书为依据，按照企业的预算定额标准制定的设计预算成本计划，一般情况下只是确定责任总成本指标。

（3）实施性成本计划

实施性成本计划即项目施工准备阶段的施工预算成本计划，它以项目实施方案为依据，落实项目经理责任目标为出发点，采用企业的施工定额，通过施工预算的编制而形成的实施性施工成本计划。

以上三类成本计划互相衔接和不断深化，构成了整个工程施工成本的计划过程。其中，竞争性计划成本带有成本战略的性质，是项目投标阶段商务标书的基础，而有竞争力的商务标书又是以其先进合理的技术标书为支撑的。因此，它奠定了施工成本的基本框架和水平。指导性成本计划和实施性成本计划，都是战略性成本计划的进一步展开和深化，是对战略性成本计划的战术安排。此外，根据项目管理的需要，实施性成本计划又可按施工成本组成、按子项目组成、按工程进度分别编制施工成本计划。

施工预算和施工图预算虽仅一字之差，但区别较大。

①编制的依据不同。施工预算的编制以施工定额为主要依据，施工图预算的编制以预算定额为主要依据，而施工定额比预算定额划分得更详细、更具体，并对其中所包括的内容，如质量要求、施工方法以及所需劳动工日、材料品种、规格型号等均有较详细的规定或要求。

②适用的范围不同。施工预算是施工企业内部管理用的一种文件，与建设单位无直接关系；施工图预算既适用于建设单位，又适用于施工单位。

③发挥的作用不同。施工预算是施工企业组织生产、编制施工计划、准备现场材料、签发任务书、考核功效、进行经济核算的依据，它也是施工企业改善经营管理、降低生产成本和推行内部经营承包责任制的重要手段；而施工图预算则是投标报价的主要依据。

三、施工成本计划的编制

1. 施工成本计划的内容

施工项目成本计划一般由施工项目降低直接成本计划、间接成本计划及技术组织措施组成。如果项目设有附属生产单位，如加工厂、预制厂等，则成本计划还包括产品成本计划和作业成本计划。

施工项目降低直接成本计划主要反映工程成本的预算价值、计划降低额和计划降低率；间接成本计划主要反映施工现场管理费用的计划数、预算收入数及降低额；技术组织措施主要是从技术、组织、管理方面采取措施，如推广新技术、新材料、新结构、新工艺，加强材料、机械管理，采用现代化管理技术等来降低成本，对所采取的技术组织措施预测其

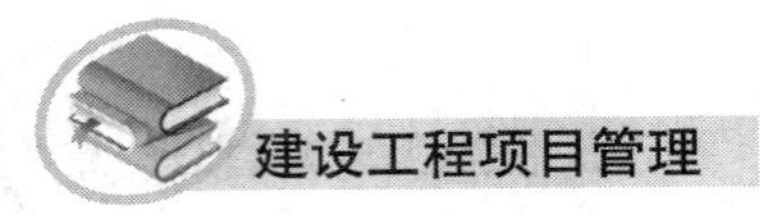

经济效益，编制降低成本的技术组织措施表。

2. 施工成本计划的编制原则

（1）从实际出发的原则

编制成本计划必须从企业的实际情况出发，充分挖掘企业内部潜力，正确选择施工方案，合理组织施工，提高劳动生产率；改善材料供应，降低材料消耗，提高机械利用率；节约施工管理费用等，使降低成本指标既积极可靠，又切实可行。

（2）与其他计划结合的原则

一方面成本计划要根据施工项目的生产和技术组织措施、劳动工资、材料供应等计划来编制；另一方面编制其他各种计划都应考虑适应降低成本的要求。因此，编制成本计划必须与施工项目的其他各项计划如施工方案、生产进度、财务计划、材料供应及耗费计划等密切结合，保持平衡。

（3）采用先进的技术经济定额的原则

编制成本计划，必须以各种先进的技术经济定额为依据，并针对工程的具体特点，采取切实可行的技术组织措施。只有这样，才能编制出既有科学根据，又有实现可能的、起到促进和激励作用的成本计划。

（4）统一领导、分级管理的原则

编制成本计划，应实行统一领导、分级管理的原则，应在项目经理的领导下，以财务、计划部门为中心，发动全体职工共同进行，总结降低成本的经验，找出降低成本的正确途径，使成本计划的制定和执行具有广泛的群众基础。

（5）弹性原则

在项目施工过程中很可能发生一些在编制计划时所未预料的变化，尤其是材料供应、市场价格，因此在编制计划时应充分考虑各种变化因素，留有余地，使计划保持一定的适应能力。

3. 施工成本计划的编制依据

施工成本计划是施工项目成本控制的一个重要环节，是实现降低施工成本任务的指导性文件。如果针对施工项目所编制的成本计划达不到目标成本要求时，就必须组织施工项目管理班子的有关人员重新研究寻找降低成本的途径，重新进行编制。同时，编制成本计划的过程也是动员全体施工项目管理人员的过程，是挖掘降低成本潜力的过程，是检验施工技术质量管理、工期管理、物资消耗和劳动力消耗管理等是否落实的过程。

编制施工成本计划，需要广泛收集相关资料并进行整理，以作为施工成本计划编制的依据。在此基础上，根据有关设计文件、工程承包合同、施工组织设计、施工成本预测资料等，按照施工项目应投入的生产要素，结合各种因素的变化和拟采取的各种措施，估算施工项目生产费用支出的总水平，进而提出施工项目的成本计划控制指标，确定目标总成本。目标成本确定后，应将总目标分解落实到各个机构、班组、便于进行控制的子项目或工序。最后，通过综合平衡，编制完成施工成本计划。

施工成本计划的编制依据包括：①投标报价文件；②企业定额、施工预算；③施工组织设计或施工方案；④人工、材料、机械台班的市场价；⑤企业颁布的材料指导价、企业内部机械台班价格、劳动力内部挂牌价格；⑥周转设备内部租赁价格、摊销损耗标准；⑦已签订的工程合同、分包合同（或估价书）；⑧结构件外加工计划和合同；⑨有关财务成本核算制度和财务历史资料；⑩施工成本预测资料；⑪拟采取的降低施工成本的措施；⑫其他相关资料。

4. 施工成本计划的编制方法

施工成本计划的编制以成本预测为基础，关键是确定目标成本。计划的制定，须结合施工组织设计的编制过程，通过不断地优化施工技术方案和合理配置生产要素，进行工、料、机消耗的分析，制定一系列节约成本和挖潜措施，确定施工成本计划。一般情况下，施工成本计划总额应控制在目标成本的范围内，并使成本计划建立在切实可行的基础上。

施工总成本目标确定之后，还须通过编制详细的实施性施工成本计划把目标成本层层分解，落实到施工过程的每个环节，有效地进行成本控制。施工成本计划的编制方法有：按施工成本组成编制施工成本计划、按项目组成编制施工成本计划、按工程进度编制施工成本计划。

（1）按施工成本组成编制施工成本计划的方法

施工成本按成本组成可以分解为人工费、材料费、施工机械使用费、措施费和间接费，如图 2-4 所示，编制按施工成本组成分解的施工成本计划。

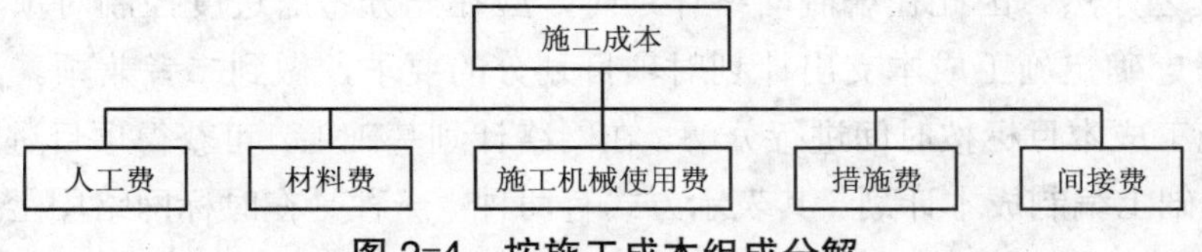

图 2-4　按施工成本组成分解

（2）按项目组成编制施工成本计划的方法

大中型工程项目通常是由若干单项工程构成的，而每个单项工程包括了多个单位工程，每个单位工程又是由若干个分部分项工程所构成。因此，首先要把项目总施工成本分解到单项工程和单位工程中，再进一步分解为分部工程和分项工程，如图 2-5 所示。

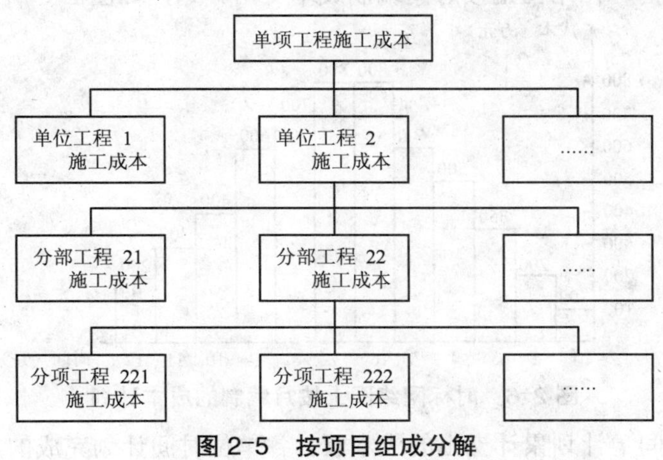

图 2-5　按项目组成分解

在完成施工项目成本目标分解之后，就要具体地分配成本，编制分项工程的成本支出计划，从而得到详细的成本计划表，如表 2-1 所示。

表 2-1　分项工程成本计划表

分项工程编码	工 程 内 容	计 量 单 位	工 程 数 量	计划综合单价	本分项总计
（1）	（2）	（3）	（4）	（5）	（6）

在编制成本支出计划时，要在项目总的方面考虑总的预备费，也要在主要的分项工程中安排适当的不可预见费，避免在具体编制成本计划时，可能发现个别单位工程或工程量表中某项内容的工程量计算有较大出入，使原来的成本预算失实，并在项目实施过程中对其尽可能地采取一些措施。

（3）按工程进度编制施工成本计划的方法

编制按工程进度的施工成本计划，通常可利用控制项目进度的网络图进一步扩充而得。在建立网络图时，一方面确定完成各项工作所需花费的时间，另一方面同时确定完成这一工作的合适的施工成本支出计划。在实践中，将工程项目分解为既能方便地表示时间、又能方便地表示施工成本支出计划的工作是不容易的。通常如果项目分解程度对时间控制合适的话，则对施工成本支出计划可能分解过细，以至于不可能对每项工作确定其施工成本支出计划，反之亦然。因此在编制网络计划时，应在充分考虑进度控制对项目划分要求的同时，还要考虑确定施工成本支出计划对项目划分的要求，做到二者兼顾。

通过对施工成本目标按时间进行分解，在网络计划基础上，可获得项目进度计划的横道图，并在此基础上编制成本计划。其表示方式有两种：一种是在时标网络图上按月编制的成本计划；另一种是利用时间—成本曲线（S 形曲线）表示。

时间—成本累积曲线的绘制步骤如下。

①确定工程项目进度计划，编制进度计划的横道图。

②根据每单位时间内完成的实物工程量或投入的人力、物力和财力，计算单位时间（月或旬）的成本，在时标网络图上按时间编制成本支出计划，如图 2-6 所示。

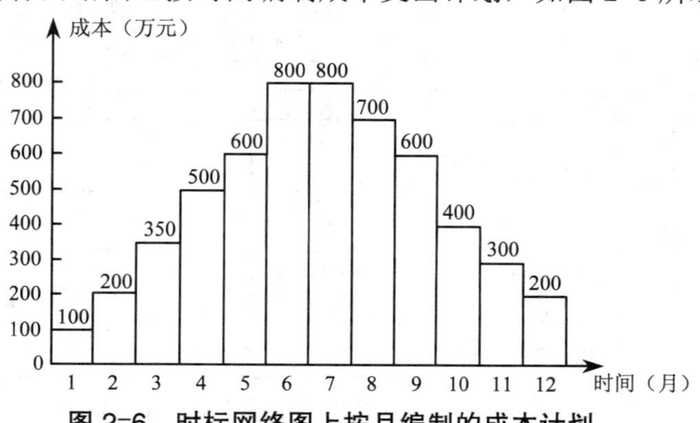

图 2-6　时标网络图上按月编制的成本计划

③计算规定时间 t 计划累计支出的成本额。各单位时间计划完成的成本额累加求和，

可按下式计算：

$$Q_t=\sum_{n=1}^{t}q_n \qquad (2\text{-}70)$$

式中　Q_t——某时间 t 计划累计支出成本额；

q_n——单位时间 n 的计划支出成本额；

t——某规定计划时刻。

④按各规定时间的 Q_t 值，绘制 S 形曲线，如图 2-7 所示。

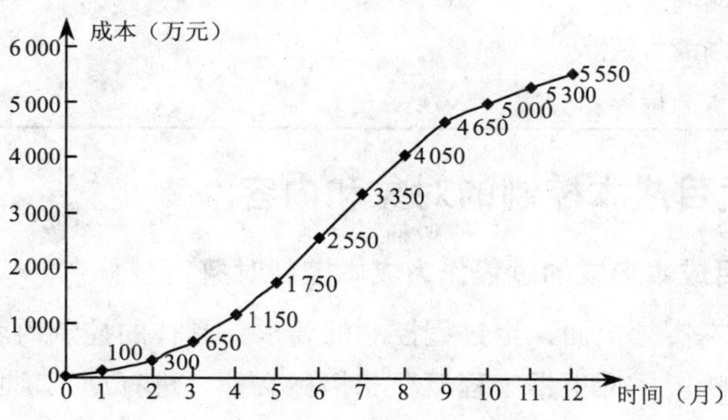

图 2-7　时间成本累计曲线（S 形曲线）

每一条 S 形曲线都对应某一特定的工程进度计划。因为在进度计划的非关键路线中存在许多有时差的工序或工作，因而 S 形曲线（成本计划值曲线）必然包络在由全部工作都按最早开始时间开始和全部工作都按最迟必须开始时间开始的曲线所组成的“香蕉图”内。项目经理可根据编制的成本支出计划来合理安排资金；同时项目经理也可以根据筹措的资金来调整 S 形曲线，即通过调整非关键路线上的工序项目的最早或最迟开工时间，力争将实际的成本支出控制在计划的范围内。

一般而言，所有工作都按最迟开始时间开始，对节约资金贷款利息是有利的，但同时也降低了项目按期竣工的保证率，因此项目经理必须合理地确定成本支出计划，达到既节约成本支出、又能控制项目工期的目的。

以上三种编制施工成本计划的方式并不是相互独立的，在实践中，往往是将这几种方式结合起来使用，从而可以取得扬长避短的效果。例如，将按项目分解项目总施工成本与按施工成本构成分解项目总施工成本两种方式相结合，横向按施工成本构成分解，纵向按项目分解，或纵向按施工成本构成分解，横向按项目分解。这种分解方式有助于检查各分部分项工程施工成本构成是否完整，有无重复计算或漏算，同时还有助于检查各项具体的施工成本支出的对象是否明确或落实，并且可以从数字上校核分解的结果有无错误。或者还可将按项目分解项目总施工成本计划与按时间分解项目总施工成本计划结合起来，一般纵向按项目分解，横向按时间分解。

任务四　施工成本控制与施工成本分析

内容概要

1. 施工成本控制的对象和内容。
2. 施工成本控制的原则。
3. 施工成本控制的依据。
4. 施工成本控制的步骤。
5. 施工成本控制的方法。
6. 施工成本分析的依据和方法。

一、施工项目成本控制的对象和内容

1. 以施工项目成本形成的过程作为成本控制对象

根据对项目成本实行全面、全过程控制的要求，具体的控制内容如下。

①在工程投标阶段，应根据工程概况和招标文件，进行施工项目成本的预测，提出投标决策意见。

②在施工准备阶段，应结合设计图纸的自审、会审和其他资料（如地质勘探资料等）编制实施性施工组织设计，通过多方案的技术经济比较，从中选择经济合理、先进可行的施工方案，编制详细而具体的成本计划，对项目成本进行事前控制。

③在施工阶段，以施工图预算、施工预算、劳动定额、材料消耗定额和费用开支标准等，对实际发生的成本费用进行控制。

④在竣工交付使用及保修期阶段，应对竣工验收过程发生的费用和保修费用进行控制。

2. 以施工项目的职能部门、施工队和生产班组作为成本控制对象

项目的职能部门、施工队和生产班组进行的项目成本控制是最直接、最有效的成本控制。成本控制的具体内容是日常发生的各种费用和损失，而这些费用和损失，都发生在各个部门、施工队和生产班组。因此，也应以施工项目的职能部门、施工队和生产班组作为成本控制对象，接受项目经理和企业有关部门的指导、监督、检查和考评。

3. 以分部分项工程作为项目成本控制对象

为了把成本控制工作做得扎实、细致，落到实处，还应以分部分项工程作为项目成本的控制对象。在正常情况下，项目应该根据分部分项工程的实物量，参照施工预算定额，联系项目经理的技术素质、业务素质和技术组织措施的节约计划，编制包括工、料、机消耗数量、单价、金额在内的施工预算，作为对分部分项工程成本进行控制的依据。

4. 以对外经济合同作为成本控制对象

施工项目的对外经济业务，都要以经济合同为纽带建立合约关系，以明确双方的权利

和义务。在签订各项对外经济合同时，要将合同的数量、单价、金额控制在预算收入之内，如合同金额超过预算收入，就意味着成本亏损。

二、施工项目成本控制的原则

1. 开源与节流相结合的原则

在成本控制中，坚持开源与节流相结合的原则，要求做到：每发生一笔金额较大的成本费用，都要查一查有无与其相对应的预算，是否支大于收；在经常性的分部分项工程成本核算和月度成本核算中，也要进行实际成本与预算收入的对比分析，以便从中探索成本节约或超支的原因，纠正项目成本的不利偏差，实现降低成本的目标。

2. 全面控制原则

（1）项目成本的全员控制

施工项目成本控制是一项综合性很强的工作，它涉及项目组织中各个部门、单位和班组的工作业绩，仅靠项目经理和专业成本管理人员及少数人的努力是无法收到预期效果的，应形成全员参与项目成本控制的成本责任体系，明确项目内部各职能部门、班组和个人应承担的成本控制责任，其中包括各部门、各单位的责任网络和班组经济核算等。

（2）项目成本的全过程控制

施工项目成本的全过程控制是在工程项目确定以后，从施工准备到竣工交付使用的施工全过程中，对每项经济业务，都要纳入成本控制的轨道，使成本控制工作随着项目施工进展的各个阶段连续进行，既不能疏漏，又不能时紧时松，自始至终使施工项目成本置于有效的控制之下。

3. 中间控制原则

中间控制原则又称动态控制原则。由于施工项目具有一次性的特点，应特别强调项目成本的中间控制。计划阶段的成本控制，只是确定成本目标、编制成本计划、制定成本控制方案，为今后的成本控制做好准备，只有通过施工过程的实际成本控制，才能达到降低成本的目标。而竣工阶段的成本控制，由于成本盈亏已经基本定局，即使发生了偏差，也来不及纠正了。因此，成本控制的重心应放在施工过程中，坚持中间控制。

4. 节约原则

节约人力、物力、财力的消耗，是提高经济效益的核心，也是成本控制的一项最主要的基本原则。节约要从三方面入手：一是严格执行成本开支范围、费用开支标准和有关财务制度，对各项成本费用的支出进行限制和监督；二是提高施工项目的科学管理水平，优化施工方案，提高生产效率，节约人、财、物的消耗；三是采取预防成本失控的技术组织措施，制止可能发生的浪费。做到了以上三点，成本目标就能实现。

5. 例外管理原则

在工程项目施工过程中，对一些不经常出现的问题，称为“例外”问题。这些“例外”问题，往往是关键性问题，对成本目标的顺利完成影响很大，必须予以高度重视。如在成本管理中常见的成本盈亏异常现象，即盈余或亏损超过了正常的比例，本来是可以控制的成本，突然发生失控现象，如某些暂时的节约，但有可能对今后的成本带来隐患（如由于平时机械维修费的节约，可能会造成未来的停工修理和更大的经济损失）等，都应视为“例外”问题，进行重点检查，深入分析，并采取相应的积极措施加以纠正。

6. 责、权、利相结合的原则

要使成本控制真正发挥及时有效的作用，必须严格按照经济责任制的要求，贯彻责、权、利相结合的原则。在项目施工过程中，项目经理、工程技术人员、业务管理人员以及各单位和生产班组都负有一定的成本控制责任，从而形成整个项目的成本控制责任网络。另一方面，各部门、各单位、各班组在肩负成本控制责任的同时，还应享有成本控制的权利，即在规定的权力范围内可以决定某项费用能否开支、如何开支和开支多少，以行使对项目成本的实质性控制。最后，项目经理还要对各部门、各单位、各班组在成本控制中的业绩进行定期检查和考评，并与工资分配紧密挂钩，实行有奖有罚。实践证明，只有责、权、利相结合的成本控制，才能收到预期的效果。

三、施工成本控制的依据

1. 工程承包合同

施工成本控制要以工程承包合同为依据，围绕降低工程成本这个目标，从预算收入和实际成本两方面努力挖掘增收节支潜力，以求获得最大的经济效益。

2. 施工成本计划

施工成本计划是根据施工项目的具体情况制定的施工成本控制方案，既包括预定的具体成本控制目标，又包括实现控制目标的措施和规划，是施工成本控制的指导文件。

3. 进度报告

进度报告提供了每一时刻工程实际完成量、工程施工成本实际支付情况等重要信息。施工成本控制工作正是通过实际情况与施工成本计划相比较，找出二者之间的差别，分析偏差产生的原因，从而采取措施改进以后的工作。此外，进度报告还有助于管理者及时发现工程实施中存在的问题，并在事态还未造成重大损失之前采取有效措施，尽量避免损失。

4. 工程变更

在项目的实施过程中，由于各方面的原因，工程变更是很难避免的。工程变更一般包括设计变更、进度计划变更、施工条件变更、技术规范与标准变更、施工次序变更、工程数量变更等。一旦出现变更，工程量、工期、成本都必将发生变化，从而使得施工成本控制工作变得更加复杂和困难。因此，施工成本管理人员就应当通过对变更要求当中各类数据的计算、分析，随时掌握变更情况，包括已发生工程量、将要发生工程量、工期是否拖延、支付情况等重要信息，判断变更以及变更可能带来的索赔额度等。

除了上述几种施工成本控制工作的主要依据以外，有关施工组织设计、分包合同等也都是施工成本控制的依据。

四、施工成本控制的步骤

在确定了施工成本计划之后，必须定期地进行施工成本计划值与实际值的比较，当实际值偏离计划值时，分析产生偏差的原因，采取适当的纠偏措施，以确保施工成本控制目标的实现，其步骤如下。

1. 比较

按照某种确定的方式将施工成本计划值与实际值逐项进行比较，以发现施工成本是否已超支。

2. 分析

在比较的基础上，对比较的结果进行分析，以确定偏差的严重性及偏差产生的原因。这一步是施工成本控制工作的核心，其主要目的在于找出产生偏差的原因，从而采取有针对性的措施，减少或避免相同原因的再次发生或减少由此造成的损失。

3. 预测

按照完成情况估计完成项目所需的总费用。

4. 纠偏

当工程项目的实际施工成本出现了偏差，应当根据工程的具体情况、偏差分析和预测的结果，采取适当的措施，以期达到使施工成本偏差尽可能小的目的。纠偏是施工成本控制中最具实质性的一步。只有通过纠偏，才能最终达到有效控制施工成本的目的。

对偏差原因进行分析的目的是为了有针对性地采取纠偏措施，从而实现成本的动态控制和主动控制。纠偏首先要确定纠偏的主要对象，偏差原因有些是无法避免和控制的，如客观原因，充其量只能对其中少数原因做到防患于未然，力求减少该原因所产生的经济损失。在确定了纠偏的主要对象之后，就需要采取有针对性的纠偏措施。纠偏可采用组织措施、经济措施、技术措施和合同措施等。

5. 检查

检查是指对工程的进展进行跟踪和检查，及时了解工程进展状况以及纠偏措施的执行情况和效果，为今后的工作积累经验。

五、施工成本控制的方法

1. 过程控制方法

施工阶段是控制建设工程项目成本发生的主要阶段，过程控制方法就是通过确定成本目标并按计划成本进行施工资源配置，对施工现场发生的各种成本费用进行有效控制。其具体的控制方法如下。

（1）人工费的控制

人工费的控制实行“量价分离”的方法，将作业用工及零星用工按定额工日的一定比例综合确定用工数量与单价，通过劳务合同进行控制。

（2）材料费的控制

材料费控制同样按照“量价分离”原则，控制材料用量和材料价格。

①材料用量的控制。在保证符合设计要求和质量标准的前提下，合理使用材料，通过定额管理、计量管理等手段有效控制材料物资的消耗，具体方法如下。

- 定额控制。对于有消耗定额的材料，以消耗定额为依据，实行限额发料制度。在规定限额内分期分批领用。超过限额领用的材料，必须先查明原因，经过一定审批手续方可领料。
- 指标控制。对于没有消耗定额的材料，则实行计划管理和按指标控制的办法。根据以往项目的实际耗用情况，结合具体施工项目的内容和要求，制定领用材料指标，据以控制发料。超过指标的材料，必须经过一定的审批手续方可领用。
- 计量控制。准确做好材料物资的收发计量检查和投料计量检查。
- 包干控制。在材料使用过程中，对部分小型及零星材料（如钢钉、钢丝等）根据工程量计算出所需材料量，将其折算成费用，由作业者包干控制。

②材料价格的控制。材料价格主要由材料采购部门控制。由于材料价格是由买价、运杂费、运输中的合理损耗等所组成的，因此控制材料价格，主要是通过掌握市场信息、应用招标和询价等方式控制材料、设备的采购价格。

施工项目的材料物资，包括构成工程实体的主要材料和结构件以及有助于工程实体形成的周转使用材料和低值易耗品。从价值角度看，材料物资的价值，约占建筑安装工程造价的 60%～70%，其重要程度不言而喻。由于材料物资的供应渠道和管理方式各不相同，所以控制的内容和所采取的控制方法也将有所不同。

（3）施工机械使用费的控制

合理选择施工机械设备、合理使用施工机械设备对成本控制具有十分重要的意义，尤其是高层建筑施工。据某些工程实例统计，高层建筑地面以上部分的总费用中，垂直运输机械费用约占 6%～10%。由于不同的起重运输机械各有不同的用途和特点，因此在选择起重运输机械时，首先应根据工程特点和施工条件确定采取何种不同起重运输机械的组合方式。在确定采用何种组合方式时，首先应满足施工需要，同时还要考虑到费用的高低和综合经济效益。

施工机械使用费主要由台班数量和台班单价两方面决定。为有效控制施工机械使用费支出，主要从以下几个方面进行控制。

①合理安排施工生产，加强设备租赁计划管理，减少因安排不当引起的设备闲置。

②加强机械设备的调度工作，尽量避免窝工，提高现场设备利用率。

③加强现场设备的维修保养，避免因不正当使用造成机械设备的停置。

④做好机上人员与辅助生产人员的协调与配合，提高施工机械台班产量。

（4）施工分包费用的控制

分包工程价格的高低对项目经理部的施工项目成本产生一定的影响。因此，施工项目成本控制的重要工作之一是对分包价格的控制。项目经理部应在确定施工方案的初期就要确定需要分包的工程范围。决定分包范围的因素主要是施工项目的专业性和项目规模。对分包费用的控制，主要是要做好分包工程的询价、订立平等互利的分包合同、建立稳定的分包关系网络、加强施工验收和分包结算等工作。

2. 赢得值（挣值）法

赢得值法（Earned Value Management，EVM）作为一项先进的项目管理技术，最初是美国国防部于 1967 年首次确立的。到目前为止，国际上先进的工程公司已普遍采用赢得值法进行工程项目的费用、进度综合分析控制，其基本参数有 3 项，即已完工作预算费用、计划工作预算费用和已完工作实际费用。

（1）赢得值法的 3 个基本参数

①已完工作预算费用。已完工作预算费用，简称 BCWP（Budgeted Cost for Work Performed），是指在某一时间已经完成的工作（或部分工作），以批准认可的预算为标准所需要的资金总额。由于业主正是根据这个值为承包人完成的工作量支付相应的费用，也就是承包人获得（挣得）的金额，故称赢得值或挣值。

已完工作预算费用（BCWP）=已完成工作量×预算单价　　（2-71）

②计划工作预算费用。计划工作预算费用，简称 BCWS（Budgeted Cost for Work Scheduled），即根据进度计划，在某一时刻应当完成的工作（或部分工作），以预算为标准所需要的资金总额。一般来说，除非合同有变更，否则 BCWS 在工程实施过程中应保持不变。

计划工作预算费用（BCWS）=计划工作量×预算单价　　（2-72）

③已完工作实际费用。已完工作实际费用，简称 ACWP（Actual Cost for Work Performed），即到某一时刻为止，已完成的工作（或部分工作）所实际花费的总金额。

已完工作实际费用（ACWP）=已完成工作量×实际单价　　（2-73）

（2）赢得值法的 4 个评价指标

在这 3 个基本参数的基础上，可以确定赢得值法的 4 个评价指标，它们都是时间的函数。

①费用偏差 CV（Cost Variance）。

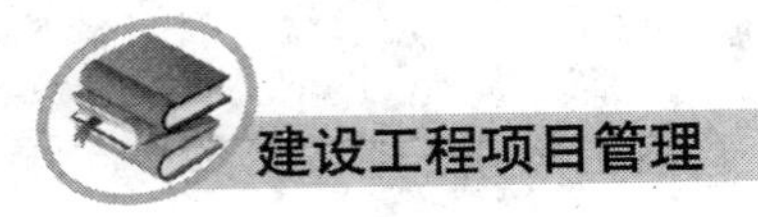

费用偏差（CV）=已完工作预算费用（BCWP）−已完工作实际费用（ACWP） （2-74）

当费用偏差（CV）为负值时，即表示项目运行超出预算费用；当费用偏差（CV）为正值时，表示项目运行节支，实际费用没有超出预算费用。

②进度偏差 SV（Schedule Variance）。

进度偏差（SV）=已完工作预算费用（BCWP）−计划工作预算费用（BCWS） （2-75）

当进度偏差（SV）为负值时，表示进度延误，即实际进度落后于计划进度；当进度偏差（SV）为正值时，表示进度提前，即实际进度快于计划进度。

③费用绩效指数（CPI）。

$$\text{费用绩效指数（CPI）}=\frac{\text{已完工作预算费用（BCWP）}}{\text{已完工作实际费用（ACWP）}} \tag{2-76}$$

当费用绩效指数 CPI<1 时，表示超支，即实际费用高于预算费用；当费用绩效指数 CPI>1 时，表示节支，即实际费用低于预算费用。

④进度绩效指数（SPI）。

$$\text{进度绩效指数（SPI）}=\frac{\text{已完工作预算费用（BCWP）}}{\text{计划工作预算费用（BCWS）}} \tag{2-77}$$

当进度绩效指数 SPI<1 时，表示进度延误，即实际进度比计划进度拖后；当进度绩效指数 SPI>1 时，表示进度提前，即实际进度比计划进度快。

费用（进度）偏差反映的是绝对偏差，结果很直观，有助于费用管理人员了解项目费用出现偏差的绝对数额，并依此采取一定措施，制定或调整费用支出计划和资金筹措计划。但是，绝对偏差有其不容忽视的局限性。如同样是 10 万元的费用偏差，对于总费用 1 000 万元的项目和总费用 1 亿元的项目而言，其严重性显然是不同的。因此，费用（进度）偏差仅适合于对同一项目做偏差分析。费用（进度）绩效指数反映的是相对偏差，它不受项目层次的限制，也不受项目实施时间的限制，因而在同一项目和不同项目比较中均可采用。

在项目的费用、进度综合控制中引入赢得值法，可以克服过去进度、费用分开控制的缺点，即当发现费用超支时，很难立即知道是由于费用超出预算，还是由于进度提前；相反，当发现费用消耗低于预算时，也很难立即知道是由于费用节省，还是由于进度拖延。而引入赢得值法即可定量地判断进度、费用的执行效果。

（3）偏差分析的方法

偏差分析可采用不同的方法，常用的有横道图法、表格法和曲线法。

①横道图法。用横道图法进行费用偏差分析，是用不同的横道标志已完工作预算费用（BCWP）、计划工作预算费用（BCWS）和已完工作实际费用（ACWP），横道的长度与其金额成正比例，如图 2-8 所示。

横道图法具有形象、直观、一目了然等优点，它能够准确表达出费用的绝对偏差，而且能一眼感受到偏差的严重性；但这种方法反映的信息量少，一般在项目的较高管理层应用。

②表格法。表格法是进行偏差分析最常用的一种方法，它将项目编号、名称、各费用参数以及费用偏差数综合归纳入一张表格中，并且直接在表格中进行比较。由于各偏差参数都在表中列出，使得费用管理者能够综合地了解并处理这些数据。

用表格法进行偏差分析具有如下优点。

- 灵活、适用性强。可根据实际需要设计表格，进行增减项。
- 信息量大。可以反映偏差分析所需的资料，从而有利于费用控制人员及时采取针对性措施，加强控制。
- 表格处理可借助于计算机，从而节约大量数据处理所需的人力，并大大提高速度。

项目编码	项目名称	费用参数数额（万元）	费用偏差（万元）	进度偏差（万元）	偏差原因
041	木门窗安装	30 30 30	0	0	–
042	钢门窗安装	40 30 50	–10	10	
042	铝合金门窗安装	40 40 50	–10	0	
	……				
		10　20　30　40　50　60　70			
合计		110 100 130	–20	10	
		100　200　300　400　500　600　700			

其中　已完工作实际费　计划工作预算费　已完工作预算费

图 2-8　横道图法的费用偏差分析

③曲线法。在项目实施过程中，赢得值法的 3 个参数可以形成 3 条曲线，即计划工作预算费用（BCWS）曲线、已完工作预算费用（BCWP）曲线、已完工作实际费月（ACWP）曲线，如图 2-9 所示。

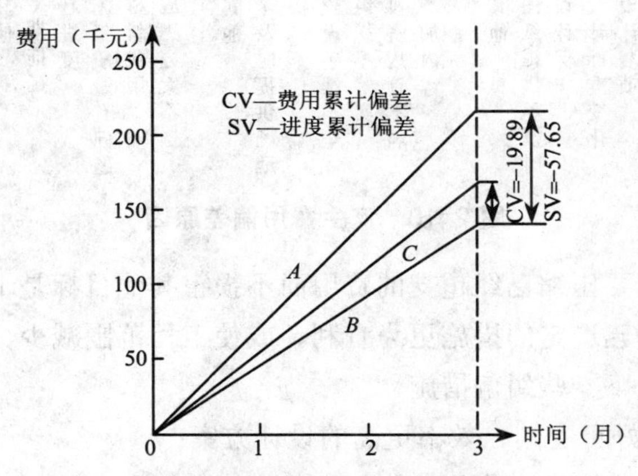

图 2-9　费用及进度的偏差情况

A—计划工作预算费用；B—已完工作预算费用；C—已完工作实际费用

在图 2-9 中，CV=BCWP−ACWP，由于两项参数均以已完工作为计算基准，所以两项参数之差反映项目进展的费用偏差；SV=BCWP−BCWS，由于两项参数均以预算值（计划值）作为计算基准，所以两者之差反映项目进展的进度偏差。

采用赢得值法进行费用、进度综合控制，还可以根据当前的进度、费用偏差情况，通过原因分析对趋势进行预测，预测项目结束时的进度、费用情况。

BAC（Budget at Completion）——项目完工预算，指编计划时预计的项目完工费用。

EAC（Estlmate at Completion）——预测的项目完工估算，指计划执行过程中根据当前的进度、费用偏差情况预测的项目完工总费用。

ACV（at Completion Varlance）——预测项目完工时的费用偏差。

$$ACV=BAC-EAC$$

（4）偏差原因分析与纠偏措施

①偏差原因分析。在实际执行过程中，最理想的状态是已完工作实际费用（ACWP）、计划工作预算费用（BCWS）、已完工作预算费用（BCWP）3 条曲线靠得很近、平稳上升，表示项目按预定计划目标进行。如果 3 条曲线离散度不断增加，则预示可能发生关系到项目成败的重大问题。

偏差分析的一个重要目的就是要找出引起偏差的原因，从而有可能采取有针对性的措施，减少或避免相同原因的再次发生。在进行偏差原因分析时，首先应当将已经导致和可能导致偏差的各种原因逐一列举出来。导致不同工程项目产生费用偏差的原因具有一定共性，因而可以通过对已建项目的费用偏差原因进行归纳、总结，为该项目采用预防措施提供依据。产生费用偏差的原因如图 2-10 所示。

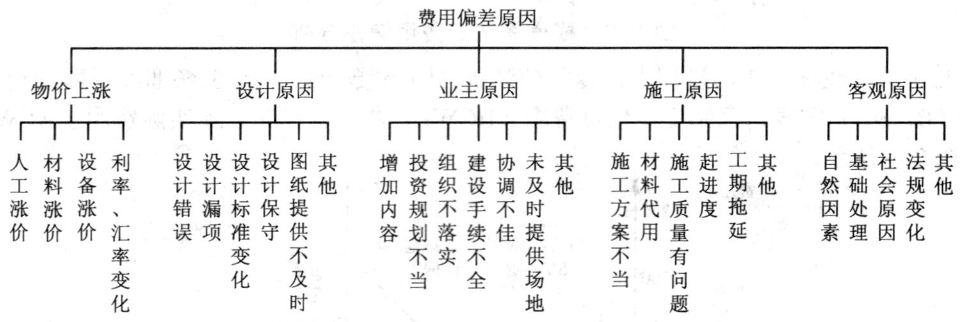

图 2-10　产生费用偏差原因

②纠偏措施。通常要压缩已经超支的费用而不损害其他目标是十分困难的，一般只有当给出的措施比原计划已选定的措施更为有利、或使工程范围减少、或生产效率提高，成本才能降低。可采取以下一些纠偏措施。

- 寻找新的、更好更省的、效率更高的设计方案；
- 购买部分产品，而不是采用完全由自己生产的产品；
- 重新选择供应商，但会产生供应风险，选择需要时间；

- 改变实施过程；
- 变更工程范围；
- 索赔，例如向业主、承（分）包商、供应商索赔以弥补费用超支。

六、施工成本分析的依据和方法

1. 施工成本分析的依据

施工成本分析，就是根据会计核算、业务核算和统计核算提供的资料，对施工成本的形成过程和影响成本升降的因素进行分析，以寻求进一步降低成本的途径；另一方面，通过成本分析，可从账簿、报表反映的成本现象看清成本的实质，从而增强项目成本的透明度和可控性，为加强成本控制、实现项目成本目标创造条件。

（1）会计核算

会计核算主要是价值核算。会计是对一定单位的经济业务进行计量、记录、分析和检查，做出预测，参与决策，实行监督，旨在实现最优经济效益的一种管理活动。它通过设置账户、复式记账、填制和审核凭证、登记账簿、成本计算、财产清查和编制会计报表等一系列有组织、有系统的方法，来记录企业的一切生产经营活动，然后据以提出一些用货币来反映的有关各种综合性经济指标的数据。资产、负债、所有者权益、营业收入、成本、利润等会计六要素指标，主要是通过会计来核算。由于会计记录具有连续性、系统性、综合性等特点，所以它是施工成本分析的重要依据。

（2）业务核算

业务核算是各业务部门根据业务工作的需要而建立的核算制度，包括原始记录和计算登记表，如单位工程及分部分项工程进度登记，质量登记，工效、定额计算登记，物资消耗定额记录，测试记录等。业务核算的范围比会计、统计核算要广。会计和统计核算一般是对已经发生的经济活动进行核算，而业务核算，不但可以对已经发生的，而且还可以对尚未发生或正在发生的经济活动进行核算，看是否可以做，是否有经济效果，它的特点是对个别的经济业务进行单项核算。例如，各种技术措施、新工艺等项目，可以核算已经完成的项目是否达到原定的目的，取得预期的效果；也可以对准备采取措施的项目进行核算和审查，看是否有效果，值不值得采纳，随时都可以进行。业务核算的目的，在于迅速取得资料，在经济活动中及时采取措施进行调整。

（3）统计核算

统计核算是利用会计核算资料和业务核算资料，把企业生产经营活动客观现状的大量数据，按统计方法加以系统整理，表明其规律性。它的计量尺度比会计宽，可以用货币计算，也可以用实物或劳动量计量。它通过全面调查和抽样调查等特有的方法，不仅能提供绝对数指标，还能提供相对数和平均数指标，可以计算当前的实际水平、确定变动速度，可以预测发展的趋势。

2. 施工成本分析的方法

（1）成本分析的基本方法

施工成本分析的基本方法包括比较法、因素分析法、差额计算法、比率法等。

①比较法。比较法又称指标对比分析法，就是通过技术经济指标的对比，检查目标的完成情况，分析产生差异的原因，进而挖掘内部潜力的方法。这种方法具有通俗易懂、简单易行、便于掌握的特点，因而得到了广泛的应用。但在应用时必须注意各技术经济指标的可比性。

②因素分析法。因素分析法又称连环置换法。这种方法可用来分析各种因素对成本的影响程度。在进行分析时，首先要假定众多因素中的一个因素发生了变化，而其他因素则不变，然后逐个替换，分别比较其计算结果，以确定各个因素的变化对成本的影响程度。

③差额计算法。差额计算法是因素分析法的一种简化形式，它利用各个因素的目标值与实际值的差额来计算其对成本的影响程度。

④比率法。比率法是指用两个以上的指标的比例进行分析的方法。它的基本特点是先把对比分析的数值变成相对数，再观察其相互之间的关系。

（2）综合成本的分析方法

所谓综合成本，是指涉及多种生产要素、并受多种因素影响的成本费用，如分部分项工程成本、月（季）度成本、年度成本等。由于这些成本都是随着项目施工的进展而逐步形成的，与生产经营有着密切的关系。因此，做好上述成本的分析工作，无疑将促进项目的生产经营管理、提高项目的经济效益。

①分部分项工程成本分析。分部分项工程成本分析是施工项目成本分析的基础。分部分项工程成本分析的对象为已完成分部分项工程。分析的方法是：进行预算成本、目标成本和实际成本的“三算”对比，分别计算实际偏差和目标偏差，分析偏差产生的原因，为今后的分部分项工程成本寻求节约途径。

分部分项工程成本分析的资料来源是：预算成本来自投标报价成本；目标成本来自施工预算；实际成本来自施工任务单的实际工程量、实耗人工和限额领料单的实耗材料。

由于施工项目包括很多分部分项工程，不可能也没有必要对每一个分部分项工程都进行成本分析，特别是一些工程量小、成本费用微不足道的零星工程；但是，对于那些主要分部分项工程则必须进行成本分析，而且要做到从开工到竣工进行系统的成本分析。这是一项很有意义的工作，因为通过主要分部分项工程成本的系统分析，可以基本上了解项目成本形成的全过程，为竣工成本分析和今后的项目成本管理提供一份宝贵的参考资料。

分部分项工程成本分析的格式如表 2-2 所示。

表 2-2 分部分项工程成本分析

单位工程：________

分部分项工程名称：________ 工程量：________ 施工班组：________ 施工日期：________

<table>
<tr><th rowspan="2">工料名称</th><th rowspan="2">规格</th><th rowspan="2">单位</th><th rowspan="2">单价</th><th colspan="2">预算成本</th><th colspan="2">计划成本</th><th colspan="2">实际成本</th><th colspan="2">实际与预算比较</th><th colspan="2">实际与计划比较</th></tr>
<tr><th>数量</th><th>金额</th><th>数量</th><th>金额</th><th>数量</th><th>金额</th><th>数量</th><th>金额</th><th>数量</th><th>金额</th></tr>
<tr><td></td><td></td><td></td><td></td><td></td><td></td><td></td><td></td><td></td><td></td><td></td><td></td><td></td><td></td></tr>
<tr><td></td><td></td><td></td><td></td><td></td><td></td><td></td><td></td><td></td><td></td><td></td><td></td><td></td><td></td></tr>
<tr><td></td><td></td><td></td><td></td><td></td><td></td><td></td><td></td><td></td><td></td><td></td><td></td><td></td><td></td></tr>
<tr><td colspan="4">合计</td><td></td><td></td><td></td><td></td><td></td><td></td><td></td><td></td><td></td><td></td></tr>
<tr><td colspan="4">实际与预算比较%（预算=100）</td><td></td><td></td><td></td><td></td><td></td><td></td><td></td><td></td><td></td><td></td></tr>
<tr><td colspan="4">实际与计划比较%（计划=100）</td><td></td><td></td><td></td><td></td><td></td><td></td><td></td><td></td><td></td><td></td></tr>
<tr><td>节超原因说明</td><td colspan="13"></td></tr>
</table>

编制单位： 成本员： 填表日期：

②月（季）度成本分析。月（季）度成本分析，是施工项目定期的、经常性的中间成本分析。对于具有一次性特点的施工项目来说，有着特别重要的意义。因为通过月（季）度成本分析，可以及时发现问题，以便按照成本目标指定的方向进行监督和控制，保证项目成本目标的实现。月（季）度成本分析的依据是当月（季）的成本报表。

③年度成本分析。企业成本要求一年结算一次，不得将本年成本转入下一年度；而项目成本则以项目的寿命周期为结算期，要求从开工到竣工到保修期结束连续计算，最后结算出成本总量及其盈亏。由于项目的施工周期一般较长，除进行月（季）度成本核算和分析外，还要进行年度成本的核算和分析。这不仅是为了满足企业汇编年度成本报表的需要，同时也是项目成本管理的需要。因为通过年度成本的综合分析，可以总结一年来成本管理的成绩和不足，为今后的成本管理提供经验和教训，从而可对项目成本进行更有效的管理。

年度成本分析的依据是年度成本报表。年度成本分析的内容，除了月（季）度成本分析的 6 个方面以外，重点是针对下一年度的施工进展情况规划切实可行的成本管理措施，以保证施工项目成本目标的实现。

④竣工成本的综合分析。凡是有几个单位工程而且是单独进行成本核算（成本核算对象）的施工项目，其竣工成本分析应以各单位工程竣工成本分析资料为基础，再加上项目经理部的经营效益（如资金调度、对外分包等所产生的效益）进行综合分析。如果施工项目只有一个成本核算对象（单位工程），就以该成本核算对象的竣工成本资料作为成本分析的依据。

单位工程竣工成本分析，应包括以下 3 方面内容：竣工成本分析、主要资源节超对比分析、主要技术节约措施及经济效果分析。

通过以上分析，可以全面了解单位工程的成本构成和降低成本的来源，对今后同类工程的成本管理很有参考价值。

项目三 建设工程施工进度管理

任务一　建设工程项目进度控制的目标与任务

内容概要

1. 建设工程项目总进度目标的内涵。
2. 建设工程项目总进度目标的论证。
3. 建设工程项目进度计划系统。
4. 建设工程项目进度控制的任务。

一、建设工程项目总进度目标的内涵

建设工程项目的总进度目标是指整个项目的进度目标，它是在项目决策阶段项目定义时确定的，项目管理的主要任务是在项目的实施阶段对项目的目标进行控制。建设工程项目总进度目标的控制是业主方项目管理的任务（若采用建设项目总承包的模式，协助业主进行项目总进度目标的控制也是建设项目总承包方项目管理的任务）。在进行建设工程项目总进度目标控制前，首先应分析和论证目标实现的可能性，若项目总进度目标不可能实现，则项目管理者应提出调整项目总进度目标的建议，提请项目决策者审议。

在项目的实施阶段，项目总进度不仅只是施工进度，还包括设计前准备阶段的工作进度、设计工作进度、招标工作进度、施工前准备工作进度、工程施工和设备安装工作进度、工程物资采购工作进度、项目动用前的准备工作进度等。

二、建设工程项目总进度目标的论证

建设工程项目总进度目标论证时，应分析和论证上述各项工作的进度以及上述各项工作交叉进行的关系。在建设工程项目总进度目标论证时，往往还没有掌握比较详细的设计资料，也缺乏比较全面的有关工程发包的组织、施工组织和施工技术方面的资料以及其他有关项目实施条件的资料。因此，总进度目标论证并不是单纯的总进度规划的编制工作，它涉及许多工程实施的条件分析和工程实施策划方面的问题。

1. 总进度纲要

大型建设工程项目总进度目标论证的核心工作是通过编制总进度纲要论证总进度目标实现的可能性。总进度纲要的主要内容包括项目实施的总体部署、总进度规划、各子系统进度规划、确定里程碑事件的计划进度目标、总进度目标实现的条件和应采取的措施等。

2. 建设工程项目总进度目标论证的工作步骤

建设工程项目总进度目标论证的工作步骤如下。

①调查研究和收集资料。

②进行项目结构分析。

③进行进度计划系统的结构分析。

④确定项目的工作编码。

⑤编制各层（各级）进度计划。

⑥协调各层进度计划的关系和编制总进度计划。

⑦若所编制的总进度计划不符合项目的进度目标，则设法调整。

⑧若经过多次调整，进度目标无法实现，则报告项目决策者。

三、建设工程项目进度计划系统

建设工程项目进度计划系统是由多个相互关联的进度计划组成的系统，它是项目进度控制的依据。由于各种进度计划编制所需要的必要资料是在项目进展过程中逐步形成的，因此项目进度计划系统的建立和完善也有一个过程，它也是逐步完善的。图 3-1 是建设工程项目进度计划系统的示例，这个计划系统有 4 个计划层次。

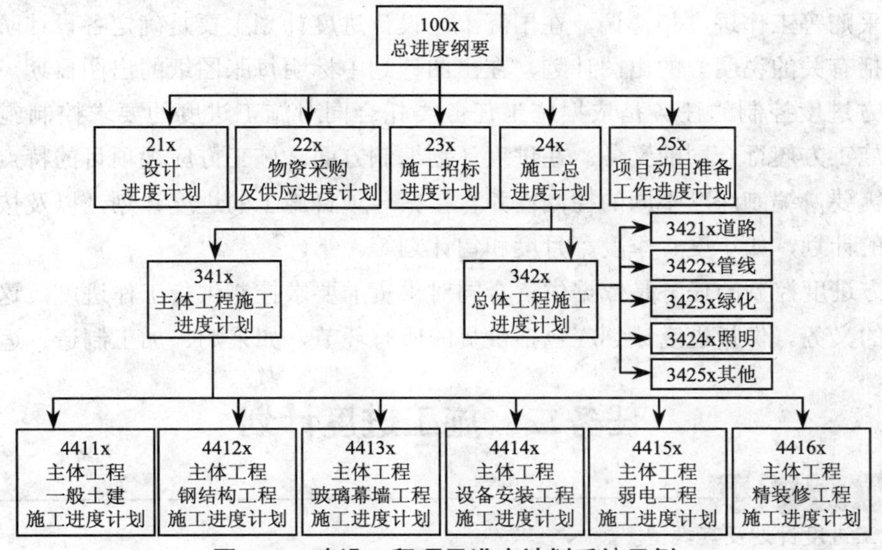

图 3-1　建设工程项目进度计划系统示例

由于项目进度控制不同的需要和不同的用途，业主方和项目各参与方可以编制多个不同的建设工程项目进度计划系统。

①由多个相互关联的不同计划深度的进度计划组成的计划系统，包括总进度规划（计划）、项目子系统进度规划（计划）、项目子系统中的单项工程进度计划等。

②由多个相互关联的不同计划功能的进度计划组成的计划系统，包括控制性进度规划（计划）、指导性进度规划（计划）、实施性（操作性）进度规划。

③由多个相互关联的不同项目参与方的进度计划组成的计划系统，包括业主方编制的整个项目实施的进度计划、设计进度计划、施工和设备安装进度计划、采购和供货进度计划等。

④由多个相互关联的不同计划周期的进度计划组成的计划系统，包括5年建设进度计划，年度、季度、月度和旬计划等。

由不同周期的计划构成的进度计划系统在建设工程项目进度计划系统中各进度计划或各子系统进度计划编制和调整时必须注意其相互间的联系和协调，包括：总进度规划（计划）、项目子系统进度规划（计划）与项目子系统中的单项工程进度计划之间的联系和协调；控制性进度规划（计划）、指导性进度规划（计划）与实施性（操作性）进度计划之间的联系和协调；业主方编制的整个项目实施的进度计划、设计方编制的进度计划、施工和设备安装方编制的进度计划与采购和供货方编制的进度计划之间的联系和协调等。

四、建设工程项目进度控制的任务

业主方进度控制的任务是控制整个项目实施阶段的进度，包括控制设计准备阶段的工作进度、设计工作进度、施工进度、物资采购工作进度以及项目动用前准备阶段的工作进度。

设计方进度控制的任务是依据设计任务委托合同对设计工作进度的要求控制设计工作进度，这是设计方履行合同的义务；另外，设计方应尽可能使设计工作的进度与招标、施工和物资采购等工作进度相协调。在国际上，设计进度计划主要是确定各设计阶段的设计图纸（包括有关的说明）的出图计划，在出图计划中标明每张图纸的出图日期。

施工方进度控制的任务是依据施工任务委托合同对施工进度的要求控制施工工作进度，这是施工方履行合同的义务。在进度计划编制方面，施工方应视项目的特点和施工进度控制的需要，编制深度不同的控制性和直接指导项目施工的进度计划，以及按不同计划周期编制的计划，如年度、季度、月度和旬计划等。

供货方进度控制的任务是依据供货合同对供货的要求控制供货工作进度，这是供货方履行合同的义务。供货进度计划应包括供货的所有环节，如采购、加工制造、运输等。

任务二　施工进度计划

内容概要

1. 施工进度计划及其类型。
2. 施工项目进度计划的编制依据及基本要求。
3. 横道图进度计划的编制。
4. 双代号网络计划、单代号网络计划。

一、施工进度计划及其类型

施工方是工程实施的一个重要参与方，许多的工程项目工期要求十分紧迫，施工方的工程进度压力非常大。数百天的连续施工，一天两班制施工，甚至24小时连续施工时有发生。不是正常有序地施工，盲目赶工难免会导致施工质量问题和施工安全问题的出现，并且会引起施工成本的增加。施工进度控制不仅关系到施工进度目标能否实现，还直接关系到工程的质量和成本。在工程施工实践中，必须树立和坚持一个最基本的工程管理原则，即在确保工程质量的前提下，控制工程的进度。

施工项目进度计划是规定各项工程的施工顺序和开竣工时间以及相互衔接关系的计划，是在确定工程施工项目目标工期基础上，根据相应完成的工程量，对各项施工过程的施工顺序、起止时间和相互衔接关系所进行的统筹安排。施工阶段是工程实体的形成阶段，做好施工项目进度计划并按计划组织实施，是保证项目在预定时间内建成并交付使用的必要工作，也是施工项目管理的主要内容。如果施工项目进度计划编制得不合理就必然导致资源配置的不均衡，影响经济效益。

根据不同的划分标准，施工进度计划有不同的种类。

1. 按计划时间来划分

施工进度计划按计划时间可分为总进度计划和阶段性计划。总进度计划是控制项目施工全过程的；阶段性计划包括项目年、季、月（旬）施工进度计划等。月（旬）计划是根据年、季施工计划，结合现场施工条件编制的具体执行计划。

2. 按计划表达形式来划分

施工进度计划按计划表达形式可分为文字说明计划与图表形式计划。文字说明计划是用文字来说明各阶段的施工任务以及要达到的形象进度要求；图表形式计划是用图表形式表达施工的进度安排，有用横道图表示的进度计划和用网络图表示的进度计划等。

3. 按计划对象来划分

施工进度计划按计划对象可分为施工总进度计划、单位工程施工进度计划和分项进度计划。施工总进度计划是以整个建设项目为对象编制的，它确定各单项工程施工顺序和开竣工时间以及相互衔接关系，是带全局性的施工战略部署；单位工程施工进度计划是对单位工程中的各分部、分项工程的计划安排；分项进度计划是针对项目中某一部分（子项目）或某一专业工种的计划安排。

二、施工项目进度计划的编制

1. 施工目标工期的确定

为了提高进度计划的预见性和进度控制的主动性，在确定施工进度控制目标（施工进度目标工期）时，必须全面细致地分析影响项目进度的各种因素，采用多种决策分析方法，制定出一个科学、合理的施工目标工期。确定施工目标工期主要根据有：工程建设总进度目标对施工工期的要求；施工承包合同或指令性计划工期限制；工期定额或类似工程项目的施工时间（可类比的进度控制数据）；工程的难易程度和工程条件的落实情况；企业的组

织管理水平和经济效益的要求等。施工目标工期的确定通常可以采用以下方法。

（1）以正常工期为施工目标工期

正常工期是指与正常施工速度相对应的工期。正常施工速度是根据现有施工条件下制定的施工方案和企业经营的利润目标确定的，用以保证施工活动必要的劳动生产率，从而实现工程的施工计划。

（2）以最优工期为施工目标工期

最优工期是指总成本最低的工期，它可采用以正常工期为基础，应用工期成本优化的方法求解。工期与成本的关系如图 3-2 所示，直接费成本随工期的缩短而增加，间接费成本随工期的缩短而减少。把不同工期下的直接费和间接费叠加求出总成本曲线，总成本最低点对应的工期 T_0，即为最优工期，以此作为施工目标工期。

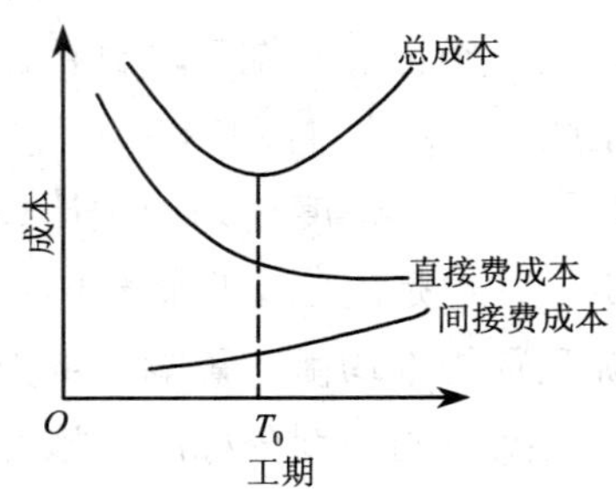

图 3-2　工期与成本的关系

（3）以合同工期或指令工期为施工目标工期

通常情况下，建设工程施工承包合同中有明确的施工工期，或者国家实施的工程任务规定了指令性工期。此时，施工目标工期可参照合同工期或指令工期，结合企业施工生产能力和资源条件确定，并充分估计各种可能的影响因素及风险，适当留有余地，保持一定提前量。这样，即使施工中发生不可预见的意外事件，也不会使施工工期产生太大的偏差。

在确定施工目标工期时，应充分考虑资源与进度需要的平衡，以确保进度目标的实现；还应充分考虑外部协作条件和项目所处的自然环境、社会环境和施工环境等。

2. 施工项目进度计划编制依据

施工项目进度计划编制有以下一些依据。

①项目的工程承包合同中有关工期的规定。

②设计图纸和定额资料（包括工期定额、概算定额、预期定额和施工定额）。

③项目的施工规划和施工组织设计。

④材料、设备及资金的供应条件。

⑤施工单位可能投入的施工力量，包括劳动力和施工设备等。

⑥项目的外部条件及现场条件。

⑦已建成的同类或类似项目的实际施工进度等。

在编制单位工程进度计划时，应以总进度计划为依据，不得越过原定竣工期限。

3. 施工项目进度计划编制的基本要求

施工项目进度计划编制有以下一些基本要求。

①保证拟建施工项目在合同规定的期限内完成，努力缩短施工工期。

②保证施工均衡性和连续性，尽量组织流水搭接、连续、均衡施工，减少现场工作面的停歇和窝工现象。

③尽可能节约施工费用，在合理范围内，尽量缩小施工现场各种临时设施的规模。

④合理安排机械化施工，充分发挥施工机械的生产效率。

⑤合理组织施工，努力减少因组织安排不当等人为因素造成时间损失和资源浪费。

⑥保证施工质量和安全。

三、施工进度计划的编制方法

（一）横道图进度计划的编制

横道图是一种最简单并运用最广的传统计划方法，尽管有许多新的计划技术，横道图在建设领域中的应用还是非常普遍。

通常横道图的表头为工作及其简要说明，项目进展表示在时间表格上，如图 3-3 所示。按照所表示工作的详细程度，时间单位可以为小时、天、周、月等。经常这些时间单位用日历表示，此时可表示非工作时间，如停工时间、公众假日、假期等。根据此横道图使用者的要求，工作可按照时间先后、责任、项目对象、同类资源等进行排序。

	工作名称	持续时间	开始时间	完成时间	紧前工作
1	基础完	0（d）	1993-12-28	1993-12-28	
2	预制柱	35（d）	1993-12-28	1994-02-14	1
3	预制屋架	20（d）	1993-12-28	1994-01-24	1
4	预制楼梯	15（d）	1993-12-28	1994-01-17	1
5	吊装	30（d）	1994-02-15	1994-03-28	2，3，4
6	砌砖墙	20（d）	1994-03-29	1994-04-25	5
7	屋面找平	5（d）	1994-03-29	1994-04-04	5
8	钢窗安装	4（d）	1994-04-19	1994-04-22	6SS+15 d
9	二毡三油一砂	5（d）	1994-04-5	1994-04-11	7
10	外粉刷	20（d）	1994-04-25	1994-05-20	8
11	内粉刷	30（d）	1994-04-25	1994-06-03	8，9
12	油漆、玻璃	5（d）	1994-06-6	1994-06-10	10，11
13	竣工	0（d）	1994-06-10	1994-06-10	12

图 3-3　横道图

横道图另一种可能的形式是将工作简要说明直接放在横道上，这样，一行上可容纳多项工作，一般运用在重复性的任务上；横道图也可将最重要的逻辑关系标注在内，如果将所有逻辑关系均标注在图上，则横道图简洁性的最大优点将丧失。

横道图用于小型项目或大型项目子项目上，或用于计算资源需要量、概要预示进度，也可用于其他计划技术的表示结果。横道图计划表中的进度线（横道）与时间坐标相对应，这种表达方式较直观，易看懂计划编制的意图。但是，横道图进度计划法也存在以下一些问题。

①工序（工作）之间的逻辑关系可以设法表达，但不易表达清楚。

②适用于手工编制计划。

③没有通过严谨的进度计划时间参数计算，不能确定计划的关键工作、关键路线与时差。

④计划调整只能用手工方式进行，其工作量较大。

⑤难以适应大的进度计划系统。

（二）工程网络计划的编制

国际上，工程网络计划有许多名称，如 CPM、PERT、CPA、MPM 等。工程网络计划的类型有如下几种不同的划分方法。

①工程网络计划按工作持续时间的特点划分为肯定型问题的网络计划、非肯定问题的网络计划、随机网络计划等。

②工程网络计划按工作和事件在网络图中的表示方法划分为以箭线表示工作的网络计划（我国称为双代号网络计划）和以节点表示工作的网络计划（我国称为单代号网络计划）。

③工程网络计划按计划平面的个数划分为单平面网络计划、多平面网络计划（多阶网络计划、分级网络计划）。

美国较多使用双代号网络计划，欧洲则较多使用单代号搭接网络计划。我国常用的工程网络计划类型包括双代号网络计划、单代号网络计划、双代号时标网络计划、单代号搭接网络计划。以下重点讨论双代号网络计划和单代号网络计划概念及其应用。

1. 双代号网络计划

（1）双代号网络计划的基本概念

双代号网络图是以箭线及其两端节点的编号表示工作的网络图，如图 3-4 所示。

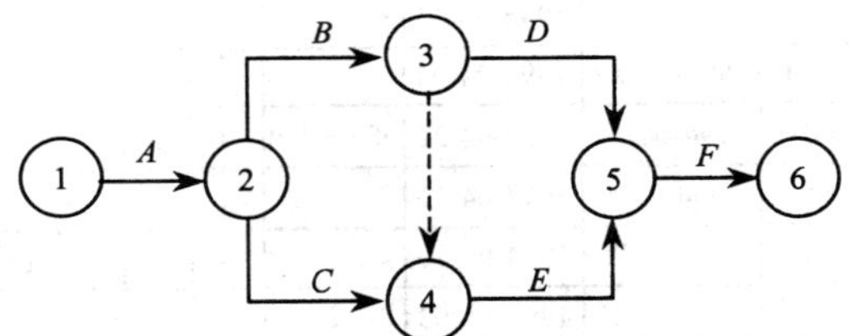

图 3-4 双代号网络图

①箭线（工作）。工作是泛指一项需要消耗人力、物力和时间的具体活动过程，也称工序、活动、作业。双代号网络图中，每一条箭线表示一项工作，箭线的箭尾节点 i 表示该工作的开始，箭线的箭头节点 j 表示该工作的完成，工作名称标注在箭线的上方，完成该项工作所需要的持续时间标注在箭线的下方，如图 3-5 所示。由于一项工作须用 1 条箭线和其箭尾和箭头处 2 个圆圈中的号码来表示，故称为双代号表示法。

在双代号网络图中，任意一条实箭线都要占用时间、消耗资源（有时只占时间、不消耗资源，如混凝土养护）。在建筑工程中，一条箭线表示项目中的一个施工过程，它可以是一道工序、一个分项工程、一个分部工程或一个单位工程，其粗细程度、大小范围的划分根据计划任务的需要来确定。

在双代号网络图中，为了正确表达图中工作之间的逻辑关系，往往需要应用虚箭线。虚箭线是实际工作中并不存在的一项虚设工作，故它们既不占用时间，也不消耗资源，一般起着工作之间的联系、区分和断路等作用：联系作用是指应用虚箭线正确表达工作之间相互依存的关系；区分作用是指双代号网络图中每一项工作都必须用 1 条箭线和 2 个代号表示，若两项工作的代号相同时，应使用虚箭线加以区分，如图 3-6 所示；断路作用是用虚箭线断掉多余联系，即在网络图中把无联系的工作连接上了时，应加上虚箭线将其断开。

图 3-5　双代号网络图工作的表示方法　　**图 3-6　虚箭线的区分作用**

在无时间坐标限制的网络图中，箭线的长度原则上可以任意画，其占用的时间以下方标注的时间参数为准，箭线可以为直线、折线或斜线，但其行进方向均应从左向右；在有时间坐标限制的网络图中，箭线的长度必须根据完成该工作所需持续时间的大小按比例绘制。

在双代号网络图中，通常将被研究的工作用 i–j 工作表示。紧排在本工作之前的工作称为紧前工作；紧排在本工作之后的工作称为紧后工作；与之平行进行的工作称为平行工作。

②节点（又称结点、事件）。节点是网络图中箭线之间的连接点。在时间上节点表示指向某节点的工作全部完成后该节点后面的工作才能开始的瞬间，它反映前后工作的交接点。网络图中有 3 种类型的节点：起点节点，即网络图的第一个节点，它只有外向箭线，一般表示一项任务或一个项目的开始；终点节点，即网络图的最后一个节点，它只有内向箭线，一般表示一项任务或一个项目的完成；中间节点，即网络图中既有内向箭线又有外向箭线的节点。

双代号网络图中，节点应用圆圈表示，并在圆圈内编号。一项工作应当只有唯一的 1 条箭线和相应的 1 对节点，且要求箭尾节点的编号小于其箭头节点的编号，即 $i<j$。网络图节点的编号顺序应从小到大，可不连续，但不允许重复。

③线路。网络图中从起始节点开始，沿箭头方向顺序通过一系列箭线与节点，最后达到终点节点的通路称为线路。在一个网络图中可能有很多条线路，线路中各项工作持续时间之和就是该线路的长度，即线路所需要的时间。一般网络图有多条线路，可依次用该线路上的节点代号来记述，例如网络图 3-4 中的线路有①—②—③—⑤—⑥、①—②—④—⑤—⑥、①—②—③—④—⑤—⑥。

在各条线路中，有一条或几条线路的总时间最长，称为关键路线，一般用双线或粗线标注。其他线路长度均小于关键线路，称为非关键线路。

④逻辑关系。网络图中工作之间相互制约或相互依赖的关系称为逻辑关系，它包括工艺关系和组织关系，在网络中均应表现为工作之间的先后顺序。

工艺关系是指生产性工作之间由工艺过程决定的、非生产性工作之间由工作程序决定的先后顺序关系；组织关系是指工作之间由于组织安排需要或资源（人力、材料、机械设备和资金等）调配需要而规定的先后顺序关系。

网络图必须正确地表达整个工程或任务的工艺流程和各工作开展的先后顺序及它们之间相互依赖、相互制约的逻辑关系。因此，绘制网络图时必须遵循一定的基本规则和要求。

（2）双代号网络计划的绘图规则

①双代号网络图必须正确表达已定的逻辑关系。网络图中常见的各种工作逻辑关系的表示方法如表 3-1 所示。

表 3-1　网络图中常见的各种工作逻辑关系的表示方法

序　号	工作之间的逻辑关系	网络图中的表示方法
1	*A* 完成后进行 *B* 和 *C*	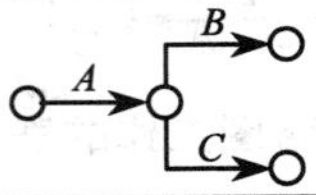
2	*A*、*B* 均完成后进行 *C*	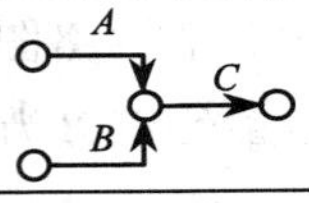
3	*A*、*B* 均完成后同时进行 *C* 和 *D*	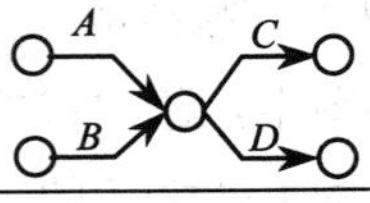
4	*A* 完成后进行 *C*， *A*、*B* 均完成后进行 *D*	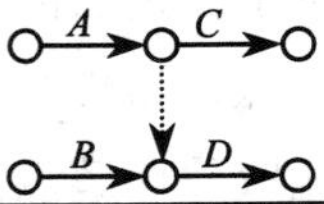
5	*A*、*B* 均完成后进行 *D*， *A*、*B*、*C* 均完成后进行 *E*， *D*、*E* 均完成后进行 *F*	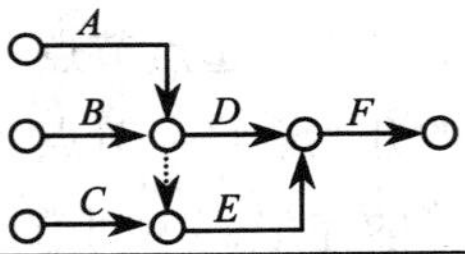
6	*A*、*B* 均完成后进行 *C*， *B*、*D* 均完成后进行 *E*	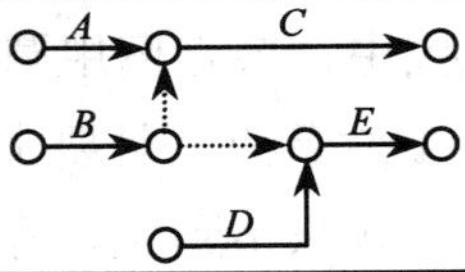
7	*A*、*B*、*C* 均完成后进行 *D*， *B*、*C* 均完成后进行 *E*	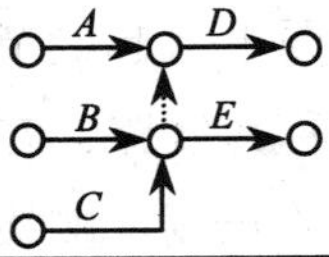
8	*A* 完成后进行 *C*， *A*、*B* 均完成后进行 *D*， *B* 完成后进行 *E*	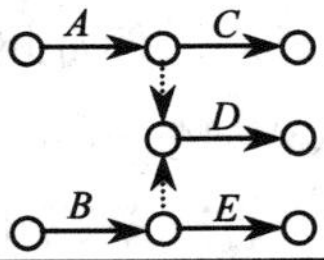
9	*A*、B_2 项工作分成 3 个施工段，分段流水施工： A_1 完成后进行 A_2、B_1， A_2 完成后进行 A_3， A_2、B_1 完成后进行 B_2、A_3， B_2 完成后进行 B_3	有两种表示方法 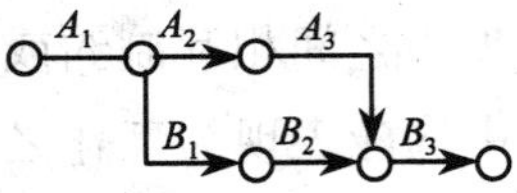 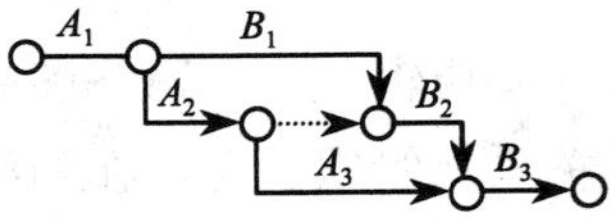

②双代号网络图中，严禁出现循环回路。所谓循环回路是指从网络图中的某一个节点出发，顺着箭线方向又回到了原来出发点的线路。

③双代号网络图中，在节点之间严禁出现带双向箭头或无箭头的连线。

④双代号网络图中，严禁出现没有箭头节点或没有箭尾节点的箭线。

⑤当双代号网络图的某些节点有多条外向箭线或多条内向箭线时，为使图形简洁，可使用母线法绘制（但应满足一项工作用 1 条箭线和相应的 1 对节点表示），如图 3-7 所示。

⑥绘制网络图时，箭线不宜交叉。当交叉不可避免时，可用过桥法或指向法，如图 3-8 所示。

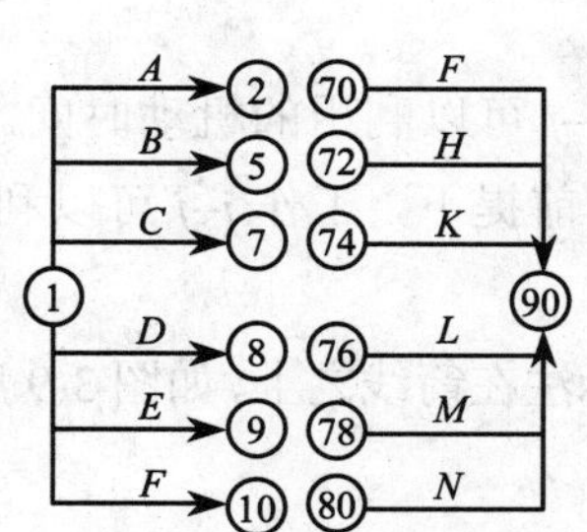

图 3-7 母线法绘图

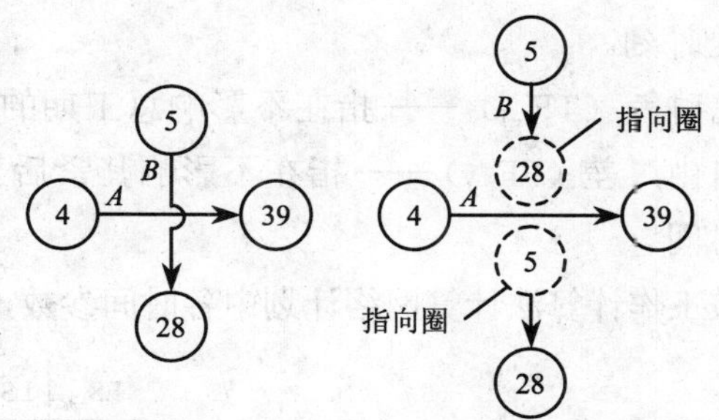

图 3-8 箭线交叉的表示方法

⑦双代号网络图中应只有 1 个起点节点和 1 个终点节点（多目标网络计划除外），而其他所有节点均应是中间节点。

⑧双代号网络图应条理清楚、布局合理。例如，网络图中的工作箭线不宜画成任意方向或曲线形状，尽可能用水平线或斜线；关键线路、关键工作安排在图面中心位置，其他工作分散在两边；避免倒回箭头等。

（3）双代号网络计划时间参数的计算

双代号网络计划时间参数计算的目的在于通过计算各项工作的时间参数，确定网络计划的关键工作、关键线路和计算工期，为网络计划的优化、调整和执行提供明确的时间参数。双代号网络计划时间参数的计算方法很多，一般常用的有按工作计算法和按节点计算法进行计算。以下只讨论按工作计算法在图上进行计算的方法。

①时间参数的概念及其符号。

工作持续时间（D_{i-j}）：工作持续时间是一项工作从开始到完成的时间。

工期（T）：泛指完成任务所需要的时间，一般有以下 3 种。

计算工期——根据网络计划时间参数计算出来的工期，用 T_c 表示。

要求工期——任务委托人所要求的工期，用 T_r 表示。

计划工期——根据要求工期和计算工期所确定的作为实施目标的工期，用 T_p 表示。

网络计划的计划工期 T_p 应按下列情况分别确定。

当已规定了要求工期 T_r 时，

$$T_p \leqslant T_r \tag{3-1}$$

当未规定要求工期时，可令计划工期等于计算工期，

$$T_p = T_c \tag{3-2}$$

②网络计划中工作的 6 个时间参数。

最早开始时间（ES_{i-j}）——在各紧前工作全部完成后，工作 $i-j$ 有可能开始的最早时刻。

最早完成时间（EF_{i-j}）——在各紧前工作全部完成后，工作 $i-j$ 有可能完成的最早时刻。

最迟开始时间（LS_{i-j}）——在不影响整个任务按期完成的前提下，工作 $i-j$ 必须开始的最迟时刻。

最迟完成时间（LF_{i-j}）——指在不影响整个任务按期完成的前提下，工作 $i-j$ 必须完成的最迟时刻。

总时差（TF_{i-j}）——指在不影响总工期的前提下，工作 $i-j$ 可以利用的机动时间。

自由时差（FF_{i-j}）——指在不影响其紧后工作最早开始的前提下，工作 $i-j$ 可以利用的机动时间。

按工作计算法计算网络计划中各时间参数，其计算结果应标注在箭线之上，如图 3-9 所示。

ES_{i-j}	LS_{i-j}	TF_{i-j}
EF_{i-j}	LF_{i-j}	FF_{i-j}

i ——工作名称 / 持续时间—— j

图 3-9　按工作计算法的标注内容

③双代号网络计划时间参数计算。

按工作计算法在网络图上计算 6 个工作时间参数，必须在清楚计算顺序和计算步骤的基础上，列出必要的公式，以加深对时间参数计算的理解。时间参数的计算步骤如下。

a．最早开始时间和最早完成时间的计算。

工作最早时间参数受到紧前工作的约束，故其计算顺序应从起点节点开始，顺着箭线方向依次逐项计算。

以网络计划的起点节点为开始节点的工作最早开始时间为 0。如网络计划起点节点的编号为 1，则：

$$ES_{i-j}=0\ (i=1) \tag{3-3}$$

最早完成时间等于最早开始时间加上其持续时间：

$$EF_{i-j}=ES_{i-j}+D_{i-j} \tag{3-4}$$

最早开始时间等于各紧前工作的最早完成时间 EF_{h-j} 的最大值：

$$ES_{i-j}=\max\{EF_{h-j}\} \tag{3-5}$$

$$或\ ES_{i-j}=\max\{ES_{h-i}+D_{h-i}\} \tag{3-6}$$

b．确定计算工期 T_c。

计算工期等于以网络计划的终点节点为箭头节点的各个工作最早完成时间的最大值。当网络计划终点节点的编号为 n 时，计算工期为：

$$T_c=\max\{EF_{i-n}\}\tag{3-7}$$

当无要求工期的限制时，取计划工期等于计算工期，即取 $T_P=T_c$。

c．最迟开始时间和最迟完成时间的计算。

工作最迟时间参数受到紧后工作的约束，故其计算顺序应从终点节点起，逆着箭线方向依次逐项计算。以网络计划的终点节点（$j=n$）为箭头节点的工作的最迟完成时间等于计划工期，即：

$$LF_{i-n}=T_P\tag{3-8}$$

最迟开始时间等于最迟完成时间减去其持续时间：

$$LS_{i-j}=LF_{i-j}-D_{i-j}\tag{3-9}$$

最迟完成时间等于各紧后工作的最迟开始时间 LS_{j-k} 的最小值：

$$LF_{i-j}=\min\{LS_{j-k}\}\tag{3-10}$$

$$或\quad LF_{i-j}=\min\{LF_{j-k}-D_{j-k}\}\tag{3-11}$$

d．计算工作总时差。

总时差等于其最迟开始时间减去最早开始时间，或等于最迟完成时间减去最早完成时间，即：

$$TF_{i-j}=LS_{i-j}-ES_{i-j}\tag{3-12}$$

$$TF_{i-j}=LF_{i-j}-EF_{i-j}\tag{3-13}$$

e．计算工作自由时差。

当工作 $i-j$ 有紧后工作 $j-k$ 时，其自由时差应为：

$$EF_{i-j}=ES_{j-k}-EF_{i-j}\tag{3-14}$$

$$或\quad EF_{i-j}=ES_{j-k}-ES_{i-j}-D_{i-j}\tag{3-15}$$

以网络计划的终点节点（$j=n$）为箭头节点的工作，其自由时差 FF_{i-n} 应按网络计划的计划工期 T_P 确定，即：

$$FF_{i-n}=T_P-EF_{i-n}\tag{3-16}$$

④关键工作和关键线路的确定。

关键工作：网络计划中总时差最小的工作。

关键线路：自始至终全部由关键工作组成的线路为关键线路，或线路上总的工作持续时间最长的线路。网络图上的关键线路可用双线或粗线标注。

【例 3-1】已知网络计划的资料如表 3-2 所示，试绘制双代号网络计划。若计划工期等于计算周期，试计算各项工作的 6 个时间参数，确定关键线路，并标注在网络图上。

表 3-2　某网络计划工作逻辑关系及持续时间表

工　作	紧 前 工 作	紧 后 工 作	持 续 时 间
A_1	——	A_2 B_1	2
A_2	A_1	A_3 B_2	2
A_3	A_2	B_3	2
B_1	A_1	B_2、C_1	3
B_2	A_2、B_1	B_3、C_2	3
B_3	A_3、B_2	D、C_3	3
C_1	B_1	C_2	2
C_2	B_2、C_1	C_3	4
C_3	B_3、C_2	E、F	2
D	B_3	G	2
E	C_3	G	1
F	C_3	I	2
G	D、E	H、I	4
H	G	——	3
I	F、G	——	3

【解】①根据表 3-2 中网络计划的有关资料，按照网络图的绘图规则，绘制双代号网络图如图 3-10 所示。

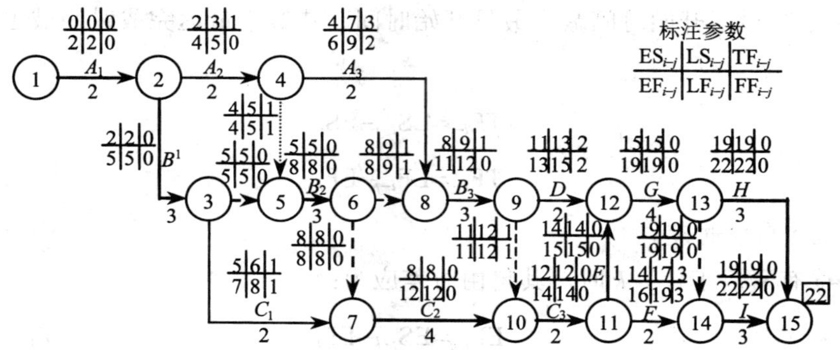

图 3-10　双代号网络图计算实例

②计算各项工作的时间参数，并将计算结果标注在箭线上方相应的位置。

a．计算各项工作的最早开始时间和最早完成时间。

从起点节点（①节点）开始顺着箭线方向依次逐项计算到终点节点（⑮节点）。

以网络计划起点节点为开始节点的各工作的最早开始时间为 0。工作 1—2 的最早开始时间 ES_{1-2} 从网络计划的起点节点开始，顺着箭线方向依次逐项计算，因未规定其最早开始时间 ES_{1-2}，故按式（3-3）确定：

$$ES_{1-2}=0$$

计算各项工作的最早开始和最早完成时间。工作的最早开始时间 ES_{i-j} 按公式（3-5）和公式（3-6）计算，如：

$$ES_{2-3}=ES_{1-2}+D_{1-2}=0+2=2$$

$$ES_{2-4}=BS_{1-2}+D_{1-2}=0+2=2$$

$$ES_{3-5}=ES_{2-3}+D_{2-3}=2+3=5$$

$$ES_{4-5}=ES_{2-4}+D_{2-4}=2+2=4$$

$$ES_{5-6}=\max\{ES_{3-5}+D_{3-5}，ES_{4-5}+D_{4-5}\}=\max\{5+0，4+0\}=\max\{5，4\}=5$$

工作的最早完成时间就是本工作的最早开始时间 ES_{i-j} 与本工作的持续时间 D_{i-j} 之和，按式（3-4）计算，如：

$$EF_{1-2}=ES_{1-2}+D_{1-2}=0+2=2$$

$$EF_{2-4}=ES_{2-4}+D_{2-4}=2+2=4$$

$$EF_{5-6}=ES_{5-6}+D_{5-6}=5+3=8$$

b．确定计算工期 T_c 及计划工期 T_p。

已知计划工期等于计算工期，即网络计划的计算工期 T_c 取以终节点⑮为箭头节点的工作 13—15 和工作 14—15 的最早完成时间的最大值，按式（3-7）计算：

$$T_c=\max\{EF_{13-15}，EF_{14-15}\}=\max\{22，22\}=22$$

c．计算各项工作的最迟开始时间和最迟完成时间。

从终点节点（⑮节点）开始逆着箭线方向依次逐项计算到起点节点（①节点）。

以网络计划终点节点为箭头节点的工作的最迟完成时间等于计划工期。网络计划结束工作 $i-j$ 的最迟完成时间按式（3-8）计算，如：

$$LF_{13-15}=T_p=22$$

$$LF_{14-15}=T_p=22$$

计算各项工作的最迟开始和最迟完成时间。依此类推，算出其他工作的最迟完成时间，如：

$$LF_{13-14}=\min\{LF_{14-15}-D_{14-15}\}=22-3=19$$

$$LF_{12-13}=\min\{LF_{13-15}-D_{13-15}，LF_{13-14}-D_{13-14}\}=\min\{22-3，19-0\}=19$$

$$LF_{11-12}=\min\{LF_{12-13}-D_{12-13}\}=19-4=15$$

网络计划所有工作 $i-j$ 的最迟开始时间均按式（3-9）计算，如：

$$LS_{14-15}=LF_{14-15}-D_{13-15}=22-3=19$$

$$LS_{13-15}=LF_{13-15}-D_{13-15}=22-3=19$$

$$LS_{12-13}=LF_{12-13}-D_{12-13}=19-4=15$$

d．计算各项工作的总时差。

可以用工作的最迟开始时间减去最早开始时间或用工作的最迟完成时间减去最早完成时间，如：

$$TF_{1-2}=LS_{1-2}-ES_{1-2}=0-0=0$$

$$TF_{2-3}=LS_{2-3}-ES_{2-3}=2-2=0$$

$$TF_{5-6}=LS_{5-6}-ES_{5-6}=5-5=0$$

e．计算各项工作的自由时差。

网络中工作 i–j 的自由时差等于紧后工作的最早开始时间减去本工作的最早完成时间，可按式（3-14）计算，如：

$$FF_{1-2}=ES_{2-3}-EF_{1-2}=2-2=0$$

$$FF_{2-3}=ES_{3-5}-EF_{2-3}=5-5=0$$

$$FF_{5-6}=ES_{6-8}-EF_{5-6}=8-8=0$$

网络计划中的结束工作 i–j 的自由时差按公式（3-16）计算，如：

$$FF_{13-15}=T_p-EF_{13-15}=22-22=0$$

$$FF_{14-15}=T_p-EF_{14-15}=22-22=0$$

将以上计算结果标注在图 3-10 中的相应位置。

③确定关键工作及关键线路。

在图 3-5 中，最小的总时差是 0，所以，凡是总时差为 0 的工作均为关键工作。该例中的关键工作是：A_1、B_1、B_2、C_2、C_3、E、G、H、I。在图 3-10 中，自始至终全由关键工作组成的关键线路用粗箭线进行标注。

2. 单代号网络计划

单代号网络图是以节点及其编号表示工作，以箭线表示工作之间逻辑关系的网络图，并在节点中加注工作代号、名称和持续时间，以形成单代号网络计划，如图 3-11 所示。

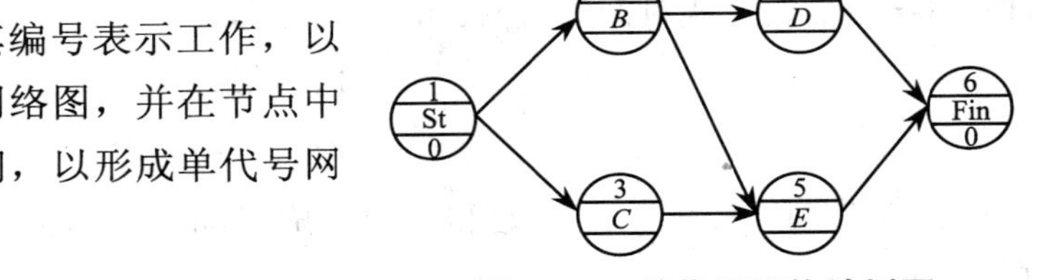

图 3-11 单代号网络计划图

（1）单代号网络图的特点

单代号网络图与双代号网络图相比，具有以下特点。

①工作之间的逻辑关系容易表达，且不用虚箭线，故绘图较简单。

②网络图便于检查和修改。

③由于工作持续时间表示在节点之中，表示工作之间逻辑关系的箭线可能产生较多的纵横交叉现象。

（2）单代号网络图的基本符号

①节点。单代号网络图中的每一个节点表示一项工作，节点宜用圆圈或矩形表示。节点所表示的工作名称、持续时间和工作代号等应标注在节点内，如图 3-12 所示。

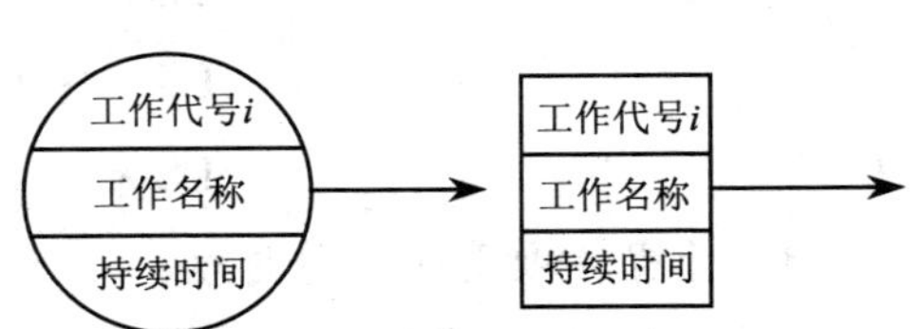

图 3-12 单代号网络工作的表示方法

单代号网络图中的节点必须编号。编号标注在节点内，其号码可间断，但严禁重复。箭线的箭尾节点编号应小于箭头节点的编号。一项工作必须有唯一的 1 个节点及相应的 1 个编号。

②箭线。单代号网络图中的箭线表示紧邻工作之间的逻辑关系，既不占用时间，也不消耗资源。箭线应画成水平直线、折线或斜线。箭线水平投影的方向应自左向右，表示工作的行进方向。工作之间的逻辑关系包括工艺关系和组织关系，在网络图中均表现为工作之间的先后顺序。

③线路。单代号网络图中，各条线路应用该线路上的节点编号从小到大依次表述。

（3）单代号网络图的绘图规则

①单代号网络图必须正确表达已定的逻辑关系。

②单代号网络图中，严禁出现循环回路。

③单代号网络图中，严禁出现双向箭头或无箭头的连线。

④单代号网络图中，严禁出现没有箭尾节点的箭线和没有箭头节点的箭线。

⑤绘制网络图时，箭线不宜交叉，当交叉不可避免时，可采用过桥法或指向法绘制。

⑥单代号网络图中只应有 1 个起点节点和 1 个终点节点。当网络图中有多项起点节点或多项终点节点时，应在网络图的两端分别设置一项虚工作，作为该网络图的起点节点（St 和终点节点（Fin）。

单代号网络图的绘图规则大部分与双代号网络图的绘图规则相同，故不再进行解释。

（4）单代号网络计划时间参数的计算

单代号网络计划时间参数的计算应在确定各项工作的持续时间之后进行。时间参数的计算顺序和计算方法基本上与双代号网络计划时间参数的计算相同。单代号网络计划时间参数的标注形式如图 3-13 所示。

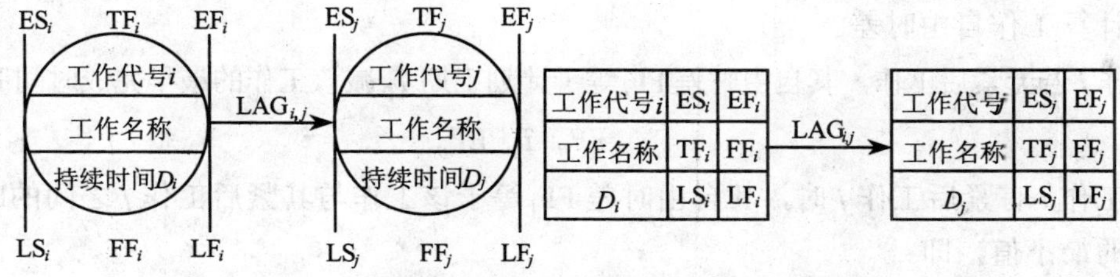

图 3-13 单代号网络计划时间参数的标注形式

单代号网络计划时间参数的计算步骤如下。

①计算最早开始时间和最早完成时间。

网络计划中各项工作的最早开始时间和最早完成时间的计算应从网络计划的起点节点开始，顺着箭线方向依次逐项计算。

网络计划的起点节点的最早开始时间为 0。如起点节点的编号为 1，则：

$$ES_i=0\quad(i=1) \tag{3-17}$$

工作最早完成时间等于该工作最早开始时间加上其持续时间，即：

$$EF_i=ES_i+D_i \tag{3-18}$$

工作最早开始时间等于该工作的各个紧前工作的最早完成时间的最大值，如工作 j 的

紧前工作的代号为 i，则：

$$ES_j=\max\{EF_i\} \tag{3-19}$$

或 $$ES_j=\max\{ES_i+D_i\}$$

式中 ES_i——工作 j 各项紧前工作的最早开始时间。

②网络计划的计算工期 T_c。

T_c 等于网络计划的终点节点 n 最早完成时间 EF_n，即：

$$T_c=EF_n \tag{3-20}$$

③计算相邻两项工作之间的时间间隔 LAG_{i-j}。

相邻两项工作 i 和 j 之间的时间间隔 LAG_{i-j} 等于紧后工作 j 的最早开始时间 ES_j 和本工作的最早完成时间 EF_i 之差，即：

$$LAG_{i-j}=ES_j-EF_i \tag{3-21}$$

④计算工作总时差 TF_i。

工作 i 的总时差 TF_i 应从网络计划的终点节点开始，逆着箭线方向依次逐项计算。

网络计划终点节点的总时差 TF_n，如计划工期等于计算工期，其值为 0，即：

$$TF_n=0 \tag{3-22}$$

其他工作 i 的总时差 TF_i 等于该工作的各个紧后工作 j 的总时差 TF_j 加该工作与其紧后工作之间的时间间隔 LAG_{i-j} 之和的最小值，即：

$$TF_i=\min\{TF_j+LAG_{i-j}\} \tag{3-23}$$

⑤计算工作自由时差。

工作 i 若无紧后工作，其自由时差 FF_j 等于计划工期 T_p 减该工作的最早完成时间 EF_n，即：

$$FF_n=T_p-EF_n \tag{3-24}$$

当工作 i 有紧后工作 j 时，其自由时差 FF_i 等于该工作与其紧后工作 j 之间的时间间隔 LAG_{i-j} 的最小值，即：

$$FF_i=\min\{LAG_{i-j}\} \tag{3-25}$$

⑥计算工作的最迟开始时间和最迟完成时间。

工作 i 的最迟开始时间 LS_i 等于该工作的最早开始时间 ES_i 与其总时差 TF_i 之和，即：

$$LS_i=ES_i+TF_i \tag{3-26}$$

工作 i 的最迟完成时间 LF_i 等于该工作的最早完成时间 EF_i 与其总时差 TF_i 之和，即：

$$LF_i=EF_i+TF_i \tag{3-27}$$

⑦关键工作和关键线路的确定。

关键工作：总时差最小的工作是关键工作。

关键线路的确定按以下规定：从起点节点开始到终点节点均为关键工作，且所有工作的时间间隔为零的线路为关键线路。

【例 3-2】已知网络计划的资料如表 3-2 所示，试绘制单代号网络计划。若计划工期等于计算工期，试计算各项工作的 6 个时间参数并确定关键线路，标注在网络计划上。

【解】①根据表 3-2 中网络计划的有关资料，按照网络图的绘图规则，绘制单代号网络图如图 3-14 所示。

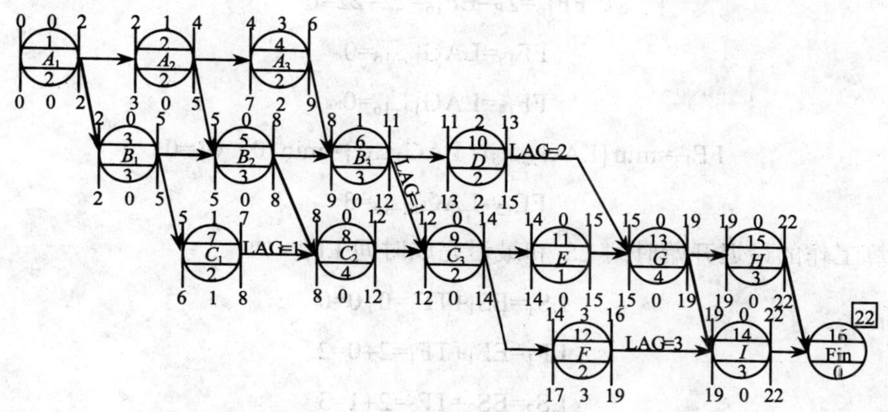

图 3-14　单代号网络图计算实例

②计算最早开始时间和最早完成时间。

因为未规定其最早开始时间，所以由公式（3-17）得到：

$$ES_1=0$$

其他工作 i 的最早开始时间和最早完成时间按公式（3-18）、（3-19）依次计算，如：

$$FF_1=0+2=2$$

$$ES_5=\max\{EF_2，EF_3\}=\max\{4，5\}=5$$

$$EF_5=ES_5+D_5=5+3=8$$

已知计划工期等于计算工期，故有 $T_p=T_c=EF_{16}=22$

③计算相邻两项工作之间的时间间隔 LAG_{i-j}，如：

$$LAG_{15-16}=T_p-EF_{15}=22-22=0$$

$$LAG_{14-16}=T_p-EF_{14}=22-22=0$$

$$LAG_{12-14}=ES_{14}-EF_{12}=19-16=0$$

④计算工作的总时差 TF_i。

已知计划工期等于计算工期 $T_p=T_c=22$，故终点节点 16 节点的总时差为 0，即：

$$TF_{16}=T_p-EF_{16}=22-22=0$$

其他工作总时差如：

$$TF_{15}=TF_{16}+LAG_{15-16}=0+0=0$$

$$TF_{14}=TF_{16}+LAG_{14-16}=0+0=0$$

$$TF_{13}=\min\{（TF_{15}+LAG_{13-15}），（TF_{14}+LAG_{13-14}）\}=\min\{（0+0），（0+0）\}=0$$

$$TF_{12}=TF_{14}+LAG_{12-14}=0+3=3$$

⑤计算工作的自由时差 FF_i。

已知计划工期等于计算工期 $T_p=T_c=22$，故自由时差如：

$$FF_{16}=T_P-EF_{16}=22-22=0$$

$$FF_{15}=LAG_{15-16}=0$$

$$FF_{14}=LAG_{14-16}=0$$

$$FF_{13}=\min\{LAG_{13-15}, LAG_{13-14}\}=\min\{0, 0\}=0$$

$$FF_{12}=LAG_{12-14}=3$$

⑥计算工作的最迟开始时间 LS_i 和最迟完成时间 LF_i，如：

$$LS_1=ES_1+TF_1=0+0=0$$

$$LF_1=EF_1+TF_1=2+0=2$$

$$LS_2=ES_2+TF_2=2+1=3$$

$$LS_2=EF_2+TF_2=4+1=5$$

将以上计算结果标注在图 3-14 中的相应位置。

⑦关键工作和关键线路的确定。

根据计算结果，总时差为 0 的工作：A_1、B_1、B_2、C_2、C_3、E、G、H、I 为关键工作。

从起点节点①节点开始到终点节点⑯节点均为关键工作，且所有工作之间时间间隔为零的线路，即①—③—⑤—⑧—⑨—⑪—⑬—⑭—⑯、①—③—⑤—⑧—⑨—⑪—⑬—⑮—⑯为关键线路，用粗箭线标示在图 3-14 中。

任务三　施工方进度控制

内容概要

1. 施工方进度控制的任务。
2. 施工项目进度控制原理。
3. 施工方进度控制的措施。

一、施工方进度控制的任务

施工方进度控制的任务是依据施工任务委托合同对施工进度的要求控制施工工作进度，这是施工方履行合同的义务。施工方进度控制的主要工作环节包括以下几项。

1. 编制施工进度计划及相关的资源需求计划

施工方应视项目的特点和施工进度控制的需要，编制深度不同的控制性和直接指导项目施工的进度计划以及按不同计划周期的计划等。为确保施工进度计划能得以实施，施工方还应编制劳动力需求计划、物资需求计划以及资金需求计划等。

2. 组织施工进度计划的实施

施工进度计划的实施是指按进度计划的要求组织人力、物力和财力进行施工。在进度计划实施过程中，应进行下列工作。

①跟踪检查，收集实际进度数据。

②将实际数据与进度计划对比。

③分析计划执行的情况。

④对产生的进度变化，采取措施予以纠正或调整计划。

⑤检查措施的落实情况。

⑥进度计划的变更必须与有关单位和部门及时沟通。

3. 施工进度计划的检查与调整

①施工进度计划的检查应按统计周期的规定定期进行，并应根据需要进行不定期的检查。施工进度计划检查的内容包括：检查工程量的完成情况、检查工作时间的执行情况、检查资源使用及与进度保证的情况、前一次进度计划检查提出问题的整改情况。

②施工进度计划检查后应按下列内容编制进度报告。

a. 进度计划实施情况的综合描述。

b. 实际工程进度与计划进度的比较。

c. 进度计划在实施过程中存在的问题及其原因分析。

d. 进度执行情况对工程质量、安全和施工成本的影响情况。

e. 将采取的措施。

f. 进度的预测。

③施工进度计划的调整应包括下列内容：工程量的调整、工作（工序）起止时间的调整、工作关系的调整、资源提供条件的调整、必要目标的调整。

二、施工项目进度控制原理

1. 动态控制原理

施工项目进度控制是一个不断进行的动态控制，也是一个循环进行的过程。在进度计划执行中，由于各种干扰因素的影响，实际进度与计划进度可能会产生偏差，分析偏差的原因，采取相应的措施，调整原来计划，使实际工作与计划在新的起点上重合并继续按其进行施工活动；但是在新的干扰因素作用下，又会产生新的偏差，施工进度计划控制就是采用这种循环的动态控制方法的。

2. 系统原理

为了对施工项目实行进度计划控制，首先必须编制施工项目的各种进度计划，形成施

工项目计划系统，包括施工项目总进度计划、单位工程进度计划、分部分项工程进度计划，季度、月（旬）作业计划。这些计划编制时从总体到局部，逐层进行控制目标分解，以保证计划控制目标的落实。计划执行时，从月（旬）作业计划开始实施，逐级按目标控制，从而达到对施工项目整体进度目标控制。

由施工组织各级负责人如项目经理、施工队长、班组长和所属全体成员共同组成施工项目实施的完整组织系统，都按照施工进度规定的要求进行严格管理，落实和完成各自的任务。为了保证施工项目按进度实施，自公司经理、项目经理到作业班组都设有专门职能部门或人员负责检查汇报、统计整理实际施工进度的资料，并与计划进度比较分析和进行调整，形成一个纵横连接的施工项目控制组织系统。

3. 信息反馈原理

应用信息反馈原理，不断进行信息反馈，及时将施工的实际信息反馈给施工项目控制人员，通过整理各方面的信息，经比较分析做出决策，调整进度计划，使其符合预定工期目标。施工项目进度控制过程就是信息反馈的过程。

4. 弹性原理

影响施工项目进度计划的因素很多，在编制进度计划时，根据经验对各种影响因素的影响程度、出现的可能性进行分析，编制施工项目进度计划时要留有余地，使计划具有弹性。在计划实施中，利用这些弹性，缩短有关工作的时间或改变工作之间的搭接关系，使已拖延了的工期仍然达到预期的计划目标。

5. 封闭循环原理

施工项目进度计划控制的全过程是计划、实施、检查、比较分析用以确定调整措施并再计划的不断循环的过程，形成如图 3-15 所示的封闭循环回路。

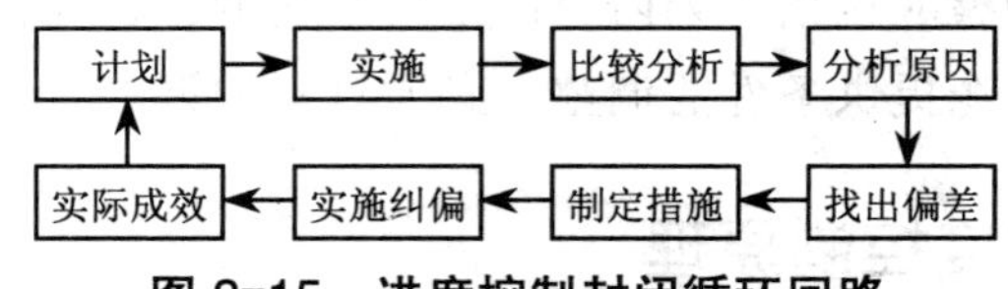

图 3-15　进度控制封闭循环回路

三、施工方进度控制的措施

施工方进度控制的措施主要包括组织措施、管理措施、经济措施和技术措施。

1. 组织措施

组织是目标能否实现的决定性因素，因此，为实现项目的进度目标，应充分重视健全项目管理的组织体系，如图 3-16 所示。在项目组织结构中应有专门的工作部门和符合进度控制岗位资格的专人负责进度、控制工作。

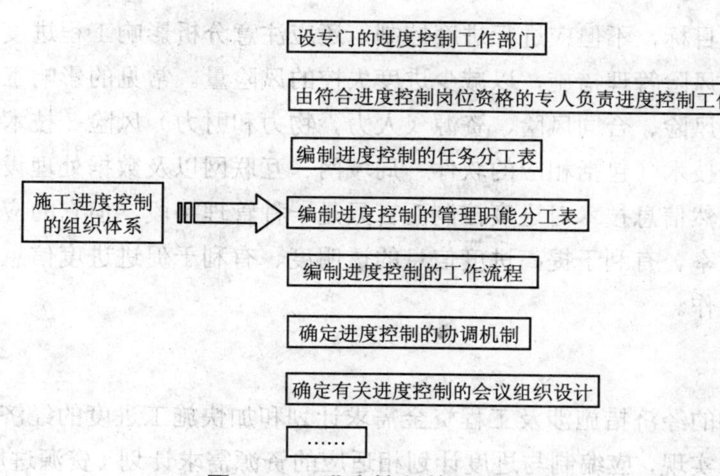

图 3-16　进度控制的组织体系

进度控制的主要工作环节包括进度目标的分析和论证、编制进度计划、定期跟踪进度计划的执行情况、采取纠偏措施以及调整进度计划。这些工作任务和相应的管理职能应在项目管理组织设计的任务分工表和管理职能分工表中标示并落实。应编制施工进度控制的工作流程，如定义施工进度计划系统、各类进度计划的编制程序、审批程序和计划调整程序等。

进度控制工作包含了大量的组织和协调工作，而会议是组织和协调的重要手段，应进行有关进度控制会议的组织设计，以明确会议的类型，各类会议的主持人和参加单位和人员，各类会议的召开时间，各类会议文件的整理、分发和确认等。

2. 管理措施

施工进度控制在管理观念方面存在的主要问题有以下几个方面。

①缺乏进度计划系统的观念——往往分别编制各种独立而互不关联的计划，这样就形成不了计划系统。

②缺乏动态控制的观念——只重视计划的编制，而不重视及时地进行计划的动态调整。

③缺乏进度计划多方案比较和选优的观念——合理的进度计划应体现资源的合理使用、工作面的合理安排、有利于提高建设质量、有利于文明施工和有利于合理地缩短建设周期。

施工方进度控制的管理措施如下。

①施工进度控制的管理措施涉及管理的思想、管理的方法、管理的手段、承发包模式、合同管理和风险管理等。在理顺组织的前提下，科学和严谨的管理十分重要。

②用工程网络计划的方法编制进度计划必须很严谨地分析和考虑工作之间的逻辑关系，通过工程网络的计算可发现关键工作和关键路线，也可知道非关键工作可使用的时差，工程网络计划的方法有利于实现进度控制的科学化。

③承发包模式的选择直接关系到工程实施的组织和协调。为了实现进度目标，应选择合理的合同结构，以避免过多的合同交界面而影响工程的进展。工程物资的采购模式对进度也有直接的影响，对此应做比较分析。

④为实现进度目标，不但应进行进度控制，还应注意分析影响工程进度的风险，并在分析的基础上采取风险管理措施，以减少进度失控的风险量。常见的影响工程进度的风险有组织风险、管理风险、合同风险、资源（人力、物力和财力）风险、技术风险等。

⑤应重视信息技术（包括相应的软件、局域网、互联网以及数据处理设备等）在进度控制中的应用。虽然信息技术对进度控制而言只是一种管理手段，但它的应用有利于提高进度信息处理的效率、有利于提高进度信息的透明度、有利于促进进度信息的交流和项目各参与方的协同工作。

3. 经济措施

施工进度控制的经济措施涉及工程资金需求计划和加快施工进度的经济激励措施等。为确保进度目标的实现，应编制与进度计划相适应的资源需求计划（资源进度计划），包括资金需求计划和其他资源（人力和物力资源）需求计划，以反映工程施工的各时段所需要的资源。通过资源需求的分析，可发现所编制的进度计划实现的可能性；若资源条件不具备，则应调整进度计划。

在编制工程成本计划时，应考虑加快工程进度所需要的资金，其中包括为实现施工进度目标将要采取的经济激励措施所需要的费用。

4. 技术措施

施工进度控制的技术措施涉及对实现施工进度目标有利的设计技术和施工技术的选用。不同的设计理念、设计技术路线、设计方案会对工程进度产生不同的影响，在工程进度受阻时，应分析是否存在设计技术的影响因素，为实现进度目标有无设计变更的必要和是否可能变更。

施工方案对工程进度有直接的影响，在决策其选用时，不仅应分析技术的先进性和经济合理性，还应考虑其对进度的影响。在工程进度受阻时，应分析是否存在施工技术的影响因素，为实现进度目标有无改变施工技术、施工方法和施工机械的可能性。

项目四 建设工程项目职业健康安全与环境保护

任务一 职业健康安全与环境管理体系

内容概要

1. 职业健康安全与环境管理的目的和任务。
2. 职业健康安全与环境管理的特点。
3. 职业健康安全与环境管理体系的基本框架。
4. 环境管理体系的基本结构和模式。

一、职业健康安全与环境管理的目的和任务

1. 建设工程职业健康安全与环境管理的概念

安全是不发生不可接受的风险的一种状态。当风险的严重程度是合理的，在经济、身体、心理上是可承受的，即可认为处在安全状态；当风险达到不可接受的程度时，则形成不安全状态。不可接受的损害风险是指：超出了法规的要求；超出了方针、目标和组织规定的其他要求等；超出人们普遍接受程度（通常是隐含的）的要求等。

职业健康安全是指一组影响特定人员的健康和安全的条件和因素。受影响的人员包括在工作场所内组织的正式员工、临时工、合同方人员，也包括进入工作场所的参观访问人员和其他人员。影响职业健康安全的主要风险因素有以下几个方面。

①物的不安全状态。如果人的心理和生理状态能适应物质和环境条件，而物质和环境条件又能满足劳动者生理和心理的需要，便不会产生不安全行为，反之就可能导致安全伤害事故。物的不安全状态表现为三方面，即设备和装置的缺陷、作业场所的缺陷、物质和环境的危险源。

②人的不安全状态。人的行为是安全的关键，人的不安全行为可能导致安全事故，所以要对人的不安全行为加以分析。人的不安全行为是人的生理和心理特点的反映，主要表现在身体缺陷、错误行为和违纪违章三个方面。统计资料表明，有88%的安全事故是由人的不安全行为造成的，而人的生理和心理特点直接影响人的不安全行为。因此在安全控制中，一定要抓住人的不安全行为这一关键因素，采取相应对策。在采取对策时，必须针对人的生理和心理特点对安全的影响，培养劳动者的自我保护能力，以结合自身生理和心理

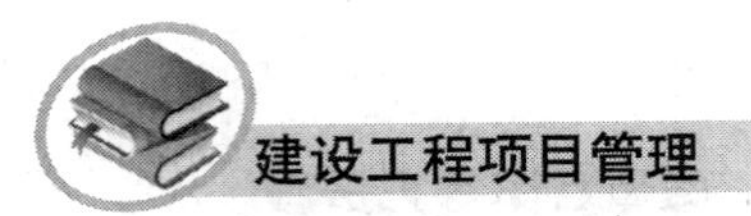

特点，预防不安全行为发生，增强安全意识，搞好安全控制。

③环境因素和管理缺陷等。物质和环境均有危险源存在，是产生安全事故的另一类主要因素。在安全控制中，必须根据施工的具体条件，采取有效的措施拒绝危险源。当然，在分析物质、环境因素对安全的影响时，也不能忽视劳动者生理和心理的特点。因此在创造和改善物质、环境的安全条件时，也应从劳动者生理和心理状态出发，使两方面能相互适应。解决采光照明、树立色彩标志、调节环境温度、加强现场管理等，都是将人的不安全行为和物的不安全状态结合起来考虑，并将心理和生理特点结合考虑，以控制安全事故、确保安全。

环境是指组织运行活动场所的内部和外部环境。活动场所不仅是组织内部的工作场所，也包括与组织活动有关的临时、流动场所。

面临当今世界经济增长和科技发展带来的问题，职业健康安全与环境问题尤为突出，主要有以下几方面的原因。

①市场竞争日益加剧。随着市场竞争日益加剧，人们为了追求高额利润而忽略了劳动者的劳动条件和环境的改善，甚至以牺牲劳动者的职业健康安全和破坏人类赖以生存的自然环境为代价。

②生产事故与劳动疾病增加。

③人类生存要求不断提高生活质量，但由于资源的开发和利用而产生的废物严重威胁人们的健康。21 世纪人类的生存环境将面临许多挑战，如森林面积急剧减少，土地严重沙化；自然灾害频繁；淡水资源面临枯竭；“温室效应”致使气候严重失常；臭氧层遭破坏辐射增加；酸雨频繁，土地酸化；化学废物排放量剧增；海洋、河流受污染等。

建设工程职业健康安全与环境管理，是建设工程整个管理体系的一部分，包括制定、实施、实现、评审和保持职业健康安全与环境方针所需的组织结构、计划活动、职责、惯例、程序、过程和资源。

2. 职业健康安全与环境管理的目的与任务

职业健康安全管理的目的是保护产品生产者和使用者的健康与安全，控制影响工作场所内员工、临时工作人员、合同方人员、访问者和其他人员健康和安全的条件和因素。建筑施工是一个高风险的行业，建设工程项目的职业健康安全管理有着特殊的意义。建设工程项目的职业健康安全管理应以人为本，关心员工安康，一切为员工利益着想，做好员工的安全防护工作，落实防护措施，为员工创造一个安全健康的工作环境；遵守法规，积极投入，不断完善安全防护措施，规范员工行为，减少不必要的伤害，降低风险，使员工的健康安全得到保障。

建设工程项目环境管理的目的是保护生态环境，使社会经济的发展与人类的生存环境相协调。环境管理在于增加环境意识，自觉遵守国家和地方政府制定的环境保护法律、法规，规范环境行为，建立和保护环境管理体系，持续改进企业的环境行为，使作业环境与社区环境不断得到净化，实现企业和社会的可持续发展。

职业健康安全与环境管理的任务是指建设生产组织为达到建设工程的职业健康安全与环境管理的目的而指挥与控制组织的协调活动，包括为制定、实施、实现、评审和保持职业健康安全方针所需的组织结构、策划活动、职责、惯例、程序、过程和资源。

其中，职业健康安全与环境方针是组织职业健康安全与环境管理的宗旨和方向，是组织实施和改进其职业健康安全管理体系的推动力。为确保职业健康安全管理与环境方针的权威性，组织的职业健康安全管理与环境方针应由组织的最高管理者主持制定并全面实行。该方针经组织最高管理者批准，有利于将职业健康安全与环境管理纳入组织全面管理中，实现组织的经营、质量、环境、安全方针目标协调一致。

方针的制定一般应满足“两个承诺”和定期评审的要求。第一个承诺是对持续改进的承诺，第二个承诺是对法律、法规及其他要求的承诺，表明组织最高管理者对职业健康安全与环境管理的态度，反映组织对职业健康安全问题的认识和责任，它们是组织遵守法律、法规和满足职业健康安全管理体系标准最基本的要求。定期评审是指组织应定期对职业健康安全方针进行评审及修订，以适应不断变化的内、外部条件和要求。如果组织从属于某个更大的组织，其方针还应符合更大组织的职业健康安全方针的要求并得到认可。此外，方针的制定应适合组织的生产性质和规模，形成文件后，应传达到全体员工。

经最高管理者批准的职业健康安全管理与环境管理体系方针，是组织各级管理者、专业技术人员和各层次操作人员具体实施完成的纲领性文件，是建立、实施和改进组织职业健康安全与环境管理体系的一条主线，具有保护和改进职业健康安全体系的指导作用。具体职业健康安全与环境管理的工作任务如表 4-1 所示。表中有 2 行 7 列，构成了实现职业健康安全和环境方针的 14 个方面的管理任务。

表 4-1　职业健康安全与环境管理的任务

任务 方针	组织结构	计划活动	职责	惯例（法律法规）	程序文件	过程	资源
职业健康安全方针							
环境方针							

不同的组织根据自身的情况建立和保持职业健康安全与环境管理体系，并以此开展工作，将有助于组织满足职业健康安全与环境法规的要求。但是，制订什么样的工作内容取决于组织的规模及其活动的性质，不同组织所建立的职业健康安全与环境管理的工作内容各有不同，不能完全照抄、照搬。更需要注意的是，建立职业健康安全管理与环境体系，并不是对组织原有安全管理手段、制度、组织机构等的全面否定，而是将原有安全管理手段、制度、组织机构等予以规范化、系统化，使组织的职业健康安全管理与环境管理体系更加完善和有效。

二、职业健康安全与环境管理的特点

建设工程职业健康安全与环境管理强调，要在工程项目建设过程中重视人员健康、安全

和环保。它是一种科学的管理方法，可以帮助组织实现和系统地控制职业健康、安全、环保绩效，并通过职业健康、安全、环保管理体系所提供的运行机制，使其持续改进。由于建筑产品、生产的复杂性及受外部环境影响的因素多，决定了职业健康安全与环境管理有以下特点。

1. 复杂性

复杂性是由建筑产品的固定性、生产的流动性及受外部环境影响大决定的。建筑产品生产过程中生产人员、工具与设备的流动性表现在：同一工地不同建筑之间流动；同一建筑不同建筑部位上流动；一个建筑工程项目完成后，又要向另一新项目运迁的流动。

建筑产品受不同外部环境影响的多因素表现在以下几个方面。

①多为露天作业，受气候条件变化的影响大。

②工程地质与水文条件的变化大。

③工程的地理条件与当地社会、经济及资源供应的影响大。

建筑产品的复杂性，决定了建设项目职业健康安全与环境管理的复杂性，稍有考虑不周就可能出现问题。

2. 多样性

多样性是由建筑产品的多样性和生产的单件性决定的。建筑产品的多样性决定了生产的单件性，每一个建筑产品都要根据其特定要求进行施工，由于在生产过程中试验性研究课题多，所碰到的新技术、新工艺、新设备、新材料给职业健康安全与环境管理带来不少难题。因此，每个建设工程项目都要根据其实际情况，制订职业健康安全与环境管理计划，不可相互套用。

3. 协调性

协调性是由建筑产品生产的连续性及分工性决定的。建筑产品不能同其他许多工业产品一样可以分解为若干部分同时生产，而必须在同一固定场地按严格工序连续生产，上一道工序不完成，下一道工序不能进行（如基础→主体→装修），上一道工序生产的结果往往会被下一道工序所掩盖，而且每一道工序由不同的人员和单位来完成。因此，职业健康安全与环境管理中要求各单位和各专业人员要横向配合和协调，共同注意产品生产过程接口部分的职业健康安全和环境管理的协调性。

4. 不符合性

不符合性是由产品的委托性决定的。建筑产品在建造前应确定买主，按建设单位特定的要求委托进行生产建造。而建设工程市场在供大于求的情况下，业主经常会压低标价，造成产品的生产单位对职业健康安全与环境管理的费用投入减少，不符合职业健康安全与环境管理有关规定的现象时有发生。这就要求建设单位和生产组织都必须重视对健康安全和环保费用的投入，一定要符合健康安全与环境管理的要求。

5. 持续性

持续性是由建筑产品生产的阶段性决定的。一个建设工程项目从立项到投产使用要经历 5

个阶段，即设计前准备阶段（包括项目的可行性研究和立项）、设计阶段、施工阶段、使用前的准备阶段（包括竣工验收和试运行）、保修阶段。这5个阶段都要十分重视项目的安全和环境问题，持续不断地对项目各个阶段可能出现的安全和环境问题实施管理，否则一旦在某个阶段出现安全和环境问题，就会造成投资的巨大浪费，甚至造成建设工程项目的夭折。

6. 经济性

经济性是由建筑产品的时代性和社会性决定的。

三、职业健康安全与环境管理体系的基本框架

1. 职业健康安全管理体系

体系是一种科学的管理方法，可帮助组织实现和系统地控制自己设定的职业健康安全与环境目标，并通过职业健康安全与环境管理体系所提供的运行机制，使其持续改进。职业健康安全与环境管理体系的核心是职业健康安全方针。建立职业健康安全与环境管理体系的目的，是为了便于管理职业健康与环境风险。一个组织总的管理体系可包括若干个不同的管理体系，如职业健康安全管理体系、质量管理体系、环境管理体系等。建立和保持符合要求的职业健康安全与环境管理体系，将有助于组织满足职业健康安全与环境法规的要求。

职业健康安全管理体系最早是由国际标准化组织（ISO）第207技术委员会（TC 207，环境管理技术委员会）于1994年5月在澳大利亚全会上提出的。起初，ISO/TC 207提出了职业健康安全管理体系问题。为此，ISO/TC 207希望采用类似质量管理体系（ISO 9000）和环境管理体系（ISO 14000）方法推行健康安全管理体系，是由于ISO/TC 207在推行环境管理体系（ISO 14000）的过程中，涉及了许多相关职业的办法，有效解决了组织的职业健康安全问题。随后，ISO 就开始进行有关职业健康安全管理体系的研究与讨论。

1997年，根据特别工作组的研究结果及ISO成员大会的表决结果，ISO认为目前制定职业健康安全管理体系国际标准的时机尚不成熟：一方面，各国不同的劳工关系及管理体系难以在世界范围内达成一致，ISO 难以处理与劳工和管理相关的敏感问题；另一方面，职业健康安全管理体系将面对各国不同的法律制度，有可能会与一些国家的法律发生冲突。但无论是投赞成票还是投反对票，各国都普遍认为职业健康安全管理体系能够改善组织的职业健康安全状况，减少生产事故和劳动疾病的发生。我国的意见是：目前不赞成制定统一的国际标准，但在国内大力推行适合我国国情的职业健康安全管理体系，改善我国的职业健康安全状况，以保护劳动者的身体健康及生命和财产的安全。

我国于2001年发布了《职业健康安全管理体系—规范》(GB/T 28001)。该体系标准覆盖了OHSAS18001：1999《职业健康安全管理体系—规范》的所有技术内容，并考虑了国际上有关职业健康安全管理体系现有文件的技术内容。

2. 职业健康安全管理体系总体结构

在 GB/T 28001 中，职业健康安全管理体系运行模式包括 5 个环节：职业健康安全方针、策划、实施和运行、检查和纠正措施、管理评审。职业健康安全管理体系的总体结构如图 4-1 所示。

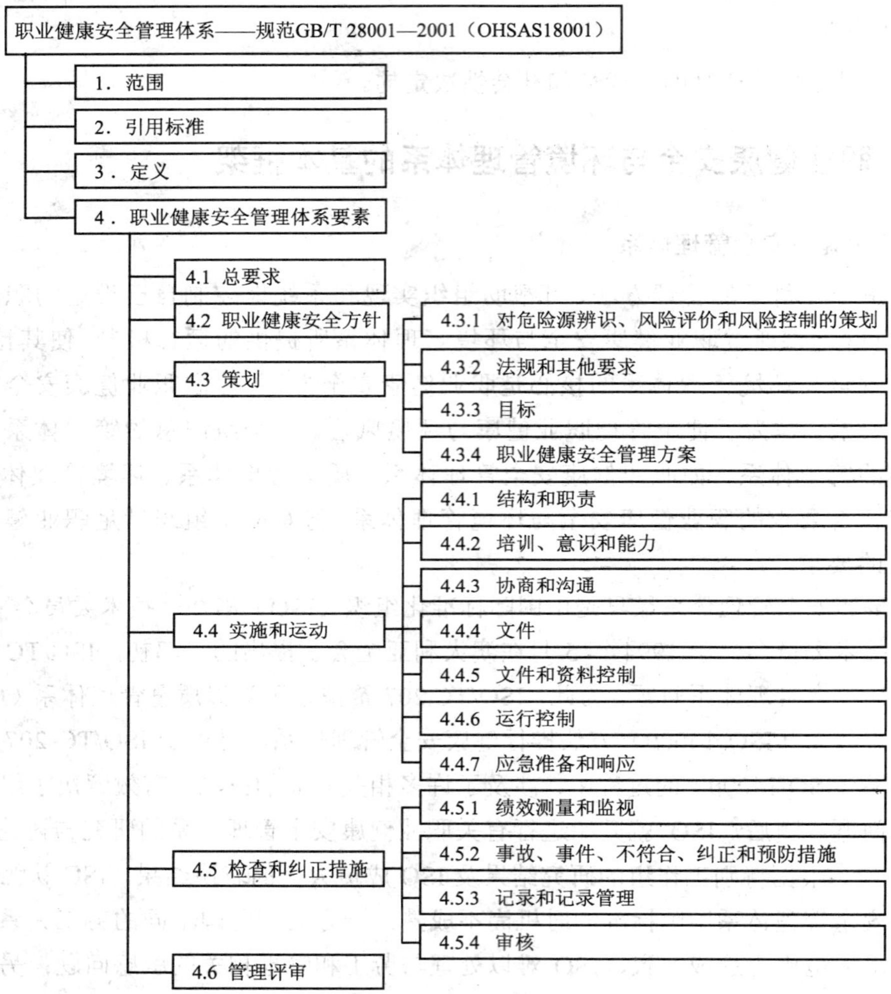

- 职业健康安全管理体系——规范GB/T 28001—2001（OHSAS18001）
  - 1．范围
  - 2．引用标准
  - 3．定义
  - 4．职业健康安全管理体系要素
    - 4.1 总要求
    - 4.2 职业健康安全方针
    - 4.3 策划
      - 4.3.1 对危险源辨识、风险评价和风险控制的策划
      - 4.3.2 法规和其他要求
      - 4.3.3 目标
      - 4.3.4 职业健康安全管理方案
    - 4.4 实施和运动
      - 4.4.1 结构和职责
      - 4.4.2 培训、意识和能力
      - 4.4.3 协商和沟通
      - 4.4.4 文件
      - 4.4.5 文件和资料控制
      - 4.4.6 运行控制
      - 4.4.7 应急准备和响应
    - 4.5 检查和纠正措施
      - 4.5.1 绩效测量和监视
      - 4.5.2 事故、事件、不符合、纠正和预防措施
      - 4.5.3 记录和记录管理
      - 4.5.4 审核
    - 4.6 管理评审

图 4-1 职业健康安全管理体系的总体结构图

3.《职业健康委全管理体系—规范》运行模式

现代职业健康安全管理是一种系统化管理模式，强调按系统论思想管理职业健康安全及其相关事务，以达到预防和减少生产事故和劳动疾病的目的。为适应现代职业健康安全管理的需要，《职业健康安全管理体系—规范》（GB/T 28001）在确定职业健康安全管理体系运行模式时，采用了系统化的戴明模型，即通过策划、行动、检查和改进 4 个环节构成一个动态循环并螺旋上升的系统化管理模式。职业健康安全管理体系模式如图 4-2 所示。

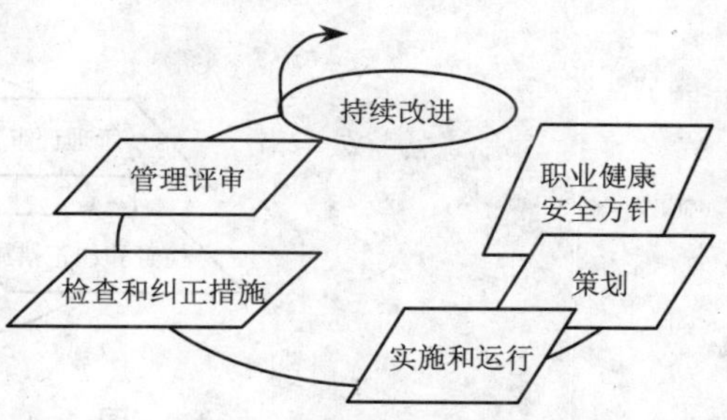

图 4-2　职业健康安全管理体系运行模式

四、环境管理体系的基本结构和模式

1. 环境管理体系结构内容

国际标准化组织（ISO）于 1995 年 6 月成立环境管理技术委员会（ISO/TC 207），1996 年推出 ISO 1400 系列标准。同年，我国将其等同转换为国家标准《环境管理体系—规范及使用指南》（GB/T 24000）系列标准。环境管理体系基本框架如图 4-3 所示。

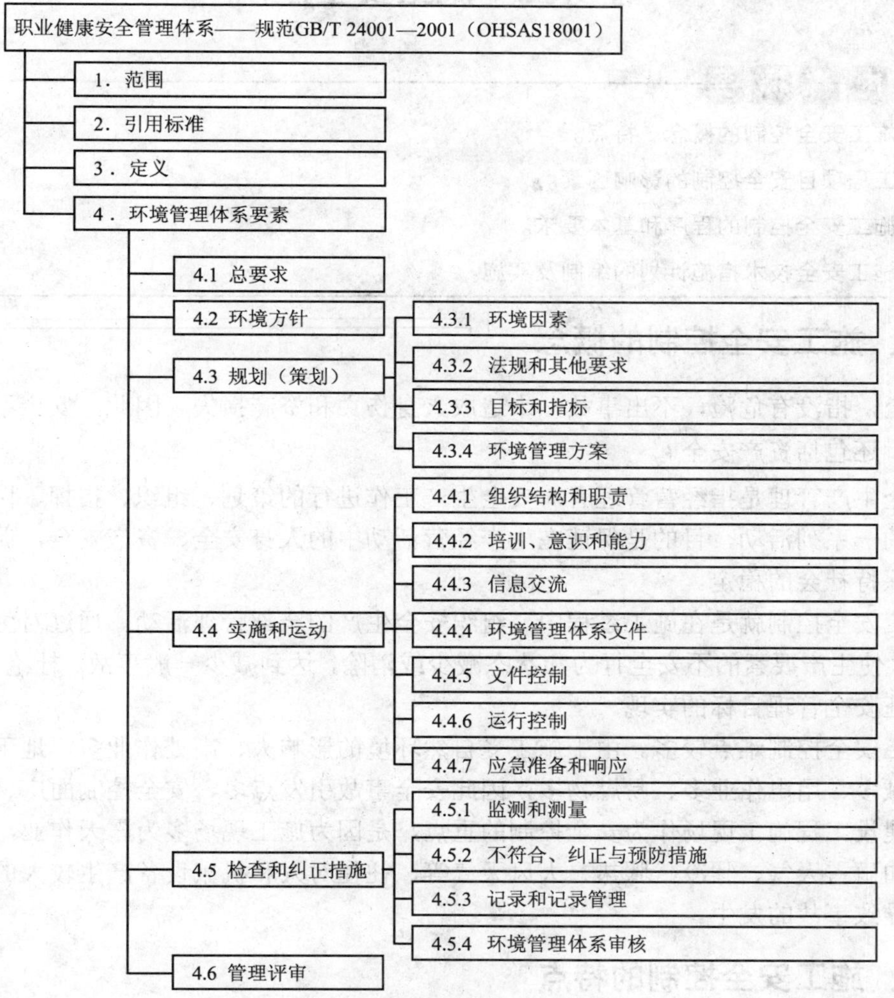

图 4-3　环境管理体系基本框架

2.《环境管理体系——规范》的模式

环境管理体系的模式如图 4-4 所示。

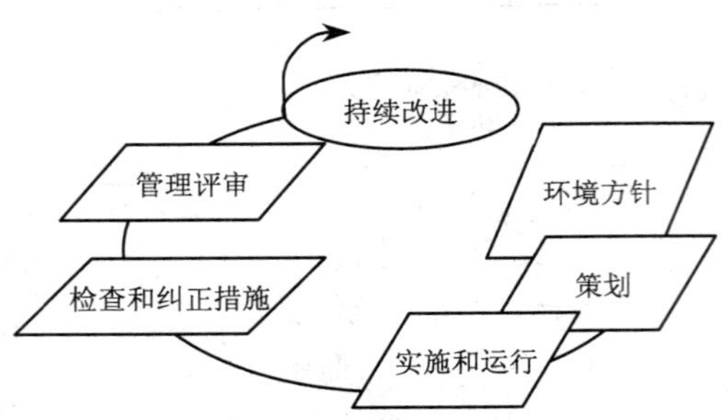

图 4-4　环境管理体系的模式

任务二　施工安全控制

内容概要

1. 施工安全控制的概念、特点。
2. 工程项目安全控制的影响因素。
3. 施工安全控制的程序和基本要求。
4. 施工安全技术措施计划的编制及实施。

一、施工安全控制的概念

安全，指没有危险，不出事故，未造成人身伤亡和资产损失。因此，安全不但包括人身安全，还包括资产安全。

安全生产管理是指经营管理者对安全生产工作进行的策划、组织、指挥、协调、控制和改进的一系列活动，目的是保证在生产经营活动中的人身安全、资产安全，促进生产的发展，保持社会的稳定。

施工安全控制就是在施工过程中，组织安全生产的全部管理活动。通过对生产要素过程控制，使生产要素的不安全行为和状态减少或消除，达到减少一般事故、杜绝伤亡事故，从而保证安全管理目标的实现。

施工安全控制难点较多。由于施工受自然环境的影响大、高处作业多、地下作业多、大型机械多、用电作业多、易燃物多，因此安全事故引发点多、安全控制面广、控制难度大。将建设工程施工现场作为安全控制的重点，是因为施工现场多为露天作业，受自然环境影响如雨雪天气、骤冷、骤热、大风天气等，往往对人和机械设备产生较大的影响，从而容易导致事故的发生。

二、施工安全控制的特点

1. 控制面广

由于建设规模大，生产工艺复杂、工序多，在施工活动中流动作业多、高空作业多、作业位置多、不确定因素多，因此施工安全控制涉及的工作范围大、控制面广。

2. 控制的动态性

由于建设项目的单件性、施工活动的连续性及施工位置的分散性，决定了安全控制的环境和条件会随时发生变化，因此安全控制的手段和方法也必须随时变化，以适应施工安全管理，确保施工活动安全可靠。

3. 控制的交叉性

由于系统的开放性，会受到社会环境和自然环境的共同影响，因此安全控制须把工程系统与环境系统、社会系统有机结合进行控制。

4. 控制的严谨与严肃性

安全施工是人命与财产的安全，并具有突发性，因此措施的制定必须严谨、严肃，避免施工活动中不必要的损失和伤害。

三、工程项目安全控制的影响因素

1. 在施工项目管理方面

①缺乏安全责任意识。项目部负责人不能正确处理安全与生产、进度、效益之间的辩证关系，只注重眼前利益，忽视安全基础长远建设，存在着急功近利、短期行为。

②安全管理滞后。项目都以完成施工任务为目标、以传统的经验管理为手段，安全综合管理素质较差，不注重事故预测、预防，处于消极被动状态。

③安全防护不到位。不该省的省，首当其冲是外脚手架和洞口临边的安全防护设施及工人的职业健康安全用品。

④机械设备重用轻管。该修的不修，施工机械从开工到竣工，不到转不动时不修；有的安全装置无端被丢弃一边，常常出现乱用、无证人员代岗的现象；机械设备超负荷使用、带病运转的现象也较为普遍。

⑤安全教育不及时。工程项目是一次性的，必然引起班组生产作业的临时性。班组的需要与否，是根据项目的施工需要进行配置，是动态的、临时性的。出现了班组和特殊工种安全教育培训不及时、不到位的情况。

2. 在装修工程管理方面

①项目安全管理机构不健全，缺少专职的安全管理人员。

②没有成套的安全管理资料和健全的管理制度。

③未定期进行安全检查和及时处理事故、隐患。

④在项目施工组织设计和施工中只注重施工技术措施，而没有安全施工的技术方案，更缺少有针对性的安全技术措施。

⑤施工中任意拆除原有的洞口临边脚手架安全防护设施，推诿不恢复，给其他施工单位和设施安全留下隐患。

⑥施工现场的临时用电设施不符合规范要求，电气元件破损残缺、有箱无锁、一闸多机、电线交叉零乱、施工机械无防护装置和漏电接零保护系统。

⑦不给施工人员配发个人防护用品，如油漆工的防毒面罩、登高作业人员的安全带和

安全帽等。

⑧缺少必要的登高、升降等安全施工设施或设施不规范、太简陋。

⑨易燃、易爆、有毒物品管理使用混乱。无防火措施或配置不全，失灵无效。危险场所动火无审批手续和防火措施。

⑩特种作业人员无证上岗。

⑪作业场地的文明施工状况差，缺少明显的安全标志，材料乱堆放，各工种缺少协调交叉施工。

⑫为抢赶工期，任意延长工人的劳动时间。

四、施工安全控制的程序和基本要求

1. 施工项目安全控制的程序

建设工程项目施工安全控制的程序如图 4-5 所示。

①确定建设工程项目施工的安全目标。按“目标管理”方法在以项目经理为首的项目管理系统内进行分解，从而确定每个岗位的安全目标，实现全员的安全控制。

②编制建设工程项目施工安全技术措施计划。对生产过程中的安全风险进行识别和评价，对其不安全因素用技术手段加以消除和控制，并形成文件。施工安全技术措施计划是进行工程项目施工安全控制的指导性文件。

③安全技术措施计划的实施。包括建立健全安全生产责任制、设置安全生产设施、进行安全教育和培训、沟通和交流安全信息，通过安全控制使生产作业的安全状况处于受控状态。

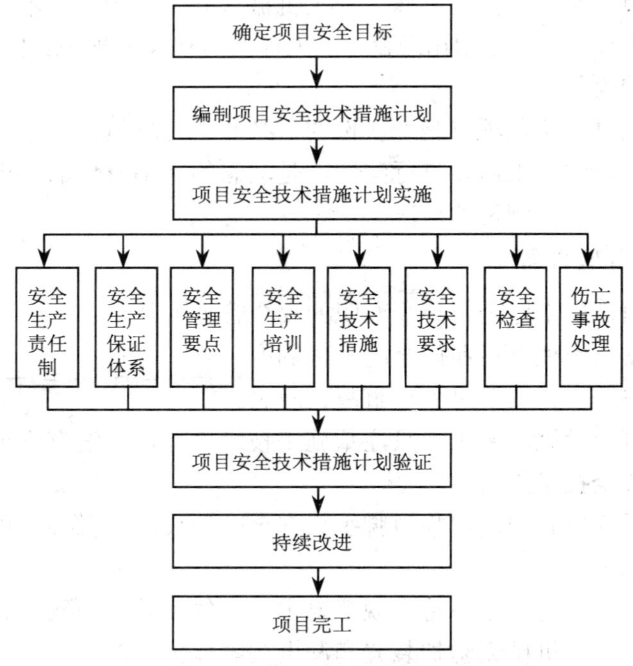

图 4-5　施工安全控制程序

④施工安全技术措施计划的验证。包括安全检查、纠正不符合情况，并做好检查记录工作。根据实际情况补充和修改安全技术措施。

⑤持续改进，直至完成建设工程项目的所有工作。由于建设工程项目的开放性，在项目实施过程中，各种条件可能有所变化，造成对安全风险评价的结果失真，使得安全技术措施与变化的条件不相适应，此时应考虑是否对安全风险重新评价和是否有必要更改安全技术措施计划。

2. 施工安全控制的基本要求

施工安全控制有以下一些基本要求。

①施工方必须取得安全行政主管部门颁发的《安全施工许可证》后才可开工。

②总承包单位和每一个分包单位都应持有《施工企业安全资格审查认可证》。

③各类人员必须具备相应的执业资格才能上岗。

④特殊工种作业人员必须持有特种作业操作证，并严格按规定定期进行复查。

⑤所有新员工必须经过三级安全教育，即进厂（施工企业）、进车间（施工现场）和进班组的安全教育。

⑥对查出的安全隐患要做到“五定”，即定整改责任人、定整改措施、定整改完成时间、定整改完成人、定整改验收人。

⑦必须管好安全生产“六关”，即措施关、交底关、教育关、防护关、检查关、改进关。

⑧施工现场安全设施齐全，并符合国家及地方有关规定。

⑨施工机械（特别是现场安设的起重设备等）必须经安全检查合格后方可使用。

⑩保证安全技术措施费用的落实，不挪为他用。

五、施工安全技术措施计划的编制及实施

1. 建设工程施工安全技术措施计划的编制

（1）建设工程施工安全技术措施计划的主要内容

①工程概况。包括项目的基本情况，可能存在的主要的不安全因素等。

②安全控制和管理目标。应明确安全控制和管理的总目标和子目标，目标要具体化。

③安全控制和管理程序。主要应明确安全控制管理的工作过程和安全事故的处理过程。

④安全组织机构。包括安全组织机构形式和安全组织机构的组成。

⑤职责权限。根据组织机构状况明确不同组织层次、各相关人员的职责和权限，进行责任分配。

⑥规章制度。包括安全管理制度、操作规程、岗位职责等规章制度的建立，应遵循的法律法规和标准等。

⑦资源配置。针对项目特点，提出安全管理和控制所必需的材料设施等资源要求和具体的配置方案。

⑧安全措施。针对不安全因素确定相应措施。

⑨检查评价。明确检查评价方法和评价标准。

⑩奖惩制度。明确奖惩标准和方法。

（2）安全措施的主要内容

由于建筑工程的结构复杂多变，各施工工程所处地理位置、环境条件不尽相同，无统一的安全技术措施，所以，编制安全措施时应结合本企业的经验教训、工程所处位置和结构特点以及既定的安全目标。一般工程安全技术措施的编制主要考虑以下内容。

①从建筑或安装工程整体考虑。土建工程首先考虑施工期内对周围道路、行人及邻近居民、设施的影响，采取相应的防护措施（全封闭防护或部分封闭防护）；平面布置应考虑施工区与生活区分隔，施工排水、安全通道以及高处作业对下部和地面人员的影响；临时用电线路的整体布置、架设方法；安装工程中的设备、构配件吊运，起重设备的选择和确定，起重半径以外安全防护范围等。复杂的吊装工程还应考虑视角、信号、步骤等细节。

②对深基坑、基槽的土方开挖，首先应了解土壤种类，选择土方开挖方法，放坡坡度或固壁支撑的具体作法，总的要求是防坍塌。人工挖孔桩基础工程还须有测毒设备和防中毒措施。

③30 m 以上脚手架或设置的挑架、大型混凝土模板工程，还应进行架体和模板承重强度、荷载计算，以保证施工过程中的安全，同时这也是确保施工质量的前提。

④要考虑安全平网、立网的架设要求，架设层次段落，如一般民用建筑工程的首层、固定层、随层（操作层）安全网的安装要求。事故的发生往往出在随层，所以做严密的随层安全防护至关重要。

⑤要考虑龙门、井架等垂直运输设备的拉结、固定方法及防护措施。其安全与否，严重影响工期甚至造成群伤事故。

⑥要考率施工过程中的“四口”防护措施，即楼梯口、电梯口、通道口、预留洞口应有防护措施。如楼梯、通道口应设置 1.2 m 高的防护栏杆并加装安全立网；预留孔洞应加盖；大面积孔洞，如吊装孔、设备安装孔、天井孔等应加周边栏杆并安装立网。

⑦交叉作业应采取隔离防护。如上部作业应满铺脚手板，外侧边沿应加挡板和网等防物体下落措施。

⑧要考虑“临边”防护措施。施工中未安装栏杆的阳台（走台）周边、无外架防护的屋面（或平台）周边、框架工程楼层周边、跑道（斜道）两侧边、卸料平台外侧边等均属于“临边”危险地域，应采取防人员和物料下落的措施。

⑨施工过程中与外电线路发生人员触电事故屡见不鲜。当外电线路与在建工程（含脚手架具）的外侧边缘与外电架空线的边线之间达到最小安全操作距离时，必须采取屏障、保护网等措施。如果小于最小安全距离时，还应设置绝缘屏障，并悬挂醒目的警示标志。根据施工总平面的布置和现场临时用电需要量，制定相应的安全用电技术措施和电气防火措施，如果临时用电设备在 5 台及 5 台以上或设备总容量在 50 kW 及 50 kW 以上者，应编制临时用电组织设计。

⑩施工工程、暂设工程、井架门架等金属构筑物，凡高于周围原有避雷设备，均应有

防雷设施，如井架、高塔的接地深度、电阻值等必须符合要求。

⑪对易燃易爆作业场所必须采取防爆措施。

⑫要考虑季节性施工的安全措施，如夏季防止中暑措施，包括降温、防热辐射、调整作息时间、疏导风源等；雨季施工要制定防雷防电、防坍塌措施；冬季防火、防大风等。

安全技术措施编制内容不拘一格，按其施工项目的复杂、难易程度、结构特点及施工环境条件，选择其安全防患重点，但施工方案的通篇必须贯彻“安全施工”的原则。

（3）安全标志

安全标志是指在操作人员容易产生错误而造成事故的场所，为了确保安全，提醒操作人员注意所采用的一种特殊标志，目的是引起人们对不安全因素的注意，预防事故的发生。安全标志不能代替安全操作规程和保护措施。根据国家有关标准，安全标准应由安全色、几何图形和图形符号构成。国家规定的安全色有红、蓝、黄、绿 4 种颜色，其含义是：红色表示禁止、停止（也表示防火）；蓝色表示指令或必须遵守的规定；黄色表示警告、注意；绿色表示提示、安全状态、通行。

2. 施工安全措施计划的实施

（1）建立安全生产责任制

项目经理部必须建立安全生产责任制，把安全责任目标分解到岗、落实到人。制定各类人员的安全职责，并经项目经理批准后实施。

①项目经理安全职责。认真贯彻安全生产方针、政策、法规和各项规章制度；制定安全生产管理办法；严格执行安全考核指标和安全生产管理办法；严格执行安全生产奖惩办法；严格执行安全技术措施审查制度和施工项目安全交底制度；组织安全生产检查定期分析；针对施工中存在的安全隐患原因制定预防和纠正措施；发生安全事故后按事故处理的规章上报、处置，制定预防事故再发生的措施。

②作业队长安全职责。进行安全技术交底；组织实施安全技术措施；对施工现场安全防护装置和设施应组织验收，合格后方可使用；组织工人学习安全操作规程；教育工人不违章作业；认真消除安全隐患；发生工伤事故立即上报并保护好现场，参加事故调查处理。

③班组长安全职责。安排生产任务时进行安全措施交底；严格执行本工种安全操作规程，杜绝违章指挥；岗前应对所有使用的机具、设备、防护用具及作业环境进行安全检查，发现问题及时采取改进措施以消除安全隐患；检查安全标牌是否按规定设置，标志方法和内容是否完整；组织班组开展安全活动，开好班前安全生产会；做好收工前的安全检查；组织一周的安全讲评工作；发生工伤事故时应组织抢救，保护现场并立即上报。

④操作工人安全职责。认真学习并严格执行安全技术操作规程；自觉遵守安全生产规章制度；积极参加安全活动；执行安全技术交底和有关安全生产的规定，不违章作业；服从安全监督人员的指导；爱护安全设施和防护用具，做到正确使用；对不安全作业提出意见。

⑤承包人对分包人的安全生产责任。审查分包人的安全资质和安全生产保证体系，不

具备安全生产条件的不准其分包工程；在分包合同中明确分包人安全生产责任和义务；对分包人提出安全要求并认真监督检查，对违反安全规定冒险蛮干的分包人，应令其停工整改；承包人应统计上报分包人的伤亡事故，并按分包合同限定，协调处理分包的伤亡事故。

⑥分包人安全生产责任。分包人对本单位现场的安全工作负责，认真履行分包合同规定的安全生产责任；服从承包人的安全生产管理；执行承包人的有关安全生产制度；及时向承包人报告伤亡事故并调查处理善后事宜。

（2）进行安全教育和培训

①项目经理部的安全教育内容。包括国家和当地政府的安全生产方针、政策、安全生产法律、法规、部门规章、制度和安全纪律、安全事故分析和处理案例。

②作业队安全教育培训内容。包括本队承担施工任务的特点、施工安全基本知识、安全生产制度；相关工种的安全技术操作规程；机械设备、电气、高空作业等安全基本知识；防火、防毒、防爆、防洪、防雷击、防触电、防高空坠落、防物体打击、防坍塌、防机械车辆伤害等知识及紧急安全处理知识；安全防护用品发放标准，防护用具、用品使用基本知识。

③班组安全教育培训内容。包括本班组作业特点及安全操作规程；班组安全生产制度及纪律；爱护和正确使用安全防护装置（设施）及个人劳动防护用品知识；本岗位的不安全因素及防范对策；本岗位的作业环境、使用机具的安全要求。

④特殊工种的安全培训。对从事电工、压力容器操作、爆破作业、金属焊接、井下检验、机动车驾驶、机动船舶驾驶、高空作业等特殊工种的作业人员，必须经国家认可的具有资质的单位进行安全技术培训，考试合格并取得上岗证书方可上岗作业。

（3）安全技术交底

安全技术交底的基本要求有如下几个方面。

①工程开工前，工程项目负责人应向参加施工的各类人员认真进行安全技术措施交底，使大家明确工程施工特点及各时期安全施工的要求，这是贯彻施工安全措施的关键。

②施工过程中，现场管理人员应按施工安全措施要求，对操作人员进行详细的工序、工种安全技术交底，使全体施工人员懂得各自岗位职责和安全操作方法，这是贯彻施工方案中安全措施的补充和完善过程。

③工序、工种安全技术交底要结合相应的《安全操作规程》及安全施工的规范标准进行，避免口号式、无针对性的交底，并认真履行交底签字手续，以提高接受交底人员的责任心。

安全技术交底的主要内容有：施工作业特点与危险点、危险的具体预防措施、安全事项、安全操作规程与标准、事故应急处理措施和急救措施等。

（4）安全检查

安全检查是发现不安全行为和状态的重要途径，是消除事故隐患、落实整改措施、防止事故伤害和改善劳动条件的重要方法。

安全检查的形式，如图 4-6 所示。

安全检查主要是查思想、查制度、查现场、查管理、查隐患和查事故处理等内容，并以劳动条件、生产设备、现场管理、安全卫生及施工人员的行为为重点，发现危及人的安全因素时，必须果断消除。

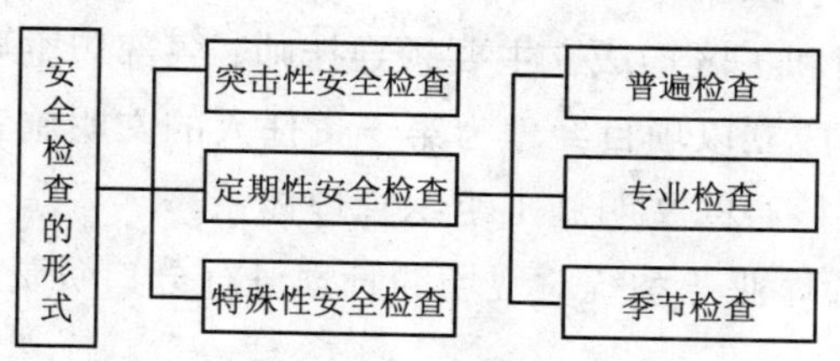

图 4-6　安全检查形式示意图

任务三　工程项目环境管理

内容概要

1. 文明施工的概念、意义、内容和组织管理。
2. 现场文明施工的基本要求。
3. 施工现场环境保护
4. 规范场容。
5. 项目消防与保安。
6. 卫生防疫。

一、文明施工

1. 文明施工的概念

文明施工是保持施工现场良好的作业环境、卫生环境和工作秩序的一种施工活动。文明施工包括的内容很宽泛，包括场容场貌（现场围挡、施工场地、材料堆放、现场住宿）、封闭管理、现场防火、治安综合治理、施工现场标牌、生活设施、保健急救、社区服务以及职工风貌、企业文化等。其实，很多都是以安全为前提条件的。

2. 文明施工的意义

①文明施工能促进企业综合管理水平的提高。

②文明施工是适应现代化施工的客观要求。

③文明施工代表企业的形象。

3. 文明施工的内容

①规范施工现场的场容，保持作业环境的整洁卫生。

②科学组织施工，使生产有序进行。

③减少施工对周围居民和环境的影响。

④保证职工的安全和身体健康。

4. 文明施工的组织与管理

①组织和制度管理要求。

a．主管挂帅。即公司和工区均成立主要领导挂帅、各部门主要负责人参加的施工现场管理领导小组，施工现场成立以项目经理为第一责任人的文明施工管理组织。在企业范围内建立以项目管理班子为核心的文明施工组织管理体系。

b．系统把关。即各管理业务系统对现场的管理进行分口负责，每月组织检查，发现问题及时整改。

c．普遍检查。加强和落实现场文明施工的检查，包括生产区、生活区、场容场貌、周边环境及制度落实等，逐项检查，填写检查报告，评定现场管理先进单位。

d．建章建制。即建立施工现场管理规章制度和实施办法，包括个人岗位责任制、经济责任制、安全检查制度、持证上岗制度、奖罚制度等，依法办事，不得违背。

e．责任到人。即管理责任不但明确到部门，而且各部门要明确到人，以便落实管理工作。

f．落实整改。即对各种漏洞，一旦发现，必须采取措施纠正，避免再度发生。

g．严明奖惩。如果成绩突出，便应按奖惩办法予以奖励；如果有问题，要按规定给予必要的处罚。

②建立收集文明施工的资料及其保存的措施。

③加强文明施工的宣传和教育。

5. 现场文明施工的基本要求

现场文明施工有以下一些基本要求。

①施工现场必须设置明显的标牌，标明工程项目名称、建设单位、设计单位、施工单位、项目经理和施工现场总代表人的姓名、开工和竣工日期、施工许可证批准文号等。施工单位负责现场标牌的保护工作。

②施工现场的管理人员在施工现场应当佩戴证明其身份的证卡。

③应当按照施工总平面布置图设置各项临时设施。现场堆放的大宗材料、成品、半成品和机具设备不得侵占场内道路及安全防护等设施。

④施工现场的用电线路、用电设施的安装和使用必须符合安装规范和安全操作规程，并按照施工组织设计进行架设，严禁任意拉线接电。施工现场必须设有保证施工安全要求的夜间照明、危险潮湿场所的照明及手持照明灯具，必须采用符合安全要求的电压。

⑤施工机械应当按照施工总平面布置图规定的位置和线路设置，不得任意侵占场内道路。进场的施工机械必须经过安全检查，经检查合格后方能使用。施工机械操作人员必须按有关规定持证上岗，禁止无证人员操作。

⑥应保证施工现场道路畅通，排水系统处于良好的使用状态；保持场容场貌的整洁，随时清理建筑垃圾。在车辆、行人通行的地方施工，应当设置施工标志，并对沟井坎穴进行覆盖。

⑦施工现场的各种安全设施和劳动保护器具必须定期检查和维护，及时消除隐患，保证其安全有效。

⑧施工现场应当设置各类必要的职工生活设施，并符合卫生、通风、照明等要求，职工的膳食、饮水供应等应当符合卫生要求。

⑨应当做好施工现场安全保卫工作，采取必要的防盗措施，在现场周边设立围护设施。

⑩应当严格依照《中华人民共和国消防条例》规定，在施工现场建立和执行防火管理制度，设置符合消防要求的消防设施，并保持完好的备用状态。在容易发生火灾的地区施工，或者储存、使用易燃易爆器材时，应当采取特殊的消防安全措施。

⑪施工现场发生的工程建设重大事故的处理，依照《工程建设重大事故报告和调查程序规定》执行。

二、施工现场环境保护

施工现场环境保护是按照法律法规、各级主管部门和企业的要求，保护和改善作业现场的环境，控制现场的各种粉尘、废水、废气、固体废弃物、噪声、振动等对环境的污染和危害。环境保护也是文明施工的重要内容之一。

1. 现场环境保护的意义

①保护和改善施工环境是保证人们身体健康和社会文明的需要。采取专项措施防止粉尘、噪声和水源污染，保护好作业现场及其周围的环境，是保证职工和相关人员身体健康、体现社会总体文明的一项利国利民的重要工作。

②保护和改善施工现场环境是消除对外部干扰、保证施工顺利进行的需要。随着人们的法制观念和自我保护意识的增强，尤其在城市中，施工扰民问题反映突出，应及时采取防治措施，减少对环境的污染和对市民的干扰，这也是施工生产顺利进行的基本条件。

③保护和改善施工环境是现代化大生产的客观要求。现代化施工广泛应用新设备、新技术、新的生产工艺，对环境质量要求很高，如粉尘、振动超标就可有损坏设备，影响功能发挥，使设备难以发挥作用。

④节约能源、保护人类生存环境，是保证社会和企业可持续发展的需要。人类社会即将面临环境污染和能源危机的挑战。为了保护子孙后代赖以生存的环境条件，每个公民和企业都有责任和义务来保护环境。良好的环境和生存条件，也是企业发展的基础和动力。

2. 防止环境污染的方法

（1）大气污染的防治

大气污染物主要有气体状态污染物、粒子状态污染物。大气污染的防治措施有除尘技术和气态污染治理技术。

①除尘技术。在气体中除去或收集固态或液态粒子的设备称为除尘装置。主要种类有机械除尘装置、洗涤式除尘装置、过滤除尘装置和电除尘装置等。工地的烧煤茶炉、锅炉、

炉灶等应选用装有上述除尘装置的设备。工地其他粉尘可用遮盖、淋水等措施防治。

②气态污染治理技术。包括吸收法、吸附法、催化法、燃烧法、冷凝法、生物法。

施工现场空气污染的防治措施有以下几项。

①严格控制施工现场和施工运输过程中的降尘和飘尘对周围大气的污染，可采用清扫、洒水、遮盖、密封等措施降低污染。如施工现场垃圾渣土要及时清理出现场；高大建筑物清理施工垃圾时，要使用封闭式的容器或者采取其他措施处理高空废弃物，严禁凌空随意抛散；施工现场道路应指定专人定期洒水清扫，形成制度，防止道路扬尘；车辆开出工地要做到不带泥砂，基本做到不洒土、不扬尘，减少对周围环境污染；对于如水泥、粉煤灰、白灰等细颗粒散体材料的运输、储存要注意遮盖、密封，防止和减少飞尘；在容许设置搅拌站的工地，应将搅拌站封闭严密，并在进料仓上方安装除尘装置，采用可靠措施控制工地粉尘污染；拆除旧建筑物时，应适当洒水、防止扬尘等。

②严格控制有毒有害气体的产生和排放。如禁止在施工现场随意焚烧油毡、橡胶、塑料、皮革、树叶、枯草、各种包装物等废弃物品以及其他会产生有毒有害气体的物质，尽量不使用有毒有害的涂料等化学物质。

③所有机动车的尾气排放应符合国家现行标准。

④严格控制工地茶炉和锅炉的烟尘排放。如工地茶炉应尽量采用电热水器，若只能使用烧煤茶炉和锅炉时，应选用消烟除尘型茶炉和锅炉，大灶应选用消烟节能回风炉灶，使烟尘降至允许排放范围为止。

（2）水污染的防治

施工现场的水污染物主要是现场施工废水和固体废物随水流流入水体的污染废水，如泥浆、水泥、混凝土添加剂、油漆、有机溶剂、重金属、酸碱盐等。

施工过程中水污染的防治措施应包括：控制水污染的排放；改革施工工艺，减少污水的产生；综合利用废水。具体防治措施有：禁止将有毒有害废弃物做土方回填；施工现场搅拌站废水、现制水磨石的污水、电石的污水必须经沉淀池沉淀合格后再排放，最好将沉淀水用于工地洒水降尘或采取措施回收利用；现场存放油料，必须对库房地面进行防渗处理。如采用防渗混凝土地面、铺油毡等措施，使用时，要采取防止油料跑、冒、滴、漏的措施，以免污染水体；施工现场100人以上的临时食堂，污水排放时可设置简易有效的隔油池，定期清理，防止污染；工地临时厕所、化粪池应采取防渗漏措施；中心城市施工现场的临时厕所可采用水冲式厕所，并有防蝇、灭蛆措施，防止污染水体和环境；化学用品、外加剂等要妥善保管，库内存放，防止污染环境。

（3）防止噪声影响的方法

①正确选用噪声小的施工工艺，如采用免振捣混凝土，可减少噪声的强度。

②对产生噪声的施工机械采取控制措施。包括打桩锤的锤击声以及其他以柴油机为动力的建筑机械、空压机、振动器等。有可能条件下将电锯、柴油发电机等尽量设置在离居民区较远的地点，降低扰民噪声；夜间施工应减少指挥哨声、大声喊叫；要教育职工减少

噪声，注意语言文明。

（4）爆破作业的处理

施工中需要进行爆破作业的，必须经上级主管部门审查同意，并持说明爆破器材的地点、品名、数量、用途、四邻距离的文件和安全操作规程，向所在地县、市公安局申请“爆破物品使用许可证”方可进行作业。

（5）光污染的防治

现场晚间施工照明应尽量不照向居民区。

（6）垃圾污染的防治

施工工地常见的垃圾有：建筑渣土，包括砖瓦、碎石、渣土、混凝土碎块、废钢铁、碎玻璃、废屑、废弃装饰材料等；废弃的散装建筑材料，包括散装水泥、石灰等；生活垃圾，包括炊厨废物、丢弃食品、废纸、生活用具、玻璃和陶瓷碎片、废电池、废旧日用品、废塑料制品、煤灰渣、废交通工具等；设备、材料等的废包装材料；粪便等。建筑垃圾应有指定堆放地点，并随时进行清理。高空废弃物可使用密闭式的圆筒作为传送管道或者采取其他措施处理。提倡采用商品混凝土。要减少建筑垃圾的数量。

对于固体废弃物处理的基本思想是：采取资源化、减量化和无害化的处理，对固体废物产生的全过程进行控制，建立固体废物的回收和综合利用体系。

（7）建筑施工现场厕所问题的处理

厕所问题对于高层建筑尤为突出。在考虑临时厕所设施时，应按现场人员数量考虑厕所的设置。要求封闭严密、通风良好，定期清除粪便。高层建筑工程应考虑设立楼内厕所。目前已有定型的箱式厕所，可通过吸管进行粪便的清除。现场随地大小便问题只有在解决了相关设施后方能彻底解决。

（8）资源浪费问题的处理

资源浪费也是环境保护的一个要点。除去现场的水电浪费外，还应当着眼于生产过程中的浪费，如工程的质量返工、由于控制不当而造成抹灰过厚等现象，都应在改进的范围之内。对于原有的绿化也应视作资源进行保护，应尽量保持现场原有的树木。

（9）环境污染的处理

建设工程施工由于受技术、经济条件限制，对环境的污染不能控制在规定范围内的，建设单位应当事先报请当地人民政府主管部门和环境保护行政主管部门批准。

（10）污染风险的处理

可根据风险危害的程度和频率采取风险消灭、回避、分担、转移等措施。对于可能发生的污染事故，应事先采取应急措施计划。建筑施工单位应当还应当与发包人在签订合同时，就风险及保险范围的划分做出安排。目前，《建筑工程施工合同（示范文本）》已规定由发包方办理建设工程保险和第三人人员生命财产保险；但就具体条款和范围也应进行商榷。按照国际惯例，发包人和总包人均将所投的保险的复印件作为合同附件交付承包人，承包人如发现保险范围尚不够完善时则须另行投保。

三、规范场容

场容是指施工现场、特别是主现场的现场面貌，包括入口、围护、场内道路、堆场的整齐清洁，也包括办公室内环境甚至包括现场人员的行为。

1. 场容管理的基本要求

①创造清洁整齐的施工环境，达到保证施工顺利进行和防止事故发生的目的。目前有的施工周期较长的项目已在可能条件下对现场环境进行绿化，使建筑施工环境有了较大的改变。

②通过合理的规划施工用地，分阶段进行施工总平面设计。要通过场容管理与其他工作的结合，共同对现场进行管理。例如，在安全工作中防止高空堕落物体对人身的伤害是一项重要工作，特别是高层建筑项目施工现场高空作业多，高空坠落物体的伤害在安全事故中占有较大比例；而且由于城市土地的紧张造成了市区施工场地的狭窄，施工建筑物有时紧靠场地边缘，高空堕落物体还会对场外的第三者造成损害。因此，注意防止高空坠落物体也应当是场容管理和管理结合考虑的一项工作。此外，结合料具管理建立现场料具、器具管理标准，特别是对于易燃、有害物体，如汽油、电石等的管理是场容管理和消防管理结合的重点。

③场容管理还应当贯穿到施工结束后，应将地面上施工遗留的物资清理干净。现场不做清理的地下管道，除业主要求外应一律切断供应源头。凡业主要求保留的地下管道应绘成平面图，交付业主，并做交接记录。

2. 施工平面图

施工平面图可根据项目的规模分为施工总平面图和单位工程施工平面图。

施工总平面图是现场管理、实现文明施工的依据。施工总平面图应对施工机械设备设置、材料和构配件的堆场，以及现场临时运输道路、临时供水供电线路和其他临时设施进行合理布置。在编制施工总平面图前应当首先确定施工步骤。例如，按施工步骤区分，可编制先做管网后做建筑施工的施工平面图，也可编制先做主题后做辅助建筑，或先做辅助建筑后做主体的施工平面图。在确定施工步骤后，可根据工程进度的不同阶段编制按阶段区分的施工平面图，一般可划分为土方开挖、基础施工、上层建筑施工和装修等阶段，并编制相应的施工平面图。

施工平面图的内容应包括以下部分。

①建筑现场的红线，可临时占用的地区、场外和场内交通道路、现场主要入口和次要入口、现场临时供水供电的入口位置。

②测量放线的标桩、现场的地面大致标高；地形复杂的大型现场应有地形等高线以及现场临时平整的标高设计；需要取土或弃土的项目应有取、弃土地区位置。

③现场已建并在施工期内保留的建筑物、地上或地下的管道和线路；拟建的地上建筑物、构筑物。如先做管网时应标出拟建的永久管网位置。

④现场主要施工机械如塔式起重机、施工电梯或垂直运输龙门架的位置。塔式起重机应按最大臂杆长度绘出有效工作范围；移动式塔式起重机应按最大臂杆长度绘出有效工作范围；移动式塔式起重机应绘出铁轨位置。

⑤材料、构件和半成品的堆场。

⑥生产、生活用的临时设施的位置。包括临时变压器、水泵、搅拌站、办公室、供水供电线路、仓库的位置。现场工人的宿舍应尽量安置在场外，必须安置在场内时应与现场施工区域有分隔措施。

⑦消防入口、消防道路和消火栓的位置。

⑧平面图比例，采用的图例、方向、风向和主导风向标记。

施工总平面布置要求做到布置紧凑，减少二次搬运，符合环保、市容、卫生的要求，并应考虑减少对邻近地区或居民的影响。

目前，高层建筑日益增多，过去按平面考虑的施工平面图已不能完全满足工作的需要。对于高层建筑施工应进行施工立体设计。施工立体设计是指设计一个能够满足高层建筑施工中结构、设备和装修等不同阶段施工要求的供水供电、废物排放的立体系统。过去未进行立体设计时，当结构阶段施工完毕，其供水供电系统将妨碍装修，不得不拆除，而由装修单位另行设置供水供电系统。这种各行其是的方式造成了很大的浪费，延误工期。而立体设计是考虑了各个阶段供水、供电及废物排放的要求，把各种临时设施安排在不影响施工的位置，避免浪费，便利使用。如将施工用电的干线设置在电梯井的墙内的适当位置，并在每层或每隔一层留出接口，这种方法可满足所有阶段的施工而无需重复设置临时供电设施，待工程结束后将此线路封闭即可。供水及废物排放的设计原则也与此相同。

3. 场容管理

现场的入口应设置大门，并标明消防入口。有横梁的大门高度应考虑起重机机械的出入，也可设置成无横梁或横梁可取下的大门。入口大门以设立电动折叠门为宜。目前，不少企业已设计了标准的施工现场大门，在大门上还设置有企业的标志，这种作法是可以借鉴的。

①主现场入口处应有标牌，包括工程概况牌，安全纪律牌，防火须知牌，安全无重大事故牌，安全生产，文明施工牌，施工总平面图，项目经理部组织架构及主要管理人员名单图。现场标牌由施工单位负责维护。国防及保密工程可不做标牌。

②场容管理要划分为现场参与单位的责任区，各自负责所管理的场区，划分的区域应随着施工单位和施工阶段的变化而改变。

③现场道路应尽量布置成环形，以便于出入。消防通道的宽度不小于 3.5 m。现场道路应尽量利用已有道路，或根据永久道路的位置，先修路基作为临时道路以后再做路面。施工道路的布置要尽量避开后期工程或地下管道的位置，防止后期工程和地下管道施工时造成道路的破坏。场内通道及大门入口处的上空如有障碍应设高度标志，防止超高车辆碰撞。

④现场的临时围护包括周边围护和措施性围护。周边围护是指现场周围的围护，如市区工地的围护设施高度应不低于1.8 m，临街的脚手架也应当设置相应的围护设施；措施性围护是指对特殊地区的围护，如危险品库附近应有标志及围挡，起重机臂杆越过高压电缆应设置隔离棚。有的城市已规定塔式起重机越过场外地区时必须设安全棚。由于场外搭设安全棚和维护工作的困难，这也是有的项目选用内爬式塔式起重机进行施工原因之一。

⑤施工现场应有排水设施。做到场地不积水、不积泥浆，保证道路干燥坚实。工地地面宜做硬化处理。硬化处理一般是针对钻孔打桩采用泥浆护壁的工程采取的，由于这种工程流出的泥浆不易控制，常常使工地及其周围产生泥浆污染。硬化处理就是在打桩开始前先做好混凝土地面，留出桩孔和泥浆流通沟渠，并将施工机械设置在混凝土地面上工作，使能有效地控制泥浆的污染。

⑥现场办公室应保持清洁。办公室墙上应有明显的紧急使用电话号码告示，包括火警、匪警、急救车、就近的医院、专科医院、派出所等。紧急使用的电话号码应单独张贴，禁止在上面做其他记录。

⑦要教育职工注意举动和语言的文明。特别是在市区施工时，应把服装整洁、举止文明等列入纪律教育的内容。

四、项目消防与保安

消防与保安是现场管理最具风险性的工作，一旦发生情况，后果十分严重。因此，落实责任是首要的问题。凡有总分包单位的工程，总包应负责全面管理，并与分包签订消防保卫的责任协议，明确双方的职责，分包单位必须接受总包单位的统一领导和监督检查。

1. 消防管理

现场管理应当严格按照《中华人民共和国消防法》的规定，在施工现场应建立和执行消防管理制度，现场必须安排消防车出入口和消防道路、紧急疏散通道等，并应有明显标志或指示牌。有高度限制的地点应有限高标志。

设置符合要求的消防设施，并保持其良好的备用状态。在容易发生火灾的地区施工，或储存、使用易燃、易爆器材时，施工单位应采取特殊的消防安全措施。

根据大量资料的分析，火警发生的概率与风速、相对湿度、季节等有关。以北京为例，北京市的火警概率以冬季为最高，占全年的33%；春季次之，占29%；夏季最少，仅占全年火警的17%；秋季为21%。冬季的最高峰为18时至20时，春季为14时至16时，夏、秋季无明显的峰值时间。

在城市中施工，还应注意在并排的高层建筑中，由于狭窄效应而造成横向的风速加大，称为高楼强风。据日本进行的风洞试验和现场测试数据表明，自20层开始即会发生此种现象。高楼强风约为地面风速的1.5～2倍。高楼强风有利于火势的蔓延扩大，增加灭火难度，是防火的不容忽视的不利因素。

施工现场消防管理还应注意现场的主导风向。特别是城市中受到建筑物的影响各个地区风向有明显的区别。以北京为例，北京市出现偏南风和偏北风的频率较高，但青年湖地区受建筑物的影响，几乎终年吹东南偏东风和东南偏南风。在安排疏散通道时以安排在上风口为宜。

建筑施工所造成的火灾因素包括明火作业、吸烟、不按规定使用电热器具等因素。现场严禁吸烟，必要时可设吸烟室。进行电焊作业时应注意电焊火星能落入木脚手板缝中，逐渐蔓延，其起火延时可能造成的危险；对过去现场围护所采用的彩条布，已发现在火灾中易燃并大量发烟，会造成极大的危害，因此现场应采用密网作为围护。

室外消防道路的宽度不得少于 3.5 m。消防车道不能为环形，应在适当地点修建车辆回转场地。施工现场进水干管直径不应小于 100 mm。现场消火栓的位置应在施工总平面图中做规划。消火栓处昼夜要设有明显标志，配备足够的水龙带，其周围 3 m 内，不准存放任何物品。高度超过 24 m 的工程应设置消防竖管，管径不得少于 65 mm，并随楼层的升高每隔一层设一处消火栓口，配备水龙带。消防竖管位置应在施工立体组织设计中确定。

要注意消防教育，特别是对不同工作地点的人员进行一旦火灾发生后逃生路线的教育。例如，某市粮库筒仓施工时电焊火花引起地面着火，发现火情后，向屋顶逃生的人员全部获救，而向下逆火势逃生的人员因窒息而全部死亡。施工现场必须设有保证施工安全要求的夜间及施工必需的照明。高层建筑应设置楼梯照明和应急照明。

2. 保安管理

保安管理的目的是做好施工现场安全保卫工作，采取必要的防盗措施，防止无关人员进入和防止不良行为。现场应设立门卫，根据需要设置流动警卫。非施工人员不得擅自进入施工现场。由于建筑现场人员众多，入口处设置进场登记的方法很难达到控制无关人员进入的目的。因此，提倡采用施工现场工作人员佩戴证明其身份的证卡，并以不同的证卡标志各种人员。有条件时可采用进退场人员磁卡管理，在磁卡上记有所属单位、姓名、工作期限等信息，人员进退场时必须通过入口处划卡。这种方式除了防止无关人员进场外，还可起到随时统计在场人员的作用。

保安工作应从施工进驻场开始到撤离现场应贯彻始终。其中，施工进入装修阶段时，现场工作单位多、人员多、使用材料易燃性强，保安管理应担负着防火、保安和半成品保护等三重重任。此时的保安管理由于责任重大，以区别工作人员的工作区域和允许入场期限的方式。现场人员凭胸卡进入有关区域工作。胸卡应定期更换，防止由于遗失而造成漏洞。

五、卫生防疫

卫生防疫是涉及现场人员身体健康和生命安全的大事。要防止传染病和食物中毒事故发生，提高文明施工水平。

1. 卫生管理

施工现场不宜设置职工宿舍，必须设置时应尽量和建筑现场分开。现场应准备必要的

医务设施。在办公室内显著地点张贴急救车和有关医院电话号码，根据需要制定防暑降温措施，进行消毒、防病工作。

2. 防疫管理

防疫管理的重点是食堂管理和现场卫生。

食堂管理应当从组织施工时就进行策划。现场食堂应按现场就餐人数安排食堂面积、设施及炊事员和管理人员。食堂卫生必须符合《中华人民共和国食品卫生法》和其他有关卫生管理规定的要求。炊事人员应经定期体格检查合格后方可上岗。炊具应严格消毒、生熟食应分开。原料及半成品应经检验合格方可采用。

现场食堂不得出售酒精饮料。现场人员在工作时间严禁饮用酒精饮料。要确保现场人员饮水的供应，炎热季节要供应清凉饮料。

项目五 建设工程施工质量管理与控制

任务一 施工质量管理和质量控制概述

内容概要

1. 质量和施工质量的概念。
2. 质量管理和施工质量管理的概念。
3. 质量控制与施工质量控制的概念。
4. 工程项目的工程特点和施工生产的特点。
5. 施工质量控制的特点。
6. 影响施工质量的因素。

工程项目是指企业自工程施工投标开始到保修期满为止的全过程完成的项目。项目建设的目的是为人们提供满足生产和生活需要的场所，是否能满足人们的需要一般用质量来衡量。确保项目质量的最有效方法就是对施工进行质量控制。建设工程质量不仅关系到建设工程的适用性和建设项目的投资效益，同时也关系到人民群众生命财产的安全。对建设工程质量实施有效控制、保证达到预期目标，是建设工程进行项目管理的重要任务之一。施工质量控制是整个建设工程项目质量控制的关键阶段。

一、相关概念

1. 质量的概念

我国 GB/T 19000—2000 质量管理体系标准中关于质量的定义是:一组固有特性满足要求的程度。该定义可理解为：质量不仅是指产品的质量，也可以是某项活动或过程的工作质量，还可以是质量管理活动体系运行的质量。质量的关注点是一组固有特性，而不是赋予的特性。质量是满足要求的程度，要求是指明示的、隐含的或必须履行的需要和期望。质量要求是动态的、发展的和相对的。

2. 施工质量的概念

施工质量是指建设工程项目施工活动及其产品的质量,即通过施工使工程满足业主(顾客）需要并符合国家法律、法规、技术规范标准、设计文件及合同规定的要求，包括在安全、使用功能、耐久性、环境保护等方面所有明示和隐含需要的能力的特性综合。其质量特性主要体现在由施工形成的建筑工程的适用性、安全性、耐久性、可靠性、经济性及与环境的协调性等 6 个方面。

3. 质量管理的概念

我国 GB/T 19000—2000 质量管理体系标准中关于质量管理的定义是：在质量方面指挥和控制组织的协调活动。与质量有关的活动，通常包括质量方针和质量目标的建立、质量策划、质量控制、质量保证和质量改进。所以，质量管理就是确定和建立质量方针、质量目标及职责，并在质量体系中通过质量策划、质量控制、质量保证和质量改进等手段来实施全部管理职能的所有活动。

4. 施工质量管理的概念

施工质量管理是指工程项目在施工安装和施工验收阶段，指挥和控制工程施工组织关于质量的相互协调的活动，使工程项目施工围绕着使产品质量满足不断更新的质量要求，而开展的策划、组织、计划、实施、检查、监督和审核等所有管理活动的总和。它是工程项目各级职能部门领导的职责，而工程项目施工的最高领导项目即施工项目经理应负全责，施工项目经理必须调动与施工质量有关的所有人员的积极性，共同做好本职工作，才能完成施工质量管理的任务。

5. 质量控制与施工质量控制的概念

根据 GB/T 19000—2000 质量管理体系标准的质量术语定义，质量控制是质量管理的一部分，是致力于满足质量要求的一系列相关活动。施工质量控制是在明确的质量方针指导下，通过对施工方案和资源配置的计划、实施、检查和处置，进行施工质量目标的事前控制、事中控制和事后控制的系统过程。

二、施工质量控制的特点

施工质量控制的特点是由工程项目的工程特点和施工生产的特点决定的，施工质量控制必须考虑和适应这些特点，进行有针对性的管理。

1. 工程项目的工程特点和施工生产的特点

（1）施工的一次性

工程项目施工是不可逆的，施工出现质量问题，不可能完全回到原始状态，严重的可能导致工程报废。工程项目一般都投资巨大，一旦发生施工质量事故，就会造成重大的经济损失。因此，工程项目的施工都应一次成功，不能失败。

（2）工程的固定性和施工生产的流动性

每一工程项目都固定在指定地点的土地上，工程项目施工全部完成后，由施工单位就地移交给使用单位。工程的固定性特点，决定了工程项目对地基的特殊要求，施工采用的地基处理方案对工程质量产生直接影响。相对于工程的固定性的特点，施工生产则表现出流动性的特点，表现为各种生产要素既在同一工程上的流动，往往同时又在不同工程项目之间的流动。由此，形成了施工生产管理方式的特殊性。

（3）产品的单件性

每一工程项目都要和周围环境相结合。由于周围环境以及地基情况的不同，只能单独设计生产，不能像一般工业产品那样，同一类型可以批量生产。建筑产品即使采用标准图纸生产，也会由于建设地点、时间的不同，施工组织的方法不同，质量管理的要求也会有差异，因此工程项目的运作和施工不能标准化。

（4）工程体积庞大

工程项目是由大量的工程材料、制品和设备构成的实体，体积庞大，无论是房屋建筑还是铁路、桥梁、码头等其他土木工程，都会占有很大的外部空间。因此一般只能露天进行施工生产，施工质量受气候和环境的影响较大。

（5）生产的预约性

施工产品不像一般的工业产品那样先生产后交易，只能是在施工现场根据预定的条件进行生产，即先交易后生产。因此，选择设计、施工单位，通过投标、竞标、定约、成交，就成为建筑业物质生产的一种特有的方式。业主事先对这项工程产品的工期、造价和质量提出要求，并在生产过程中对工程质量进行必要的监督控制。

2. 施工质量控制的特点

（1）控制因素多

工程项目的施工质量受到多种因素的影响，如设计、材料、机械、地质、水文、气象、施工工艺、操作方法、技术措施、管理制度、社会环境等。因此，要保证工程项目的施工质量管理，必须对所有这些影响因素进行有效控制。

（2）控制难度大

由于建筑产品生产的单件性和流动性，不具有一般工业产品常有的固定生产流水线、规范化的生产工艺、完善的检测技术、成套的生产设备和稳定的生产环境，不能进行标准化施工，施工质量容易产生波动，而且施工场面大、人员多、工序多、关系复杂、作业环境差，都加大了质量控制的难度。

（3）工程控制要求高

工程项目在施工过程中，由于工序衔接多、中间交接多、隐蔽工程多，施工质量具有一定的过程性和隐蔽性。在施工质量控制工作中，必须加强对施工过程的质量检查，及时发现和整改存在的质量问题，避免事后从表面进行检查。过程结束后的检查难以发现在过程中产生、又被隐蔽了的质量隐患。

（4）终检局限大

工程项目建成以后不能像一般工业产品那样，依靠终检来判断产品的质量和控制产品的质量，也不可能像工业产品那样将其拆卸或解体检查内在质量，或更换不合格的零部件。

所以，工程项目的终检（竣工验收）存在一定的局限性。故此，工程项目的施工质量控制应强调过程控制，边施工边检查边整改，及时做好检查、认证记录。

三、影响施工质量的因素

影响施工质量的因素很多，但从质量管理的角度归纳主要有5个方面，包括人的因素（Man）、材料（Material）、机械设备（Machine）、方法（Method）及环境因素（Environment），即4M1E。

1. 人的因素

人，是直接参与施工的决策者、管理者和作业者。人的因素影响主要是指上述人员个人的质量意识及质量活动能力对施工质量造成的影响。我国施行的执业资格注册制度和管理及作业人员持证上岗制度等，从本质上说，就是对从事施工活动的人的素质和能力进行必要的控制。在施工质量管理中，人的因素起决定性作用。所以，施工质量控制应以控制人的因素为基本出发点。作为控制对象，人的工作应避免失误；作为控制动力，应充分调动人的积极性，发挥人的主导作用。必须有效控制参与施工的人员素质，不断提高人的质量活动能力，才能保证施工质量。

2. 材料的因素

材料包括工程材料和施工用料，又包括原材料、半成品、成品、构配件等。各类材料是工程施工的物质条件，材料质量是工程质量的基础，材料质量不符合要求，工程质量就不可能达到标准。所以加强对材料的质量控制，是保证工程质量的重要基础。

3. 机械设备的因素

机械设备包括工程设备、施工机械和各类施工器具。工程设备是指组成工程实体的工艺设备和各类机具，如各类生产设备、装置和辅助配套的电梯、泵机，以及通风空调、消防、环保设备等，它们是工程项目的重要组成部分，其质量的优劣直接影响到工程使用功能的发挥。施工机械设备是指施工过程中使用的各类机具设备，包括运输设备、吊装设备、操作工具、测量仪器、计量器具以及施工安全设施等。施工机械设备是所有施工方案和工法得以实施的重要物质基础，合理选择和正确使用施工机械设备是保证施工质量的重要措施。

4. 方法的因素

施工方法包括施工技术方案、施工工艺、工法和施工技术措施等。从某种程度上说，技术工艺水平的高低，决定了施工质量的优劣。采用先进合理的工艺、技术，依据规范的工法和作业指导书进行施工，必将对组成质量因素的产品精度、平整度、清洁度、密封性等物理、化学特性等方面起到良性的推进作用。比如近年来，建设部在全国建筑业中推广应用的10项新的应用技术，包括地基基础和地下空间工程技术、高性能混凝土技术等。

5. 环境的因素

环境的因素主要包括现场自然环境因素、施工质量管理环境因素和施工作业环境因素。环境因素对工程质量的影响，具有复杂多变和不确定性的特点。

（1）现场自然环境因素

现场自然环境因素主要指工程地质、水文、气象条件和周边建筑、地下障碍物以及其他不可抗力等对施工质量的影响因素。例如，在地下水位高的地区，若在雨期进行基坑开挖，遇到连续降雨或排水困难，就会引起基坑塌方或地基受水浸泡影响承载力等；在寒冷地区冬期施工措施不当，工程会因受到冻融而影响质量；在基层未干燥或大风天进行卷材屋面防水层的施工，就会导致粘贴不牢及空鼓等质量问题。

（2）施工质量管理环境因素

施工质量管理环境因素主要指施工单位质量保证体系、质量管理制度和各参建施工单位之间的协调等因素。根据承发包的合同结构，理顺管理关系，建立统一的现场施工组织系统和质量管理的综合运行机制，确保质量保证体系处于良好的状态，创造良好的质量管理环境和氛围，是施工顺利进行、提高施工质量的保证。

（3）施工作业环境因素

施工作业环境因素主要指施工现场的给排水条件，各种能源介质供应，施工照明、通风、安全防护设施，施工场地空间条件和通道以及交通运输和道路条件等因素。这些条件是否良好，直接影响到施工能否顺利进行以及施工质量能否得到保证。

任务二 施工质量管理体系的建立和运行

内容概要

1. 质量保证体系的概念。
2. 施工质量保证体系的内容和运行。
3. 质量管理原则。
4. 施工企业质量管理体系文件的构成。
5. 施工企业质量管理体系的建立与运行。
6. 施工企业质量管理体系的认证与监督。

一、施工质量保证体系的建立和运行

1. 质量保证体系的概念

质量保证体系是为使人们确信某产品或某项服务能满足给定的质量要求所必须的全部有计划、有系统的活动。在工程项目建设中，完善的质量保证体系可以满足用户的质

量要求。质量保证体系通过对那些影响设计的或是使用规范性的要素进行连续评价，并对建筑、安装、检验等工作进行检查，以取得用户的信任，并提供证据。因此，质量保证体系是企业内部的一种管理手段，在合同环境中，质量保证体系是施工单位取得建设单位信任的手段。

2. 施工质量保证体系的内容

工程项目的质量保证体系就是以控制和保证施工产品质量为目标，从施工准备、施工生产到竣工投产的全过程，运用系统的概念和方法，在全体人员的参与下，建立一套严密、协调、高效的全方位的管理体系，从而使工程项目质量管理制度化、标准化。其内容主要包括以下几个方面。

（1）项目施工质量目标

项目施工质量保证体系，必须有明确的质量目标，并符合质量总目标的要求；要以工程承包合同为基本依据，逐级分解目标以形成在合同环境下的项目质量保证体系的各级质量目标。项目施工质量目标的分解主要从两个角度展开，即：从时间角度展开，实施全过程的控制；从空间角度展开，实现全方位和全员的质量目标管理。

（2）项目施工质量计划

项目施工质量保证体系应有可行的质量计划。质量计划应根据企业的质量手册和项目质量目标来编制。工程项目质量计划可以按内容分为施工质量工作计划和施工质量成本计划。

施工质量工作计划主要包括：质量目标的具体描述和定量描述整个项目施工质量形成的各工作环节的责任、权限；采用的特定程序、方法和工作指导书；重要工序（工作）的试验、检验、验证和审核大纲；质量计划修订程序；为达到质量目标所采取的其他措施。

施工质量成本计划是规定最佳质量成本水平的费用计划，是开展质量成本管理的基准。质量成本可分为运行质量成本和外部质量保证成本。运行质量成本是指为运行质量体系达到和保持规定的质量水平所支付的费用，包括预防成本、鉴定成本、内部损失成本和外部损失成本；外部质量保证成本是指依据合同要求向顾客提供所需要的客观证据所支付的费用，包括特殊的和附加的质量保证措施、程序、数据、证实试验和评定费用。

（3）思想保证体系

用全面质量管理的思想、观点和方法，使全体人员真正树立起强烈的质量意识。主要通过树立“质量第一”的观点，增强质量意识，树立“一切为用户服务”的观点，以达到提高施工质量的目的。

（4）组织保证体系

工程施工质量是各项管理的综合反映，也是管理水平的具体体现。必须建立健全各级组织，分工负责，做到以预防为主，预防与检查相结合，形成一个有明确任务、职责、权限、互相协调和互相促进的有机整体。组织保证体系主要通过成立质量管理小组（QC 小组)，健全各种规章制度，明确规定各职能部门主管人员和参与施工人员，在保证和提高工程质量中所承担的任务、职责和权限，建立质量信息系统等内容构成。

(5) 工作保证体系

工作保证体系主要是明确工作任务和建立工作制度，要落实在以下3个阶段。

①施工准备阶段的质量控制。施工准备是为整个工程施工创造条件，准备工作的好坏，不仅直接关系到工程建设高速、优质地完成，而且也对工程质量起着一定的预防、预控作用。因此，做好施工准备的质量控制是确保施工质量的首要工作。

②施工阶段的质量控制。施工过程是建筑产品形成的过程，这个阶段的质量控制是确保施工质量的关键。必须加强工序管理，建立质量检查制度，严格实行自检、互检和专检，开展群众性的QC活动，强化过程控制，以确保施工阶段的工程质量。

③竣工验收阶段的质量控制。工程竣工验收，是指单位工程或单项工程完全竣工，经检查验收，移交给下道工序或移交给建设单位。这一阶段主要应做好成品保护，严格按规范标准进行检查验收和必要的处置，不让不合格工程进入下一道工序或进入市场，并做好相关资料的收集整理和移交。

3. 施工质量保证体系的运行

施工质量保证体系的运行，应以质量计划为主线，以过程管理为重心，按照PDCA循环的原理，即计划、实施、检查和处理的方式展开控制。同时，质量保证体系的运行状态和结果的信息应及时反馈，以便进行质量保证体系的能力评价。

(1) 计划 (Plan)

计划是质量管理的首要环节，通过计划，确定质量管理的方针、目标，以及实现方针、目标的措施和行动计划。“计划”包括质量管理目标的确定和质量保证工作计划。其中，质量管理目标的确定，就是根据项目自身存在的质量问题、质量通病以及与先进质量标准对比的差距，或者用户提出的更新、更高的质量要求所确定的项目在计划期应达到的质量标准。质量保证工作计划，就是为实现上述质量管理目标所采用的具体措施的计划。质量保证工作计划应做到材料、技术、组织三落实。

(2) 实施 (Do)

实施包含两个环节，即计划行动方案的交底和按计划规定的方法及要求展开的施工作业技术活动。首先，要做好计划的交底和落实。落实包括组织落实、技术和物资材料的落实。有关人员还要经过培训、实习并经过考核合格再执行。其次，计划的执行，要依靠质量保证工作体系，也就是要依靠思想工作体系，做好教育工作；依靠组织体系，即完善组织机构、责任制、规章制度等项工作；依靠产品形成过程的质量控制体系，做好质量控制工作，以保证质量计划的执行。

(3) 检查 (Check)

检查就是对照计划，检查执行的情况和效果，及时发现计划执行过程中的经验和问题。

检查一般包括两个方面：一是检查是否严格执行了计划的行动方案，检查实际条件是否发生了变化，查明没按计划执行的原因；二是检查计划执行的结果，即施工质量是否达到标准的要求，并对此进行评价和确认。

（4）处理（Action）

处理是在检查的基础上，把成功的经验加以肯定，形成标准，以利于在今后的工作中以此成为处理的依据，巩固成果，克服缺点，吸取教训，避免重犯错误，对于尚未解决的问题，则留到下一次循环再加以解决。

质量管理的全过程是反复按照 PDCA 的循环周而复始地运转，每运转一次，工程质量就提高一步。PDCA 循环具有大环套小环、互相衔接、互相促进、螺旋式上升、完整的循环和推动 PDCA 循环等特点。

二、施工企业质量管理体系的建立和运行

1. 质量管理原则的意义

对一个组织的管理者，若想成功地领导和经营其组织，需要采用一种系统的、透明的方式对其组织进行管理。针对所有相关方的需求，实施并保持持续改进组织业绩的管理体系，可以使组织获得成功。一个组织的管理涉及多方面，如质量管理、环境管理、职业健康与安全管理、财务管理等。质量管理是组织各项管理的内容之一，也是组织管理的重要组成部分。

为了更有效地指导组织实施质量管理，帮助组织实现预期的质量方针和质量目标，必须有一套完善的、行之有效的、普遍适用的并且能在全世界范围被接受的质量管理理论。

2. 质量管理原则的内容

我国 GB/T 19000—2000 质量管理体系标准中，质量管理原则分为 8 个方面。

①以顾客为关注焦点。组织（从事一定范围生产经营活动的企业）依存于顾客。因此，组织应当理解顾客当前和未来的需求，满足顾客要求并争取超越顾客期望。

②领导作用。领导者建立组织统一的宗旨及方向，他们应当创造并保持使员工能充分参与实现组织目标的内部环境。

③全员参与原则。各级人员是组织之本，只有他们的充分参与，才能使他们的才干为组织带来收益。

④过程方法。将活动和相关资源作为过程进行管理，可以更高效地得到期望的结果。

⑤管理的系统方法。将相互关联的过程作为系统加以识别、理解和管理，有助于组织提高实现目标的有效性和效率。

⑥持续改进。持续改进整体业绩是组织的一个永恒的目标。

⑦基于事实的决策方法。有效的决策应建立在数据和信息分析的基础上。

⑧与供方互利的关系。组织与供方建立相互依存的、互利的关系可增强双方创造价值的能力。

3. 施工企业质量管理体系文件的构成

企业应有完整和科学的质量体系文件，这是企业开展质量管理和质量保证的基础，也是企业为达到所要求的产品质量，实施质量体系审核、质量体系认证、进行质量改进的重要依据。质量管理体系的文件主要由质量手册、程序文件、质量计划和质量记录等构成。

（1）质量手册

质量手册是阐明一个企业的质量政策、质量体系和质量实践的文件，是质量文件中重要的文件，是实施和保持质量体系过程中长期遵循的纲领性文件。质量手册的主要内容包括企业的质量方针、质量目标，组织机构和质量职责，各项质量活动的基本控制程序或体系要素，质量评审、修改和控制管理办法。

（2）程序文件

程序文件是质量手册的支持性文件，是企业落实质量管理工作而建立的各项管理标准、规章制度，是企业各职能部门为贯彻落实质量手册要求而规定的实施细则。程序文件一般至少应包括文件控制程序、质量记录管理程序、不合格品控制程序、内部审核程序、预防措施控制程序、纠正措施控制程序等。

（3）质量计划

质量计划是为了确保过程的有效运行和控制，在程序文件的指导下，针对特定的产品、过程、合同或项目而制定出的专门质量措施和活动顺序的文件。质量计划的内容包括：应达到的质量目标；该项目各阶段的责任和权限；应采用的特定程序、方法、作业指导书；有关阶段的实验、检验和审核大纲；随项目的进展而修改和完善质量计划的方法；为达到质量目标必须采取的其他措施。

（4）质量记录

质量记录是产品质量水平和质量体系中各项质量活动进行及结果的客观反映，是证明各阶段产品质量达到要求和质量体系运行有效的证据。

4. 施工企业质量管理体系的建立与运行

质量管理体系是建立质量方针和质量目标并实现这些目标的体系。建立完善的质量体系并使之有效的运行，是企业质量管理的核心，也是贯彻质量管理和质量保证标准的关键。质量管理体系的建立和运行一般可分为 3 个阶段，即质量管理体系的建立、质量管理体系文件的编制和质量管理体系的实施运行。

（1）质量管理体系的建立

质量管理体系的建立是企业根据质量管理体系 8 项原则，在确定市场及顾客需求的前提下，制定的企业质量的质量方针、质量目标、质量手册、程序文件和质量记录等体系文件，并将质量目标落实到相关层次、相关岗位的职能和职责中，形成企业质量管理体系执行系统的一系列工作。

（2）质量体系文件编制

质量体系文件编制是质量管理体系的重要组成部分，也是企业进行质量管理和质量保证的基础。编制质量体系文件是建立和保持体系有效运行的重要基础工作。编制的质量体系文件包括质量手册、质量计划、质量体系程序、详细作业文件和质量记录。

（3）质量体系的运行

质量体系的运行是在生产及服务的全过程按质量管理文件体系制定的程序、标准、工作要求及目标分解的岗位职责进行操作运行。

5. 质量管理体系认证与监督

（1）质量管理体系认证的程序

质量管理体系认证由具有公正的第三方认证机构依据质量管理体系的要求标准，审核企业质量管理体系要求的符合性和实施的有效性，进行独立、客观、科学、公正的评价，得出结论。认证应按申请、审核、审批与注册发证等程序进行。

（2）获准认证后的监督管理

企业获准认证的有效期为 3 年。企业获准认证后，应经常性地进行内部审核，保持质量管理体系的有效性，并接受认证机构对企业质量管理体系实施的监督管理。获准认证后监督管理工作的主要内容有企业通报、监督检查、认证注销、认证暂停、认证撤销、复评及重新换证等。

任务三　施工质量控制的内容与方法

内容概要

1. 施工质量控制的基本环节。
2. 施工质量控制的依据。
3. 施工质量控制的基本内容和方法。
4. 施工质量控制的准备工作。
5. 现场施工准备的质量控制。
6. 材料、施工机械设备的质量控制。
7. 施工过程的质量控制。
8. 特殊过程的质量控制。
9. 工程施工质量验收的规定与方法。

一、施工质量控制

1. 施工质量控制的基本环节

施工质量控制应贯彻全面全过程质量管理的思想，运用动态控制原理，进行质量的事前控制、事中控制和事后控制。

（1）事前质量控制

事前质量控制即在正式施工前进行的事前主动质量控制，通过编制施工质量计划，明确质量目标，制定施工方案，设置质量管理点，落实质量责任，分析可能导致质量目标偏离的各种影响因素，针对这些影响因素制定有效的预防措施，防患于未然。

（2）事中质量控制

事中质量控制指在施工过程中，对影响施工质量的各种因素进行全面的动态控制。事中控制首先是对质量活动的行为约束，其次是对质量活动过程和结果的监督控制。事中控制的关键是坚持质量标准，控制的重点是工序质量、工作质量和质量控制点的控制。

（3）事后质量控制

事后质量控制也称为事后质量把关，以使不合格的工序或最终产品（包括单位工程或整个工程项目）不流入下道工序、不进入市场。事后质量控制包括对质量活动结果的评价、认定和对质量偏差的纠正。控制的重点是发现施工质量方面的缺陷，并通过分析提出施工质量改进的措施，保持质量处于受控状态。

以上三大环节不是互相孤立和截然分开的，它们共同构成有机的系统过程，实质上也就是质量管理 PDCA 循环的具体化，在每一次滚动循环中不断提高，达到质量管理和质量控制的持续改进。

2. 施工质量控制的依据

（1）共同性依据

共同性依据指适用于施工阶段、且与质量管理有关的通用的、具有普遍指导意义和必须遵守的基本条件。主要包括：工程建设合同；设计文件、设计交底及图纸会审记录、设计修改和技术变更等；国家和政府有关部门颁布的与质量管理有关的法律和法规性文件，如《建筑法》、《招标投标法》和《质量管理条例》等。

（2）专门技术法规性依据

专门技术法规性依据指针对不同的行业、不同质量控制对象制定的专门技术法规文件，包括规范、规程、标准、规定等。如工程建设项目质量检验评定标准，有关建筑材料、半成品和构配件的质量方面的专门技术法规性文件，有关材料验收、包装和标志等方面的技术标准和规定，施工工艺质量等方面的技术法规性文件，有关新工艺、新技术、新材料、新设备的质量规定和鉴定意见等。

3. 施工质量控制的基本内容和方法

（1）质量文件审核

审核有关技术文件、报告或报表是项目经理对工程质量进行全面管理的重要手段。这些文件包括：①施工单位的技术资质证明文件和质量保证体系文件；②施工组织设计和施工方案及技术措施；③有关材料和半成品及构配件的质量检验报告；④有关应用新技术、新工艺、新材料的现场试验报告和鉴定报告；⑤反映工序质量动态的统计资料或控制图表；⑥设计变更和图纸修改文件；⑦有关工程质量事故的处理方案；⑧相关方面在现场签署的有关技术签证和文件等。

（2）现场质量检查

现场质量检查的内容包括：①开工前的检查，主要检查是否具备开工条件，开工后是否能够保持连续正常施工，能否保证工程质量；②工序交接检查，对于重要的工序或对工程质量有重大影响的工序，应严格执行“三检”制度，即自检、互检、专检，未经监理工程师（或建设单位技术负责人）检查认可，不得进行下道工序施工；③隐蔽工程的检查，施工中凡是隐蔽工程必须检查认证后方可进行隐蔽掩盖；④停工后复工的检查，因客观因素停工或处理质量事故等停工复工时，经检查认可后方能复工；⑤分项分部工程完工后的检查，应经检查认可，并签署验收记录后，才能进行下一工程项目的施工；⑥成品保护的检查，检查成品有无保护措施以及保护措施是否有效可靠。

现场质量检查的方法主要有目测法、实测法和试验法等。

目测法即凭借感官进行检查，也称观感质量检验。其手段可概括为“看、摸、敲、照”4 个字。所谓看，就是根据质量标准要求进行外观检查，例如，清水墙面是否洁净，喷涂的密实度和颜色是否良好、均匀，工人的操作是否正常，内墙抹灰的大面及口角是否平直，混凝土外观是否符合要求等；所谓摸，就是通过触摸手感进行检查、鉴别，例如，油漆的光滑度，浆活是否牢固、不掉粉等；所谓敲，就是运用敲击工具进行音感检查，例如，对地面工程、装饰工程中的水磨石、面砖、石材饰面等，均应进行敲击检查；所谓照，就是通过人工光源或反射光照射，检查难以看到或光线较暗的部位，例如，管道井、电梯井等内的管线、设备安装质量，装饰吊顶内连接及设备安装质量等。

实测法就是通过实测数据与施工规范、质量标准的要求及允许偏差值进行对照，以此判断质量是否符合要求。其手段可概括为“靠、量、吊、套”4 个字。所谓靠，就是用直尺、塞尺检查诸如墙面、地面、路面等的平整度；所谓量，就是指用测量工具和计量仪表等检查断面尺寸、轴线、标高、湿度、温度等的偏差，例如，大理石板拼缝尺寸与超差数量、摊铺沥青拌合料的温度、混凝土坍落度的检测等；所谓吊，就是利用托线板以及线锤吊线检查垂直度，例如，砌体垂直度检查、门窗的安装等；所谓套，是以方尺套方，辅以塞尺检查，例如，对阴阳角的方正、踢脚线的垂直度、预制构件的方正、门窗口及构件的对角线检查等。

试验法是指通过必要的试验手段对质量进行判断的检查方法，主要包括理化试验和无损检测。

工程中常用的理化试验包括物理力学性能方面的检验和化学成分及其含量的测定两个方面。力学性能的检验包括：各种力学指标的测定，如抗拉强度、抗压强度、抗弯强度、抗折强度、冲击韧性、硬度、承载力等；各种物理性能方面的测定，如密度、含水量、凝结时间、安定性及抗渗、耐磨、耐热性能等；化学成分及其含量的测定如钢筋中的磷、硫含量，混凝土中粗骨料中的活性氧化硅成分，以及耐酸、耐碱、抗腐蚀性等。此外，根据规定有时还须进行现场试验，例如，对桩或地基的静载试验、下水管道的通水试验、供热管道的压力试验、防水层的蓄水或淋水试验等。

无损检测是指人利用专门的仪器仪表表面探测结构物、材料、设备的内部组织结构或损伤情况。常用的无损检测方法有超声波探伤、X 射线探伤、γ射线探伤等。

二、施工准备的质量控制

1. 施工质量控制的准备工作

（1）工程项目划分

一个建设工程从施工准备开始到竣工交付使用，要经过若干工序、工种的配合施工。施工质量的优劣，取决于各个施工工序、工种的管理水平和操作质量。因此，为了便于控制、检查、评定和监督每个工序和工种的工作质量，就要把整个工程逐级划分为单位工程、分部工程、分项工程和检验批，并分级进行编号，据此来进行质量控制和检查验收，这是进行施工质量控制的一项重要基础工作。

从建筑工程施工质量验收的角度来说，项目划分的要求如下。

①工程项目应逐级划分为单位（子单位）工程、分部（子分部）工程、分项工程和检验批。

②单位工程的划分应按下列原则确定：具备独立施工条件并能形成独立使用功能的建筑物或构筑物为一个单位工程；建筑规模较大的单位工程，可将其能形成独立使用功能的部分划为若干个子单位工程。

③分部工程的划分应按下列原则确定：分部工程的划分应按专业性质、建筑部位确定；当分部工程较大或较复杂时，可按材料种类、施工特点、施工程序、专业系统及类别等划分为若干子分部工程。

④分项工程应按主要工种、材料、施工工艺、设备类别等进行划分。

⑤分项工程可由一个或若干个检验批组成，检验批可根据施工及质量控制和专业验收需要按楼层、施工段、变形缝等进行划分。

⑥室外工程可根据专业类别和工程规模划分单位（子单位）工程。一般室外单位工程可划分为室外建筑环境工程和室外安装工程。

（2）技术准备的质量控制

技术准备是指在正式开展施工作业活动前进行的技术准备工作。这类工作内容繁多，主要在室内进行。例如，熟悉施工图纸，进行详细的设计交底和图纸审查；进行工程项目划分和编号；细化施工技术方案和施工人员、机具的配置方案；编制施工作业技术指导书；绘制各种施工详图（如测量放线图、大样图及配筋、配板、配线图表等）；进行必要的技术交底和技术培训。技术准备的质量控制，包括对上述技术准备工作检查，检查这些成果是否符合相关技术规范、规程的要求和对施工质量的保证程度，制定质量控制计划，设置质量控制点，明确关键部位的质量管理点，等等。

2. 现场施工准备的质量控制

（1）工程定位和标高基准的控制

工程测量放线是建设工程产品由设计转化为实物的第一步。施工测量质量的好坏直接决定工程的定位和标高是否正确，并且制约施工过程有关工序的质量。因此，施工单位必须对建设单位提供的原始坐标点、基准线和水准点等测量控制点进行复核，并将复测结果上报监理工程师审核，批准后施工单位才能建立施工测量控制网，进行工程定位和标高基准的控制。

（2）施工平面布置的控制

建设单位应按照合同约定并考虑施工单位施工的需要，事先划定并提供施工用地和现场临时设施用地的范围。施工单位要合理科学地规划使用好施工场地，保证施工现场的道路畅通、材料的堆放合理、防洪排水能力良好、给水和供电设施充分以及机械设备的安装布置正确。应制订施工场地质量管理制度，并做好施工现场的质量检查记录。

3. 材料的质量控制

建筑工程采用的主要材料、半成品、成品、建筑构配件等（统称“材料”，下同）均应进行现场验收。凡涉及工程安全及使用功能的有关材料，应按各专业工程质量验收规范规定进行复验，并应经监理工程师（建设单位技术负责人）检查认可。为了保证工程质量，施工单位应从以下几个方面把好原材料的质量控制关。

（1）采购订货关

施工单位应制定合理的材料采购供应计划，在广泛掌握市场材料信息的基础上，优选材料的生产单位或者销售总代理单位（简称材料供货商），建立严格的合格供应方资格审查制度，确保采购订货的质量。

①材料供货商对下列材料必须提供《生产许可证》：钢筋混凝土用热轧带肋钢筋、冷轧带肋钢筋、预应力混凝土用钢材（钢丝、钢棒和钢绞线）、建筑防水卷材、水泥、建筑外窗、建筑幕墙、建筑钢管脚手架扣件、人造板、铜及铜合金管材、混凝土输水管、电力电缆等材料产品。

②材料供货商对下列材料必须提供《建材备案证明》：水泥、商品混凝土、商品砂浆、混凝土掺合料、混凝土外加剂、烧结砖、砌块、建筑用砂、建筑用石、排水管、给水管、电工套管、防水涂料、建筑门窗、建筑涂料、饰面石材、木制板材、沥青混凝土、三渣混

合料等材料产品。

③材料供货商要对外墙外保温、外墙内保温材料实施建筑节能材料备案登记。

④材料供货商要对下列产品实施强制性产品认证（简称 CCC，或 3C 认证）：建筑安全玻璃（包括钢化玻璃、夹层玻璃、（安全）中空玻璃）、瓷质砖、混凝土防冻剂、溶剂型木器涂料、电线电缆、断路器、漏电保护器、低压成套开关设备等产品。

⑤除上述材料或产品外，材料供货商对其他材料或产品必须提供出厂合格证或质量证明书。

（2）进场检验关

施工单位必须进行下列材料的抽样检验或试验，合格后才能使用。

①水泥物理力学性能检验。同一生产厂、同一等级、同一品种、同一批号且连续进场的水泥，袋装不超过 200 吨为一检验批，散装不超过 500 吨为一检验批，每批抽样不少于一次。取样应在同一批水泥的不同部位等量采集，取样点不少于 20 个点，并应具有代表性，且总重量不少于 12 kg。

②钢筋（含焊接与机械连接）力学性能检验。同一牌号、同一炉罐号、同一规格、同一等级、同一交货状态的钢筋，每批不大于 60 吨。从每批钢筋中抽取 5%进行外观检查。力学性能试验从每批钢筋中任选 2 根钢筋，每根取 2 个试样分别进行拉伸试验（包括屈服点、抗拉强度和伸长率）和冷弯试验。

钢筋闪光对焊、电弧焊、电渣压力焊、钢筋气压焊，在同一台班内，由同一焊工完成的 300 个同级别、同直径钢筋焊接接头应作为一批；封闭环式箍筋闪光对焊接头，以 600 个同牌号、同规格的接头作为一批，只做拉伸试验。

③砂、石常规检验。购货单位应按同产地同规格分批验收。用火车、货船或汽车运输的，以 400 m^3 或 600 吨为一验收批，用马车运输的，以 200 m^3 或 300 吨为一验收批。

④混凝土、砂浆强度检验。每拌制 100 盘且不超过 100 m^3 的同配合比的混凝土取样不得少于一次。当一次连续浇筑超过 1 000 m^3 时，同配合比的混凝土每 200 m^3 取样不得少于一次。同条件养护试件的留置组数，应根据实际需要确定。同一强度等级的同条件养护试件，其留置数量应根据混凝土工程量和重要性确定，为 3～10 组。

⑤混凝土外加剂检验。混凝土外加剂是由混凝土生产厂根据产量和生产设备条件，将产品分批编号，掺量大于 1%（含 1%）同品种的外加剂每一编号为 100 吨，掺量小于 1%的外加剂每一编号为 50 吨，同一编号的产品必须是混合均匀的。其检验费由生产厂自行负责。建设单位只负责施工单位自拌的混凝土外加剂的检测费用，但现场不允许自拌大量的混凝土。

⑥沥青、沥青混合料检验。沥青卷材和沥青：同一品种、牌号、规格的卷材，抽验数量为 1 000 卷抽取 5 卷；500～1 000 卷抽取 4 卷；100～499 卷抽取 3 卷；小于 100 卷抽取 2 卷。同一批出厂，同一规格标号的沥青以 20 吨为一个取样单位。

⑦防水涂料检验。同一规格、品种、牌号的防水涂料，每 10 吨为一批，不足 10 吨者

按一批进行抽检。

（3）存储和使用关

施工单位必须加强材料进场后的存储和使用管理，避免材料变质（如水泥的受潮结块、钢筋的锈蚀等）和使用规格、性能不符合要求的材料造成工程质量事故。例如，混凝土工程中使用的水泥，因保管不妥，放置时间过久，受潮结块就会失效。使用不合格或失效的劣质水泥，就会对工程质量造成危害。某住宅楼工程中使用了未经检验的安定性不合格的水泥，导致现浇混凝土楼板拆模后出现了严重的裂缝，随即对混凝土强度检验，结果其结构强度达不到设计要求，造成返工。在混凝土工程中由于水泥品种的选择不当或外加剂的质量低劣及用量不准同样会引起质量事故。如某学校的教学综合楼工程，在冬期进行基础混凝土施工时，采用火山灰质硅酸盐水泥配制混凝土，因工期要求较紧又使用了未经复试的不合格早强防冻剂，结果导致混凝土结构的强度不能满足设计要求，不得不返工重做。因此，施工单位既要做好对材料的合理调度，避免现场材料的大量积压，又要做好对材料的合理堆放，并正确使用材料，在使用材料时进行及时的检查和监督。

4. 施工机械设备的质量控制

施工机械设备的质量控制，就是要使施工机械设备的类型、性能、参数等与施工现场的实际条件、施工工艺、技术要求等因素相匹配，符合施工生产的实际要求。其质量控制主要从机械设备的选型、主要性能参数指标的确定和使用操作要求等方面进行。

（1）机械设备的选型

机械设备的选型，应按照技术上先进、生产上适用、经济上合理、使用上安全、操作上方便的原则进行。选配的施工机械应具有工程的适用性、具有保证工程质量的可靠性、具有使用操作的方便性和安全性。

（2）主要性能参数指标的确定

主要性能参数是选择机械设备的依据，其参数指标的确定必须满足施工的需要和保证质量的要求。只有正确的确定主要的性能参数，才能保证正常的施工，不致引起安全质量事故。

（3）使用操作要求

合理使用机械设备、正确地进行操作，是保证项目施工质量的重要环节。应贯彻“人机固定”原则，实行定机、定人、定岗位职责的使用管理制度。在使用中严格遵守操作规程和机械设备的技术规定，做好机械设备的例行保养工作，使机械保持良好的技术状态，防止出现安全质量事故，确保工程施工质量。

三、施工过程的质量控制

1. 技术交底

做好技术交底是保证施工质量的重要措施之一。项目开工前应由项目技术负责人向承担施工的负责人或分包人进行技术交底，技术交底资料应办理签字手续并归档保存。每一分部工程开工前均应进行作业技术交底。技术交底书应由施工项目技术人员编制，并经项目技术负责人批准实施。技术交底的内容主要包括任务范围、施工方法、质量标准和验收标准、施工中应注意的问题、可能出现意外的措施及应急方案、文明施工和安全防护措施以及成品保护要求等。技术交底应围绕施工材料、机具、工艺、工法、施工环境和具体的管理措施等方面进行，应明确具体的步骤、方法、要求和完成的时间等。技术交底的形式有书面、口头、会议、挂牌、样板、示范操作等。

2. 测量控制

项目开工前应编制测量控制方案，经项目技术负责人批准后实施。对相关部门提供的测量控制点应做好复核工作，经审批后进行施工测量放线，并保存测量记录。在施工过程中应对设置的测量控制点线妥善保护，不准擅自移动；同时在施工过程中必须认真进行施工测量复核工作，这是施工单位应履行的技术工作职责，其复核结果应报送监理工程师复验确认后，方能进行后续相关工序的施工。常见的施工测量复核有以下内容。

①工业建筑测量复核：厂房控制网测量、桩基施工测量、柱模轴线与高程检测、厂房结构安装定位检测、设备基础与预埋螺栓定位检测等。

②民用建筑的测量复核：建筑物定位测量、基础施工测量、墙体皮数杆检测、楼层轴线检测、楼层间高程传递检测等。

③高层建筑测量复核：建筑场地控制测量、基础以上的平面与高程控制、建筑物中垂准检测、建筑物施工过程中沉降变形观测等。

④管线工程测量复核：管网或输配电线路定位测量、地下管线施工检测、架空管线施工检测、多管线交汇点高程检测等。

3. 计量控制

计量控制是保证工程项目质量的重要手段和方法，是施工项目开展质量管理的一项重要基础工作。施工过程中的计量工作，包括施工生产时的投料计量、施工测量、监测计量以及对项目、产品或过程的测试、检验、分析计量等。其主要任务是统一计量单位制度，组织量值传递，保证量值统一。计量控制的工作重点是：建立计量管理部门和配置计量人员；建立健全和完善计量管理的规章制度；严格按规定有效控制计量器具的使用、保管、维修和检验；监督计量过程的实施，保证计量的准确。

4. 工序施工质量控制

施工过程是由一系列相互联系与制约的工序构成，工序是人、材料、机械设备、施工方法和环境因素对工程质量综合起作用的过程，所以对施工过程的质量控制，必须以工序质量控制为基础和核心。因此，工序的质量控制是施工阶段质量控制的重点。只有严格控

制工序质量，才能确保施工项目的实体质量。工序施工质量控制主要包括工序施工条件质量控制和工序施工效果质量控制。

（1）工序施工条件控制

工序施工条件是指从事工序活动的各生产要素质量及生产环境条件。工序施工条件控制就是控制工序活动的各种投入要素质量和环境条件质量。控制的手段主要有检查、测试、试验、跟踪监督等。控制的依据主要是设计质量标准、材料质量标准、机械设备技术性能标准、施工工艺标准以及操作规程等。

（2）工序施工效果控制

工序施工效果主要反映工序产品的质量特征和特性指标。对工序施工效果的控制就是控制工序产品的质量特征和特性指标能否达到设计质量标准以及施工质量验收标准的要求。工序施工质量控制属于事后质量控制，其控制的主要途径是：实测获取数据、统计分析所获取的数据、判断认定质量等级和纠正质量偏差。按有关施工验收规范规定，下列工程质量必须进行现场质量检测，合格后才能进行下道工序。

①地基基础工程。

a．地基及复合地基承载力静载检测。对于地基基础设计等级为甲级或地质条件复杂、成桩质量可靠性低的灌筑桩，应采用静载荷试验的方法进行检验，检验桩数不应少于总数的 1%，且不应少于 3 根。

b．桩的承载力检测。设计等级为甲级、乙级的桩基或地质条件复杂、桩施工质量可靠性低、本地区采用的新桩型或新工艺的桩基应进行桩的承载力检测。检测数量在同一条件下不应少于 3 根，且不宜少于总桩数的 1%。

c．桩身完整性检测。根据设计要求，检测桩身缺陷及其位置，判定桩身完整性类别，采用低应变法。判定单桩竖向抗压承载力是否满足设计要求；检测桩身缺陷及其位置，判定桩身完整性类别；分析桩侧和桩端阻力，采用高应变法。

②主体结构工程。

a．混凝土、砂浆、砌体强度现场检测。检测同一强度等级同条件养护的试块强度，以此检测结果代表工程实体的结构强度。

混凝土：按统计方法评定混凝土强度时，同一强度等级的同条件养护试件的留置数量不宜少于 10 组；按非统计方法评定混凝土强度时，留置数量不应少于 3 组。

砂浆抽检数量：每一检验批且不超过 250 m^3 砌体的各种类型及强度等级的砌筑砂浆，每台搅拌机应至少抽检一次。

砌体：普通砖 15 万块、多孔砖 5 万块、灰砂砖及粉灰砖 10 万块各为一检验批，抽检数量为一组。

b．钢筋保护层厚度检测。钢筋保护层厚度检验的结构部位，应由监理（建设）、施工等各方根据结构构件的重要性共同选定。对梁类、板类构件，应各抽取构件数量的 2%且不少于 5 个构件进行检验。

c. 混凝土预制构件结构性能检测。对成批生产的构件，应按同一工艺正常生产的不超过 1 000 件且不超过 3 个月的同类型产品为一批。在每批中应随机抽取一个构件作为试件进行检验。

③建筑幕墙工程。

a. 铝塑复合板的剥离强度检测。

b. 石材的弯曲强度，室内用花岗石的放射性检测。

c. 玻璃幕墙用结构胶的邵氏硬度、标准条件拉伸粘结强度、相容性试验；石材用结构胶粘结强度及石材用密封胶的污染性检测。

d. 建筑幕墙的气密性、水密性、风压变形性能、层间变位性能检测。

e. 硅酮结构胶相容性检测。

④钢结构及管道工程。

a. 钢结构及钢管焊接质量无损检测。对有无损检验要求的焊缝，竣工图上应标明焊缝编号、无损检验方法、局部无损检验焊缝的位置、底片编号、热处理焊缝位置及编号、焊缝补焊位置及施焊焊工代号。焊缝施焊记录及检查、检验记录应符合相关标准的规定。

b. 钢结构、钢管防腐及防火涂装检测。

c. 钢结构节点、机械连接用紧固标准件及高强螺栓力学性能检测。

5. 特殊过程的质量控制

特殊过程是指该施工过程或工序的施工质量不易或不能通过其后的检验和试验而得到充分的验证，或者万一发生质量事故则难以挽救的施工过程。特殊过程的质量控制是施工阶段质量控制的重点。对在项目质量计划中界定的特殊过程，应设置工序质量控制点，抓住影响工序施工质量的主要因素进行强化控制。

（1）选择质量控制点的原则

质量控制点的选择应以那些保证质量的难度大、对质量影响大或是发生质量问题时危害大的对象进行设置。选择的原则是：对工程质量形成过程产生直接影响的关键部位、工序或环节及隐蔽工程；施工过程中的薄弱环节，或者质量不稳定的工序、部位或对象；对下道工序有较大影响的上道工序；采用新技术、新工艺、新材料的部位或环节；施工上无把握的、施工条件困难的或技术难度大的工序或环节；用户反馈指出和过去有过返工的不良工序。

根据上述选择质量控制点的原则，就建筑工程而言其质量控制点的位置一般可参考表 5-1 设置。

表 5-1 质量控制点的设置位置

分 项 工 程	质量控制点
工程测量定位	标准轴线桩、水平桩、龙门板、定位轴线、标高
地基、基础（含设备基础）	基坑（槽）尺寸、标高、土质、地基承载力，基础垫层标高，基础位置、尺寸、标高，预埋件、预留洞孔的位置、标高、规格、数量，基础杯口弹线
砌体	砌体轴线，皮数杆，砂浆配合比，预留洞孔、预埋件的位置数量，砌块排列
模板	位置、标高、尺寸，预留洞孔位置、尺寸，预埋件的位置，模板的强度、刚度和稳定性，模板内部清理及润湿情况
钢筋混凝土	水泥品种、强度等级，砂石质量，混凝土配合比，外加剂比例，混凝土振捣，钢筋品种、规格、尺寸、搭接长度，钢筋焊接、机械连接，预留洞孔及预埋件规格、位置、尺寸、数量，预制构件吊装或出厂（脱模）强度，吊装位置、标高、支承长度、焊缝长度
吊装	吊装设备的起重能力、吊具、索具、地锚
钢结构	翻样图、放大样
焊接	焊接条件、焊接工艺
装修	视具体情况而定

（2）质量控制点中重点控制的对象

质量控制点的选择要准确、有效，要根据对重要质量特性进行重点控制的要求，选择质量控制的重点部位、重点工序和重点的质量因素作为质量控制的对象，进行重点控制和预控，从而有效进行质量控制，保证施工质量。可作为质量控制点的重点控制对象主要包括以下几个方面。

①人的行为。某些操作或工序，应以人为重点的控制对象，如高空、高温、水下、易燃易爆、重型构件吊装作业以及操作要求的工序和技术要求难度大的工序等，都应从人的生理、心理、技术能力等方面进行控制。

②材料的质量与性能。它是直接影响工程质量的重要因素，对某些工程应作为控制的重点。例如，钢筋混凝土构件的质量就是依靠其组成材料的质量来保证的。工程中对进水泥不检查核对出厂合格证，不按要求进行强度和安定性的复试，使用不合格的水泥配制混凝土，就会造成混凝土的强度偏低，导致浇筑的构件裂缝和破坏。

③施工方法与关键操作。某些直接影响工程质量的操作应作为控制的重点，如预应力钢筋的张拉工艺操作过程及张拉力的控制，是可靠地建立预应力值和保证预应力构件的关键过程。同时，那些易对工程质量产生重大影响的施工方法，也应列为控制的重点，如大模板施工中模板的稳定和组装问题、液压滑模施工时支承杆稳定问题、升板法施工中提升差的控制等，一旦施工方法不当或控制不严，都会引起重大的质量事故。

④施工技术参数。如混凝土的外加剂掺量、水灰比，回填土的含水量，砌体的砂浆饱满度，防水混凝土的抗渗等级，钢筋混凝土结构的实体检测结果及混凝土冬期施工受冻临界强度等技术参数都是质量控制的重要指标。

⑤技术间歇。有些工序之间必须留有必要的技术间歇时间，例如，砌筑与抹灰之间，应在墙体砌筑后留 6～10 天时间，让墙体充分沉陷、稳定、干燥，再抹灰，抹灰层干燥后，

才能喷白、刷浆；混凝土浇筑与模板拆除之间，应保证混凝土有一定的硬化时间，达到规定拆模强度后方可拆除等。

⑥施工顺序。对于某些工序之间必须严格控制先后的施工顺序，比如对冷拉的钢筋应当先焊接后冷拉，否则会失去冷强；屋架的安装固定，应采取对角同时施焊方法，否则会由于焊接应力导致校正好的屋架发生倾斜。

⑦易发生或常见的质量通病。例如，混凝土工程的蜂窝、麻面、空洞，墙、地面、屋面防水工程渗水、漏水、空鼓、起砂、裂缝等，都与工序操作有关，均应事先研究对策，提出预防措施。

⑧新技术、新材料及新工艺的应用。由于缺乏经验，施工时应将其作为重点进行控制。

⑨产品质量不稳定和不合格率较高的工序应列为重点，认真分析、严格控制。

⑩特殊地基或特种结构。对于湿陷性黄土、膨胀土、红黏土等特殊土地基的处理以及大跨度结构、高耸结构等技术难度较大的施工环节和重要部位，均应予以特别的重视。

（3）特殊过程质量控制的管理

除按一般过程质量控制的规定执行外，还应由专业技术人员编制作业指导书，经项目技术负责人审批后执行。作业前施工员、技术员做好交底和记录，使操作人员在明确工艺标准、质量要求的基础上进行作业。为保证质量控制点的目标实现，应严格按照三级检查制度进行检查控制。在施工中发现质量控制点有异常时，应立即停止施工，召开分析会，查找原因采取对策予以解决。

6. 成品保护的控制

所谓成品保护一般是指在项目施工过程中，某些部位已经完成，而其他部位还在施工，在这种情况下，施工单位必须负责对已完成部分采取妥善的措施予以保护，以免因成品缺乏保护或保护不善而造成损伤或污染，影响工程的实体质量。加强成品保护，首先要加强教育，提高全体员工的成品保护意识；同时要合理安排施工顺序，采取有效的保护措施。

成品保护的措施一般有防护（就是提前保护，针对被保护对象的特点采取各种保护的措施，防止对成品的污染及损坏）、包裹（就是将被保护物包裹起来，以防损伤或污染）、覆盖（就是用表面覆盖的方法，防止堵塞或损伤）、封闭（就是采取局部封闭的办法进行保护）等几种方法。

四、工程施工质量验收的规定与方法

工程施工质量验收是施工质量控制的重要环节，也是保证工程施工质量的重要手段，它包括施工过程的工程质量验收和施工项目竣工质量验收两个方面。

1. 施工过程的工程质量验收

施工过程的工程质量验收是在施工过程中，在施工单位自行质量检查评定的基础上，参与建设活动的有关单位共同对检验批、分项、分部、单位工程的质量进行抽样复验，根据相关标准以书面形式对工程质量达到合格与否做出确认。

（1）检验批质量验收规定

检验批质量验收合格应符合下列规定。

①主控项目和一般项目的质量经抽样检验合格。

②具有完整的施工操作依据、质量检查记录。

检验批是工程验收的最小单位，是分项工程乃至整个建筑工程质量验收的基础。检验批是施工过程中条件相同并有一定数量的材料、构配件或安装项目，由于其质量基本均匀一致，因此可以作为检验的基础单位，并按批验收。

检验批质量合格的条件有两个方面：资料检查合格、主控项目和一般项目检验合格。

质量控制资料反映了检验批从原材料到最终验收的各施工工序的操作依据、检查情况记录以及保证质量所必需的管理制度等。对其完整性的检查，实际是对过程控制的确认，这是检验批合格的前提。

检验批的合格质量主要取决于对主控项目和一般项目的检验结果。主控项目是对检验批的基本质量起决定性影响的检验项目，因此，必须全部符合有关专业工程验收规范的规定。这意味着主控项目不允许有不符合要求的检验结果，即这种项目的检查具有否决权。鉴于主控项目对基本质量的决定性影响，必须从严要求。

（2）分项工程质量验收规定

分项工程质量验收合格应符合下列规定。

①分项工程所含的检验批均应符合合格质量的规定。

②分项工程所含的检验批的质量验收记录应完整。

分项工程的验收在检验批的基础上进行。一般情况下，两者具有相同或相近的性质，只是批量的大小不同而已。因此，将有关的检验批汇集构成分项工程的检验。分项工程合格质量的条件比较简单，只要构成分项工程的各检验批的验收资料文件完整，并且均已验收合格，则分项工程验收合格。

（3）分部（子分部）工程质量验收规定

分部（子分部）工程质量验收合格应符合下列规定。

①分部（子分部）工程所含分项工程的质量均应验收合格。

②质量控制资料应完整。

③地基与基础、主体结构和设备安装等分部工程有关安全及功能的检验和抽样检测结果应符合有关规定。

④观感质量验收应符合要求。这类检查往往难以定量，只能以观察、触摸或简单量测的方式进行，并由各个人的主观印象判断。检查结果并不给出“合格”或“不合格”的结论，而是综合给出质量评价。对于评价为“差”的检查点应通过返修处理等补救。

分部工程的验收在其所含各分项工程验收的基础上进行。

（4）单位（子单位）工程质量验收规定

单位（子单位）工程质量验收合格应符合下列规定。

①单位（子单位）工程所含分部（子分部）工程的质量均应验收合格。

②质量控制资料应完整。

③单位（子单位）工程所含分部工程有关安全和功能的检测资料应完整。

④主要功能项目的抽查结果应符合相关专业质量验收规范的规定。

⑤观感质量验收应符合要求。

（5）当建筑工程质量不符合要求时的处理

当建筑工程质量不符合要求时，应按下列规定进行处理。

一般情况下，不合格现象在最基层的验收单位——检验批验收时就应发现并及时处理，否则将影响后续批和相关的分项工程、分部工程的验收。因此，所有质量隐患必须尽快消灭在萌芽状态，这是以强化验收促进过程控制原则的体现。非正常情况的处理分以下 4 种情况。

第一种情况，是指在检验批验收时，其主控项目不能满足验收规范或一般项目超过偏差限值的子项不符合检验规定的要求，应及时进行处理的检验批。其中，严重的缺陷应推倒重来；一般的缺陷通过返修或更换器具、设备予以解决，应允许施工单位在采取相应的措施后重新验收。如能够符合相应的专业工程质量验收规范，则应认为该检验批合格。

第二种情况，是指个别检验批发现试块强度等不满足要求等问题，难以确定是否验收时，应请具有资质的法定检测单位检测鉴定。当鉴定结果能够达到设计要求时，该检验批仍应认为通过验收。

第三种情况，如经检测鉴定达不到设计要求，但经原设计单位核算，仍能满足结构安全和使用功能的情况，该检验批可以予以验收。一般情况下，规范标准给出了满足安全和功能的最低限度要求，而设计往往在此基础上留有一些余量。不满足设计要求和符合相应规范标准的要求，两者并不矛盾。

第四种情况，更为严重的缺陷或者超过检验批的更大范围内的缺陷，可能影响结构的安全性和使用功能。若经法定检测单位检测鉴定以后认为达不到规范标准的相应要求，即不能满足最低限度的完全储备和使用功能，则必须按一定的技术方案进行加固处理，使之能保证其满足安全使用的基本要求。这样会造成一些永久性的缺陷，如改变结构外形尺寸、影响一些次要的使用功能等。为了避免社会财富更大的损失，在不影响安全和主要使用功

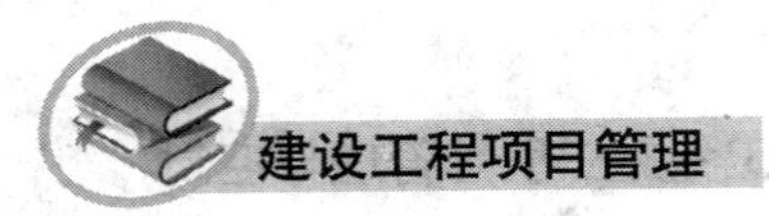

能条件下可按处理技术方案和协商文件进行验收，责任方应承担经济责任，但不能作为轻视质量而回避责任的一种出路，这是应该特别注意的。

通过返修或加固处理仍不能满足安全使用要求的分部工程、单位（子单位）工程，严禁验收。

2. 施工项目竣工质量验收

施工项目竣工质量验收是施工质量控制的最后一个环节，是对施工过程质量控制成果的全面检验，是从终端把关方面进行质量控制。未经验收或验收不合格的工程，不得交付使用。

（1）施工项目竣工质量验收的依据

施工项目竣工质量验收的依据主要包括：上级主管部门的有关工程竣工验收的文件和规定；国家和有关部门颁发的施工规范、质量标准、验收规范；批准的设计文件、施工图纸及说明书；双方签订的施工合同；设备技术说明书；设计变更通知书；有关的协作配合协议书；等等。

（2）施工项目竣工质量验收的要求

①建筑工程施工质量应符合《建筑工程施工质量验收统一标准》（GB 50300—2001）和相关专业验收规范的规定。

②建筑工程施工应符合工程勘察、设计文件的要求。

③参加工程施工质量验收的各方人员应具备规定的资格。

④工程质量的验收均应在施工单位自行检查评定的基础上进行。

⑤隐蔽工程在隐蔽前应由施工单位通知有关单位进行验收，并应形成验收文件。

⑥涉及结构安全的试块、试件以及有关材料，应按规定进行见证取样检测。

⑦检验批的质量应按主控项目和一般项目验收。

⑧对涉及结构安全和使用功能的重要分部工程应进行抽样检测。

⑨承担见证取样检测及有关结构安全检测的单位应具有相应资质。

⑩工程的观感质量应由验收人员通过现场检查，并应共同确认。

（3）施工项目竣工质量验收程序

工程项目竣工验收工作，通常可分为三个阶段，即竣工验收的准备、初步验收（预验收）和正式验收。

①竣工验收的准备。参与工程建设的各方均应做好竣工验收的准备工作。其中建设单位应完成组织竣工验收班子，审查竣工验收条件，准备验收资料，做好建立建设项目档案、清理工程款项、办理工程结算手续等方面的准备工作；监理单位应协助建设单位做好竣工验收的准备工作，督促施工单位做好竣工验收的准备；施工单位应及时完成工程收尾，做好竣工验收资料的准备（包括整理各项交工文件、技术资料并提出交工报告），组织准备工程预验收；设计单位应做好资料整理和工程项目清理等工作。

②初步验收（预验收）。当工程项目达到竣工验收条件后，施工单位在自检合格的基础上，填写工程竣工报验单，并将全部资料报送监理单位，申请竣工验收。监理单位根据施工单位报送的工程竣工报验申请，由总监理工程师组织专业监理工程师，对竣工资料进行审查，并对工程质量进行全面检查，对检查中发现的问题督促施工单位及时整改。经监理单位检查验收合格后，由总监理工程师签署工程竣工报验单，并向建设单位提出质量评估报告。

③正式验收。项目主管部门或建设单位在接到监理单位的质量评估和竣工报验单后，经审查，确认符合竣工验收条件和标准，即可组织正式验收。

竣工验收由建设单位组织，验收组由建设、勘察、设计、施工、监理和其他有关方面的专家组成。验收组可下设若干个专业组。建设单位应当在工程竣工验收 7 个工作日前将验收的时间、地点以及验收组名单书面通知当地工程质量监督站。

召开的竣工验收会议的程序如下：

a. 建设、勘察、设计、施工、监理单位分别汇报工程合同履行情况和在工程建设各个环节执行法律、法规和工程建设强制性标准的情况；

b. 审阅建设、勘察、设计、施工、监理单位的工程档案资料；

c. 实地查验工程质量；

d. 对工程勘察、设计、施工、设备安装质量和各管理环节等方面做出全面评价，形成经验收组人员签署的工程竣工验收意见。

参与工程竣工验收的建设、勘察、设计、施工、监理等各方不能形成一致意见时，应当协商提出解决方法，待意见一致后，重新组织工程竣工验收，必要时可提请建设行政主管部门或质量监督站调解。正式验收完成后，验收委员会应形成《竣工验收鉴定证书》，对验收做出结论，并确定交工日期及办理承发包双方工程价款的结算手续等。

(4)《竣工验收鉴定证书》的内容

《竣工验收鉴定证书》的内容主要包括：验收的时间、验收工作概况、工程概况、项目建设情况、生产工艺及水平和生产设备试生产情况、竣工决算情况、工程质量的总体评价、经济效果评价、遗留问题及处理意见、验收委员会对项目（工程）验收结论。

任务四　施工质量事故处理

内容概要

1. 工程质量事故的概念、分类。
2. 施工质量事故的处理依据、处理程序、基本要求和基本方法。
3. 施工质量政府监督的职能。
4. 施工质量政府监督的实施。

一、工程质量事故的概念与分类

1. 工程质量事故概念

根据我国 GB/T 19000 质量管理体系标准的规定，凡工程产品没有满足某个规定的要求，称为质量不合格；而没有满足某个预期使用要求或合理的期望（包括安全性方面）要求，称为质量缺陷。凡是工程质量不合格，必须进行返修、加固或报废处理，由此造成直接经济损失低于 5 000 元的称为质量问题。凡是工程质量不合格，必须进行返修、加固或报废处理，由此造成直接经济损失在 5 000 元（含 5 000 元）以上的称为质量事故。

2. 工程质量事故的分类

由于工程质量事故具有复杂性、严重性、可变性和多发性的特点，所以建设工程质量事故的分类有多种方法，但一般可按以下条件进行分类。

（1）按事故造成损失严重程度分类

①一般质量事故：指经济损失在 5 000 元（含 5 000 元）以上，不满 5 万元的；或影响使用功能或工程结构安全，造成永久质量缺陷的。

②严重质量事故：指直接经济损失在 5 万元（含 5 万元）以上，不满 10 万元的；或严重影响使用功能或工程结构安全，存在重大质量隐患的；或事故性质恶劣或造成 2 人以下重伤的。

③重大质量事故：指工程倒塌或报废；或由于质量事故，造成人员死亡或重伤 3 人以上；或直接经济损失 10 万元以上。

④特别重大事故：凡具备国务院发布的《特别重大事故调查程序暂行规定》所列发生一次死亡 30 人及其以上，或直接经济损失达 500 万元及其以上，或其他性质特别严重的情况之一均属特别重大事故。

（2）按事故责任分类

①指导责任事故：指由于在工程实施指导或领导失误而造成的质量事故。例如，由于工程负责人片面追求施工进度，放松或不按质量标准进行控制和检验，降低施工质量标准等。

②操作责任事故：指在施工过程中，由于实施操作者不按规程和标准实施操作而造成的质量事故。例如，浇筑混凝土时随意加水，或振捣疏漏造成混凝土质量事故。

（3）按质量事故产生的原因分类

①技术原因引发的质量事故：指在工程项目实施中由于设计、施工在技术上的失误而造成的质量事故。例如，结构设计计算错误，地质情况估计错误，采用了不适宜的施工方法或施工工艺等。

②管理原因引发的质量事故：指管理上的不完善或失误引发的质量事故。例如，施工

单位或监理单位的质量体系不完善，检验制度不严密，质量控制不严格，质量管理措施落实不力，检测仪器设备管理不善而失准，材料检验不严等原因引起的质量事故。

③社会、经济原因引发的质量事故：指由于经济因素及社会上存在的弊端和不正之风引起建设中的错误行为，而导致出现质量事故。例如，某些施工企业盲目追求利润而不顾工程质量，在投标报价中随意压低标价，中标后则依靠违法的手段或修改方案追加工程款，或偷工减料，等等。这些因素往往会导致出现重大工程质量事故，必须予以重视。

二、施工质量事故处理方法

1. 施工质量事故处理的依据

（1）质量事故的实况资料

质量事故的实况资料包括质量事故发生的时间、地点，质量事故状况的描述，质量事故发展变化的情况，有关质量事故的观测记录、事故现场状态的照片或录像，事故调查组研究所获得的第一手资料。

（2）有关合同及合同文件

有关合同及合同文件包括工程承包合同、设计委托合同、设备与器材购销合同、监理合同及分包合同等。

（3）有关的技术文件和档案

有关的技术文件和档案包括有关的设计文件（如施工图纸和技术说明），与施工有关的技术文件、档案和资料（施工方案、施工计划、施工记录、施工日志），有关建筑材料的质量证明资料、现场制备材料的质量证明资料，质量事故发生后对事故状况的观测记录、试验记录或试验报告等。

（4）相关的建设法规

相关的建设法规主要包括《中华人民共和国建筑法》及与工程质量及质量事故处理有关的勘察、设计、施工、监理等单位资质管理方面的法规，从业者资格管理方面的法规，建筑市场方面的法规，建筑施工方面的法规，关于标准化管理方面的法规等。

2. 施工质量事故的处理程序

施工质量事故处理的一般程序如图 5-1 所示。

（1）事故调查

事故发生后，施工项目负责人应按规定的时间和程序，及时向企业报告事故的状况，积极对事故组织调查。事故调查应力求及时、客观、全面，以便为事故的分析与处理提供正确的依据。调查结果，要整理撰写成事故调查报告，主要内容包括工程概况，事故情况，事故发生后所采取的临时防护措施，事故调查中的有关数据、资料，事故原因分析与初步判断，事故处理的建议方案与措施，事故涉及人员与主要责任者的情况等。

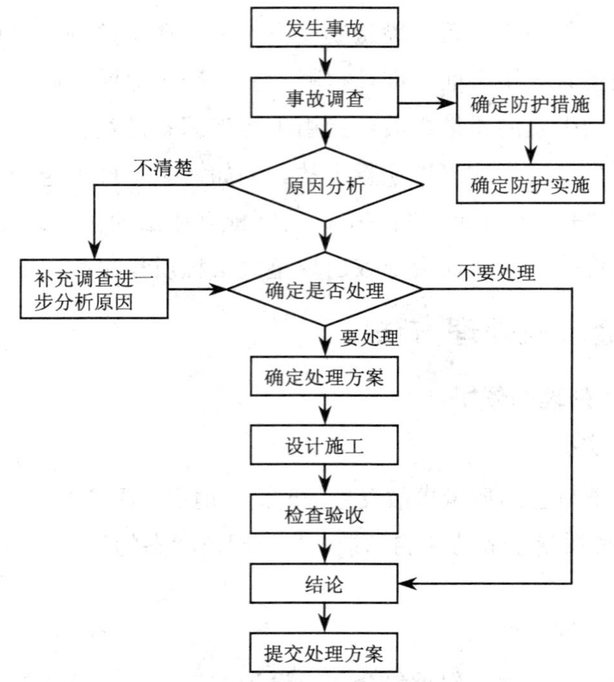

图 5-1　施工质量事故处理的一般程序

（2）事故的原因分析

要建立在事故情况调查的基础上，避免情况不明就主观分析推断事故的原因。特别是对涉及到勘察、设计、施工、材质、使用管理等方面的质量事故，往往事故的原因错综复杂。因此，必须对调查所得到的数据、资料进行仔细的分析，去伪存真，找出造成事故的主要原因。

（3）制定事故处理的方案

事故的处理要建立在原因分析的基础上，并广泛地听取专家及有关方面的意见，经科学论证，决定事故是否进行处理。在制定事故处理方案时，应做到安全可靠、技术可行、不留隐患、经济合理、具有可操作性、满足建筑功能和使用要求。

（4）事故处理

根据制定的质量事故处理方案，对质量事故进行仔细处理，处理的内容主要包括：事故的技术处理，以解决施工质量不合格和缺陷问题；事故的责任处罚，根据事故的性质、损失大小、情节轻重对事故的责任单位和责任人做出相应的行政处分直至追究刑事责任。

（5）事故处理的鉴定验收

质量事故的处理是否达到预期的目的、是否依然存在隐患，应当通过检查鉴定和验收做出确认。事故处理的质量检查鉴定，应严格按施工验收规范和相关的质量标准的规定进行，必要时还应通过实际量测、试验和仪器检测等方法获取必要的数据，以便准确地对事故处理的结果做出鉴定。事故处理后，必须尽快提交完整的事故处理报告，其内容包括事故调查的原始资料、测试的数据，事故原因分析、论证，事故处理的依据，事故处理的方案及技术措施，实施质量处理中有关的数据、记录、资料，检查验收记录，事故处理的结论等。

3. 施工质量事故处理的基本要求

施工质量事故处理的基本要求是：质量事故的处理应达到安全可靠，不留隐患，满足生产和使用要求，施工方便，经济合理的目的；重视消除造成事故的原因；注意综合治理；正确确定处理的范围；正确选择处理的时间和方法；加强事故处理的检查验收工作；认真复查事故的实际情况；确保事故处理期间的安全。

4. 施工质量事故处理的基本方法

（1）修补处理

当工程某些部分的质量虽未达到规定的规范、标准或设计的要求，存在一定的缺陷，但经过修补后可以达到要求的质量标准，又不影响使用功能或外观的要求，可采取修补处理的方法。比如，某些混凝土结构表面出现蜂窝、麻面，经调查分析，该部位经修补处理后，不会影响其使用及外观；对混凝土结构局部出现的损伤，如结构受撞击、局部未振实、冻害、火灾、酸类腐蚀、碱骨料反应等，当这些损伤仅仅在结构的表面或局部，不影响其使用和外观，可进行修补处理。再比如，对混凝土结构出现的裂缝，经分析研究后如果不影响结构的安全和使用时，也可采取修补处理。其具体方法是当裂缝宽度不大于 0. 2 mm 时，采用表面密封法；当裂缝宽度大于 0. 3 mm 时，采用嵌缝密闭法；当裂缝较深时，则应采取灌浆修补的方法。

（2）加固处理

加固处理主要是针对危机承载力缺陷质量事故的处理。通过对缺陷的加固处理，使建筑结构恢复或提高承载力，重新满足结构安全性可靠性的要求，使结构能继续使用或改做其他用途。例如，对混凝土结构常用加固的方法主要有增大截面加固法、外包角钢加固法、粘钢加固法、增设支点加固法、增设剪力墙加固法、预应力加固法等。

（3）返工处理

当工程质量缺陷经过修补处理后不能满足规定的质量标准要求，或不具备补救可能性则必须采取返工处理。例如，某防洪堤坝填筑压实后，其压实土的干密度未达到规定值，经核算将影响土体的稳定且不满足抗渗能力的要求，须挖除不合格土，重新填筑，进行返工处理；某公路桥梁工程预应力按规定张拉系数为 1.3，而实际仅为 0.8，属严重的质量缺陷，无法修补，只能返工处理；某工厂设备基础的混凝土浇筑时掺入木质素磺酸钙减水剂，因施工管理不善，掺量多于规定 7 倍，导致混凝土坍落度大于 180 mm，石子下沉，混凝土结构不均匀，浇筑后 5 天仍然不凝固硬化，28 天后混凝土实际强度不到规定强度的 32%，不得不返工重浇。

（4）限制使用

当工程质量缺陷按修补方法处理后无法保证达到规定的使用要求和安全要求，而又无法返工处理的情况下，不得已时可做出诸如结构卸荷或减荷以及限制使用的决定。

（5）不做处理

某些工程质量问题虽然达不到规定的要求或标准，但其情况不严重，对工程或结构的使用及安全影响很小，经过分析、论证、法定检测单位鉴定和设计单位等认可后可不专门

做处理。一般可不做专门处理的情况有以下几种。

①不影响结构安全、生产工艺和使用要求的。例如，有的工业建筑物出现放线定位的偏差，且严重超过规范标准规定，若要纠正会造成重大经济损失，但经过分析、论证其偏差不影响生产工艺和正常使用，在外观上也无明显影响，可不做处理。又如，某些部位的混凝土表面的裂缝，经检查分析，属于表面养护不够的干缩微裂，不影响使用和外观，也可不做处理。

②后道工序弥补的质量缺陷。例如，混凝土结构表面的轻微麻面，可通过后续的抹灰、刮涂、喷涂等弥补，也可不做处理。又如，混凝土现浇楼面的平整度偏差达到 10 mm，但由于后续垫层和面层的施工可以弥补，所以也可不做处理。

③法定检测单位鉴定合格的。例如，某检验批混凝土试块强度值不满足规范要求，强度不足，但经法定检测单位对混凝土实体强度进行实际检测后，其实际强度达到规范允许和设计要求值时，可不做处理；对经检测未达到要求值，但相差不多，经分析论证，只要使用前经再次检测达到设计强度，也可不做处理，但应严格控制施工荷载。

④出现的质量缺陷，经检测鉴定达不到设计要求，但经原设计单位核算，仍能满足结构安全和使用功能的。例如，某一结构构件截面尺寸不足，或材料强度不足，影响结构承载力，但按实际情况进行复核验算后仍能满足设计要求的承载力时，可不进行专门处理。这种作法实际上是挖掘设计潜力或降低设计的安全系数，应谨慎处理。

（6）报废处理

出现质量事故的工程，通过分析或实践，采取上述处理方法后仍不能满足规定的要求或标准，则必须予以报废处理。

三、施工质量的政府监督

1. 施工质量政府监督的职能

（1）监督管理部门职责的划分

①国务院建设行政主管部门对全国的建设工程质量实施统一监督管理。国家铁路、交通、水利等有关部门按照国务院规定的职责分工，负责对全国有关专业建设工程质量的监督管理。

②县级以上地方人民政府建设行政主管部门对本行政区域内的建设工程质量实施监督管理；县级以上地方人民政府交通、水利等有关部门在各自的职责范围内，负责对本行政区域内的专业建设工程质量进行监督管理。

（2）监督管理的基本原则

①监督的主要目的是保证建设工程使用安全和环境质量。

②监督的基本依据是法律、法规和工程建设强制性标准。

③监督的主要方式是政府认可的第三方即质量监督机构的强制监督。

④监督的主要内容是地基基础、主体结构、环境质量和与此相关的工程建设各方主体的质量行为。

⑤监督的主要手段是施工许可制度和竣工验收备案制度。

（3）政府质量监督的性质与权限

政府质量监督的性质，是政府为了确保建设工程质量、保障公共卫生、保护人民群众生命和财产，按国家法律、法规、技术标准、规范及其他相关管理规定，而实施的一种监督、检查、管理及执法行为。政府的监督管理行为是宏观性质的，具体的技术监督可以委托给具有资质的工程质量监督机构进行。

按国务院《建设工程质量管理条例》及建设部有关规范性文件规定，建设工程质量监督机构具有以下执法权限。

①接受政府委托，对建设工程质量进行监督，有权对建设工程参与各方行为进行检查。

②有权对工程质量检查情况进行通报，有权对差劣工程采取开具质量整改单及局部停工通知单等行政措施。

③接受政府委托，有权对建设参与各方的违法行为进行行政处罚。

④收取建设工程质量监督费，用于建设工程质量监督建设。

2. 政府质量监督的职能

政府对建设工程质量监督的职能主要包括以下几个方面。

①监督检查施工现场工程建设参与各方主体的质量行为。检查施工现场工程建设各方主体及有关人员的资质或资格；检查勘察、设计、施工、监理单位的质量管理体系和质量责任落实情况；检查有关质量文件、技术资料是否齐全并符合规定。

②监督检查工程实体的施工质量，特别是基础、主体结构、主要设备安装等涉及结构安全和使用功能的施工质量。

③监督工程质量验收。监督建设单位组织的工程竣工验收的组织形式、验收程序以及在验收过程中提供的有关资料和形成的质量评定文件是否符合有关规定，实体质量是否存在严重缺陷，工程质量验收是否符合国家标准。

四、施工质量政府监督的实施

1. 受理建设单位对工程质量监督的申报

在工程项目开工前，监督机构接受建设单位有关建设工程质量监督的申报手续，并对建设单位提供的有关文件进行审查，审查合格签发有关质量监督文件。建设单位凭工程质量监督文件，向建设行政主管部门申领施工许可证。

2. 开工前的质量监督

在工程项目开工前，监督机构首先在施工现场召开由参与工程建设各方代表参加的监督会议，公布监督方案，提出监督要求，并进行第一次的监督检查工作。检查的重点是参与工程建设各方主体的质量行为。检查的主要内容有以下几个方面。

①检查参与工程项目建设各方的质量保证体系建立情况，包括组织机构、质量控制方案、措施及质量责任制等制度。

②审查参与建设各方的工程经营资质证书和相关人员的资格证书。

③审查按建设程序规定的开工前必须办理的各项建设行政手续是否齐全完备。

④审查施工组织设计、监理规划等文件以及审批手续。

⑤检查的结果记录保存。

3. 施工过程的质量监督

①监督机构按照监督方案对工程项目全过程施工的情况进行不定期的检查。检查的内容主要是：参与工程建设各方的质量行为及质量责任制的履行情况，工程实体质量和质量控制资料的完成情况。其中，对基础和主体结构阶段的施工应每月安排监督检查。

②对工程项目建设中的结构主要部位（如桩基、基础、主体结构等）除进行常规检查外，应在分部工程验收时进行监督，监督检查验收合格后，方可进行后续工程的施工。建设单位应将施工、设计、监理和建设单位各方分别签字的质量验收证明在验收后 3 天内报送工程质量监督机构备案。

③对在施工过程中发生的质量问题、质量事故进行查处。根据质量监督检查的状况，对查实的问题可签发“质量问题整改通知单”或“局部暂停施工指令单”；对问题严重的单位也可根据问题的性质签发“临时收缴资质证书通知书”等处理意见。

4. 竣工阶段的质量监督

主要是按规定对工程竣工验收备案工作进行监督。

①竣工验收前，就在质量监督检查中提出的质量问题的整改情况进行复查，了解其整改的情况。

②竣工验收时，参加竣工验收的会议，对验收的程序及验收的过程进行监督。

③编制单位工程质量监督报告，在竣工验收之日起 5 天内提交到竣工验收备案部门。对不符合验收要求的责令改正；对存在的问题进行处理，并向备案部门提出书面报告。

5. 建立工程质量监督档案

建设工程质量监督档案按单位工程建立。要求归档及时，资料记录等各类文件齐全，经监督机构负责人签字后归档，按规定年限保存。

项目六 建设工程施工合同管理

任务一 建设工程施工合同管理概述

内容概要

1. 几个概念：合同、经济合同、工程项目合同、工程项目合同管理。
2. 工程项目合同的特点与作用。
3. 工程项目合同的签订和担保。
4. 工程项目合同的审批与履行。

一、几个概念

1. 合同

合同又称契约，是指双方或者多方当事人，包括自然人和法人，关于订立、变更、解除民事权利和义务关系的协议，合同是双方当事人依照法律的规定而达成的协议。合同依法成立，即具有法律约束力，在合同双方当事人之间产生权利和义务的法律关系。合同正是通过这种权利和义务的约束，促使签订合同的双方当事人认真全面地履行合同。

2. 经济合同

经济合同是指平等民事主体的法人、其他经济组织、个体工商户等相互之间，为实现一定经济目的，明确相互权利义务关系而订立的合同。

3. 工程项目合同

工程项目合同是指在项目建设过程中的各个主体之间订立的经济合同。

4. 工程项目合同管理

工程项目合同管理是对工程合同的订立、履行、变更、终止、违约、索赔、争议处理等进行的管理。

二、工程项目合同的特点与作用

1. 工程项目合同的特点

（1）严格的法规性

基本建设是国民经济的重要组成部分，在工程项目合同的签订和履行过程中要符合国

家有关法规的要求，严格遵守国家的有关法律法规。

（2）工程项目的特殊性

工程项目不是一般产品或生活消费品，而是实现社会扩大再生产的一种手段，是形成固定资产的主要形式。它反映着我国国民经济的生产能力、生产规模和速度，并不断为整个社会物质和文化生活的需要创造新的物质技术基础。建设工程的重要性决定了工程项目合同在我国经济合同中的重要地位。

（3）合同主体的特殊性

工程项目合同的承包方，必须是土建安装、勘察设计单位等。除了特殊工程外，都要实行招标、投标，择优选择承建单位与承包单位，谁的工期短、质量高、造价低、信誉好，谁就能中标，由承包方和发包方签订合同，共同合作完成工程项目的建设任务。

（4）严格的国家监督

双方当事人签订工程项目合同，必须以国家建设计划为前提并经过有关机关批准。在合同执行过程中，要接受国家有关部门的监督，国家行业主管部门应直接参加竣工验收检查。

2. 工程项目合同的作用

①合同分配着工程任务，它详细、具体地定义着工程任务相关的各种问题。这些构成了与工程相关的子目标：责任人，即由谁来完成任务并对最终成果负责；工程任务的规模、范围、质量、工作量及各种功能要求；工期、价格，即项目对时间的要求，对工程总价格、各分项工程的单价和总价及付款方式的要求等。

②合同明确了当事人之间的关系，确定承约商和客户的权利和义务。项目合同主要是承约商和客户双方行为的准则，对双方起制约作用，它以平等、协商的契约关系取代了传统项目管理中的行政命令关系。项目合同形式的出现，使得项目的实施、管理更为有效、更为科学。

③合同是项目实施的法律依据。合同作为工程项目任务委托和承接的法律依据，是工程过程中双方的最高行为准则。工程过程中的一切活动都是为了履行合同，都必须按合同办事，双方的行为主要靠合同来约束。所以，工程管理以合同为核心。

④合同将工程所涉及到的生产、材料和设备供应、运输、各专业设计和施工的分工协作关系联系起来，协调并统一工程各参加者的行为。如果没有合同和合同的法律约束力，就不能保证工程的各参加者在工程的各个方面以及工程实施的各个环节上都按时、按质、按量地完成自己的义务，就不会有正常的工程施工秩序，就不可能顺利地实现工程总目标。所以合同和它的法律约束力是工程施工和管理的要求和保证，同时又是强有力的项目控制手段。

⑤项目合同有利于国际间的相互交流与协作。项目合同的规范化，利于我国项目管理企业进入国际市场、参与国际竞争，也利于我国引进外资、引进国外的技术项目。

三、工程项目合同的签订与担保

1. 工程项目合同的签订

工程项目合同的签订需要一定的程序，它通常包括要约和承诺两个阶段。

（1）要约

①要约邀请，是希望他人向自己发出要约的意思表示，是指项目当事人的一方向另一方就项目合同的某些条款，即项目合同的有关交易条件的询问。要约邀请一般都具有试探的性质，用来了解对方的交易条件和交易诚意，从而做出是否有与对方继续谈判协商的必要。寄送的价目表、拍卖公告、招标公告、招股说明书、商业广告等即为要约邀请。商业广告的内容符合要约规定的，视为要约。

②要约是希望和他人订立合同的意思表示，提出要约的一方称为要约人，收到要约的一方称为受要约人。要约具有法律效力，对当事人具有约束力，不得随意撤回和撤消。要约应当符合下列规定。

- 内容具体确定。
- 表明经受要约人承诺，要约人即受该意思表示约束。
- 商业广告的内容符合要约规定的，视为要约。
- 要约到达受要约人时生效。
- 采用数据电文形式订立合同，收件人指定特定系统接收数据电文的，该数据电文进入该特定系统的时间，视为到达时间；未指定特定系统的，该数据电文进入收件人的任何系统的首次时间，视为到达时间。
- 要约可以撤回。撤回要约的通知应在要约到达受要约人之前或者与要约同时到达受要约人。
- 要约可以撤销。撤销要约的通知应在受要约人发出承诺通知之前到达受要约人。

有下列情形之一的，要约不得撤销。

- 要约人确定了承诺期限或者以其他形式明示要约不可撤销。
- 受要约人有理由认为要约是不可撤销的，并已经为履行合同做了准备工作。

有下列情形之一的，要约失效。

- 拒绝要约的通知到达要约人。
- 要约人依法撤销要约。
- 承诺期限届满，受要约人未做出承诺。
- 受要约人对要约的内容做出实质性变更。

在进行项目洽商时，究竟是采用要约邀请还是要约的形式，一定要根据洽商交易的实际情况来灵活运用。要约邀请与要约的主要区别是两者的法律效力不同。要约具有法律效力，易引起项目当事人的注意，有利于迅速达成交易，签订项目合同；但要约缺乏灵活性，一旦对市场行情项目的工程量估算不准确，要约内容不当，容易陷于被动的局面，因为要约一经发出，

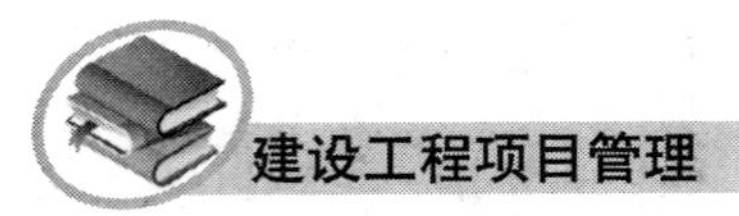

要约人即受其约束。要约邀请不具有法律上的约束力，或保留了最后的确认权，所以行情、环境发生了变化，可以修改、调整交易条件或干脆不予确认，故比较灵活，有充分的回旋余地。正因如此，受要约人（项目另一当事人）往往不予重视，不易迅速达成交易、签订合同。

（2）承诺

承诺，也称接受，是指受要约人接到要约人的要约后，同意对方提出的条件，愿意按照所列条款达成交易、签订合同的意思表示。承诺与要约一样，既属于商业行为，也属于法律行为。承诺产生的重要法律后果是交易达成、合同成立。承诺具有以下规定。

①承诺应当以通知的方式做出，但根据交易习惯或者要约表明可以通过行为做出承诺的除外。

②承诺应当在要约确定的期限内到达要约人。

③要约没有确定承诺期限的，承诺应当依照下列规定。

- 要约以对话方式做出的，应当即时做出承诺，但当事人另有约定的除外。
- 要约以非对话方式做出的，承诺应当在合理期限内到达。

④要约以信件或者电报做出的，承诺期限自信件载明的日期或者电报交发之日开始计算；信件未载明日期的，自投寄该信件的邮戳日期开始计算；要约以电话、传真等快速通信方式做出的，承诺期限自要约到达受要约人时开始计算。

⑤承诺生效时合同成立。

⑥承诺通知到达要约人时生效。承诺不需要通知的，根据交易习惯或者要约的要求做出承诺的行为时生效。

⑦采用数据电文形式订立合同的，未指定特定系统的，该数据电文进人收件人的任何系统的首次时间，视为到达时间。

⑧承诺可以撤回。撤回承诺的通知应当在承诺通知到达要约人之前或者与承诺通知同时到达要约人。

⑨受要约人超过承诺期限发出承诺的，除要约人及时通知受要约人该承诺有效的以外，为新要约。

⑩受要约人在承诺期限内发出承诺，按照通常情形能够及时到达要约人，但因其他原因承诺到达要约人时超过承诺期限的，除要约人及时通知受要约人因承诺超过期限不接受该承诺的以外，该承诺有效。

⑪承诺的内容应当与要约的内容一致。受要约人对要约的内容做出实质性变更的，为新要约。有关合同标的、数量、质量、价款或者报酬、履行期限、履行地点和方式、违约责任和解决争议方法等的变更，是对要约内容的实质性变更。

⑫承诺对要约的内容做出非实质性变更的，除要约人及时表示反对或者要约表明承诺不得对要约的内容做出任何变更的以外，该承诺有效，合同的内容以承诺的内容为准。

⑬当事人采用合同书形式订立合同的，自双方当事人签字或者盖章时合同成立。

⑭当事人采用信件、数据电文等形式订立合同的，可以在合同成立之前要求签订确认

书。签订确认书时合同成立。

⑮承诺生效的地点为合同成立的地点。

由于项目合同的特殊性质，即涉及关系复杂、金额巨大、标的极大等，在项目合同的磋商中，无论是要约邀请、要约，还是承诺或接受，都必须采取书面形式。

四、工程项目合同的担保

项目合同的担保是指国家法律、行政法规规定的，或者双方当事人协商确定的，保证合同切实履行的一种法律形式。确立担保这种法律关系，对于保证项目合同的履行有着重要的作用。担保不能产生独立的法律关系，它所产生的法律关系只能从属于它所担保的合同，对于它所担保的合同来说只是一种补充。

1. 担保的特征

①担保所产生的法律关系，只能在有了所担保的有效合同时才能产生。

②这些法律关系以所担保的合同转移为转移（但需得到担保人的确认），合同的请求权由原债权人转移给另一个时，因担保新的法律关系而发生的权利义务转移给新的债权人。

③合同的解除同时引起担保义务的消除。

2. 担保的形式

归纳起来，担保形式主要有 5 种：保证人、违约金、定金、留置权和抵押权。

（1）保证人

保证人是保证当事人一方履行合同的第三人。被保证的当事人不履行合同时，保证人和被保证人一起承担连带责任，保证人有 2 人以上的，应当共同承担连带责任。

保证作为合同的担保形式，在我国的合同签订中所占比例还不高；然而在涉外合同中，一般双方都要求提供保证或其他担保形式。从司法实践来看，保证的形式还是很有必要的，对项目合同也是非常必要的。

（2）违约金

违约金是签订合同的一方不履行合同或不适当履行合同时，必须付给对方一定数额的货币。违约金是一种担保形式，因此，只要有一方不履行合同的行为，即使对方没有遭到损失，也要按照法律和合同的约定支付违约金。

违约金与赔偿损失是不同的。只要违约，不管是否有损失都要负担。赔偿损失只是由于当事人一方的过错使对方造成损失时，才负赔偿责任。违约金可起到督促对方当事人认真履行合同、严肃合同纪律的重要作用。

（3）定金

定金是指签订合同的一方为了证明合同的成立和保证合同的履行向对方支付一定数额的货币。定金的作用有以下几点。

①定金是合同成立的证明。签订合同时，合同当事人一方担心对方悔约而给付定金，借以保证和维护合同关系。因此，给付和收受定金的事实，是合同成立的法律依据。

②定金是一种担保形式。定金也是一种法律关系，按照这种关系的要求，给付定金者违约而不履行合同时，无权请求返还定金；接受定金的一方不履行时，应当双倍返还定金。双方当事人为了避免定金法则的制裁，只能认真履行合同，体现定金保证作用。

③定金是一种预先给付。签订合同时，当事人在合同规定应给付的金额中先行给付若干数额的货币作为担保。这种先行给付实质上具有预付款性质。如果合同如期履行，这部分与预付款相同，单纯的预付款不是合同的担保形式，违背合同时，不发生上述法律后果。

（4）留置权

留置权是一种法律关系。当事人依照合同规定，保管对方的财物或接受来料加工，在对方不按期或不如数给付保管费或加工费时，有权留置他的财物。依照法律规定，不履行合同超过 6 个月的，保管人或加工人可在法律许可的范围内，变卖留置的财物，从价款中优先得到清偿，不足部分可继续向对方要求承担赔偿责任。

（5）抵押

抵押是当事人一方或者第三人为履行合同向对方提供的财产保证。负有义务的一方不履行义务时，抵押权人在法律法规许可的范围内，可以从变卖抵押物所得的价款中优先得到清偿，变卖抵押物的价款，不是给付应当清偿的数额的，抵押权人有权向负有清偿义务的一方请求给付不足部分。但是，国家法律、法令禁止流通和强制执行的财物，不得作为抵押物。经双方当事人同意，抵押物可以由抵押权人保管，也可以由提供抵押物的人自己保管。抵押权人由于保管不善造成抵押物损坏或遗失的应当承担赔偿责任。

五、工程项目合同的审批

项目合同的审批一般具有两层含义：一是由国家或国家有关主管部门对合同的审批；二是合同当事人对合同的审批。通过二者的审批，来确定合同的有效性、合法性，在法律程序上予以批准与承认，使之产生法律效力。

1. 国家或国家有关主管部门对项目合同的审批

①审查合同内容是否符合国家的法律、法令以及有关政策。

②审查合同当事人是否具有合法的名称、经营内容与资格。

③审查合同当事人双方有无实际履行能力。

④审查合同的签订是否根据自愿协商、平等互利的原则。

⑤审查合同当事人的权利义务是否明确。

⑥审查合同的条款是否完备、手续是否齐全。

2. 项目合同当事人对合同的审批

这种审批侧重于合同的合法性、合同双方主体资格的合法性等方面。

六、工程项目合同的履行

项目合同的履行，是指项目合同的双方当事人根据项目合同的规定，在适当的时间、地点，以适当的方式全面完成自己所承担的义务。

当事人应当遵循诚实信用原则，根据合同的性质、目的和交易习惯履行通知、协助、保密等义务。

合同生效后，当事人就质量、价款或者报酬、履行地点等内容没有约定或者约定不明确的，可以协议补充；不能达成补充协议的，按照合同有关条款或者交易习惯确定。

当事人就有关合同内容约定不明确时，适用下列规定。

①质量要求不明确的，按照国家标准、行业标准履行；没有国家标准、行业标准的，按照通常标准或者符合合同目的的特定标准履行。

②价款或者报酬不明确的，按照订立合同时履行地的市场价格履行；依法应当执行政府定价或者政府指导价的，按照规定履行。

③履行地点不明确的，给付货币的，在接受货币一方所在地履行；交付不动产的，在不动产所在地履行；其他标的，在履行义务一方所在地履行。

④履行期限不明确的，债务人可以随时履行，债权人也可以随时要求履行，但应当给对方必要的准备时间。

⑤履行方式不明确的，按照有利于实现合同目的的方式履行。

⑥履行费用的负担不明确的，由履行义务一方负担。

严格履行项目合同是项目双方当事人的义务。合同履行的方法，应当符合权利人的利益，同时也应当有利于义务人的履行。

任务二 工程项目合同的变更、解除、终止、评价、违约和争议

内容概要

1. 工程项目合同的变更和解除。
2. 工程项目合同的终止和评价。
3. 工程项目合同的违约。
4. 工程项目合同的索赔。
5. 工程项目合同的争议。

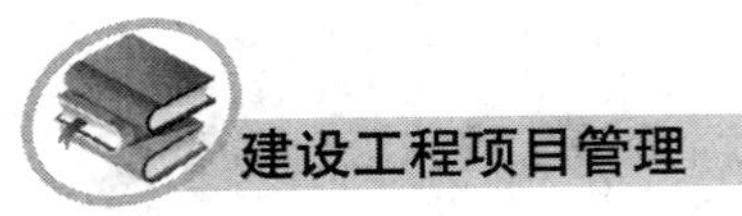

一、工程项目合同的变更和解除

1. 项目合同变更的特征

项目合同的变更是指项目合同依法成立后，在尚未履行或尚未完全履行时，当事人双方依法经过协商，对合同的内容进行修订或调整所达成的协议。例如，对合同规定的标的数量、质量标准、履行地点等进行变更。项目合同的变更一般不涉及已履行的部分，而只对未履行的部分发生效力，所以，合同变更只能发生在合同订立之后、尚未完全履行之前。

项目合同的变更通常是指由于一定的法律事实而改变合同的内容和标的的法律行为，其特征如下。

①项目合同的双方当事人必须协商一致。

②改变合同的内容和标的。

③合同变更的法律后果是将产生新的债权和债务关系。

2. 项目合同解除的特征

项目合同的解除，是指经济合同依法成立后，在尚未履行或尚未全部履行时，提前终止合同效力。项目合同的解除，是当事人结束约定的权利、义务关系的一种方式。解除合同一般只针对合同未履行部分不再履行，不涉及已履行的部分；但是，在个别情况下，解除合同的效力也可以溯及到合同订立之时，双方当事人须恢复到合同未订立时的状态。

项目合同的解除是指中止既存的合同效力的法律行动，其主要特征如下。

①项目合同的双方当事人必须协商一致。

②合同当事人应负恢复原状的义务。

③项目合同解除的法律后果是消灭原合同的效力。

合同的变更和解除，属于两种法律行为，但也有其共同之处，即都是经项目合同双方当事人协商一致，改变原合同的法律关系。其不同的地方是，前者产生新法律关系，后果是消灭原合同关系，而不是建立新的法律关系。

3. 项目合同变更或解除的条件

项目合同依法成立后，对双方当事人产生法律约束力，任何一方不得擅自变更或解除合同；只有具备法律规定的条件，当事人方可变更和解除项目合同。根据我国现行的法律、有关的合同法规以及经济生活与司法实践来看，一般须具备下列条件才能变更和解除项目合同。

①双方当事人确实自愿协商同意，并且不因此损害国家利益和社会公共利益。

②由于不可抵抗力致使项目合同的全部义务不能履行。

③由于另一方面在合同约定的期限内没有履行合同，且在被允许的推迟履行的合理期限内仍未履行。

④由于项目合同当事人的一方违反合同，以致严重影响订立项目合同时所期望实现的

目的或致使项目合同的履行成为不必要。

⑤项目合同约定的解除合同的条件已经出现。

当项目合同的一方当事人要求变更、解除项目合同时，应当及时通知另一方当事人。因变更或解除项目合同使一方当事人遭受损失的，除依法可以免除责任之外，应由责任方负责赔偿。当事人一方发生合并、分立时，由变更后的当事人承担或者分别承担项目合同的义务，并享受相应的权利。

4. 项目合同变更或解除的法律后果

项目合同变更的结果是使双方当事人权利义务发生改变；项目合同解除的结果是双方当事人之间的权利义务关系的终止。根据法律规定，变更或解除合同，除法律另有规定或合同另有约定者外，要求变更或解除合同的一方当事人应对对方因此而遭受的损失承担赔偿责任。具体地讲，变更或解除合同因其原因不同而有不同的法律后果。

①一方要求，双方协商同意变更或解除合同的，造成的损失由有过错而造成损失的一方当事人承担责任，但依法可以免责的除外。

②因不可抗力的原因发生合同变更或解除的，应及时向对方通报不能履行或者需要延期履行、部分履行经济合同的理由，在取得有关证明以后，允许延期履行、部分履行或者不履行，并可根据情况部分或全部免予承担责任。

③因另一方违约而变更或解除合同的，违约方应依照合同规定支付违约金、赔偿金。

二、工程项目合同的终止和评价

项目当事人双方按照合同的规定，履行其全部义务后，项目合同即告终止。合同签订以后，是不允许随意终止的。根据我国的现行法律和有关司法实践，合同的法律关系可由以下的原因而终止。

（1）合同因履行而终止

合同的履行，就意味着合同规定的义务已经完成、权利已经实现，因而合同的法律关系自行消灭。所以，履行是实现合同、终止合同的法律关系的最基本的方法，也是项目合同终止的最通常的原因。

（2）合同因行政关系而终止

项目合同的双方当事人根据国家计划或行政指令而建立的合同关系，可因国家计划的变更或行政指令的取消而终止。

（3）合同因不可抗力的原因而终止

项目合同不是由于项目合同的当事人的过错，而是由于某种不可抗力的原因而致使合同义务不能履行的，应当终止合同。

（4）当事人双方混同一人而终止

法律上对权利人和义务人合为同一人的现象，称为混同。既然要发生项目合同当事人

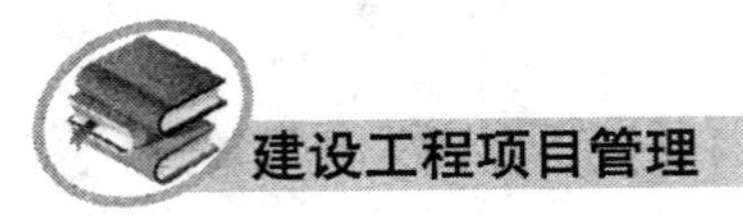

合并为一人的情况，那么原来的合同已无履行的必要或已不需要依靠这种契约关系而维系项目的实施，因而项目合同自行终止。

（5）合同因双方当事人协商同意而终止

项目合同的当事人双方可以通过协商来变更和终止合同关系，所以通过双方当事人协商而解除合同关系或者免除义务人的义务，也是终止项目合同的一种方法。

（6）仲裁机构或者法院判决终止合同

当项目合同的一方当事人不履行或不适当履行合同，另一方当事人可以通过仲裁机构或法院进行裁决以终止合同。

合同终止后，承包人应进行下列评价。

①合同订立过程情况评价。

②合同条款的评价。

③合同履行情况评价。

④合同管理工作评价。

三、工程项目合同的违约

违反合同必须负赔偿责任，这是我国合同法中规定的一项重要的法律制度。

合同关系是一种法律关系，合同依法成立时，即具有法律上的约束力。因此，当项目合同的一方当事人不履行项目合同时，另一方当事人有权请求他方履行合同，并支付违约金或者赔偿损失。支付违约金或者赔偿损失，是对不履行合同的一方的一种法律制裁。对于项目合同的一方当事人不履行合同，合同的另一方当事人可向仲裁机关和人民法院提出申请和起诉，要求在必要时采取强制措施，强制其履行合同和赔偿损失。

追究不履行合同行为，须具备以下条件。

①要有不履行合同的行为。当事人一方不履行或不适当履行既定的义务都是一种不履行合同的行为。

②要有不履行合同的过错。过错是指不履行合同一方的主观心理状态，包括故意和过失。故意和过失是承担法律责任的一个必要条件。法律只对故意和过失给予制裁，因此，故意和过失是行为人，即不履行或不适当履行项目合同的当事人承担法律责任的主观条件。根据过错原则，违反合同的不管是谁，合同的一方当事人也好，合同双方当事人也好，或者合同以外的第三方都必须承担赔偿责任。

③要有不履行合同造成损失的事实。不履行或不适当履行项目合同必然会给项目合同的另一方当事人造成一定的经济损失。一般来说，经济损失包括直接的经济损失和间接的经济损失两部分。在通常情况下，是通过支付违约金来赔偿直接的经济损失，而间接的经济损失在实际的经济生活中很难计算，多不采用，但是，法律法规另有规定或项目双方当事人另有约定的例外。

如前所述，法律只要求行为人对其故意和过失行为造成不履行项目合同负赔偿责任，而对于无法预知防止的事故致使合同不能履行时，则不能要求合同当事人承担责任。所以在下列情况下，可以免除合同当事人不履行项目合同的赔偿责任。

①合同当事人不履行或不适当履行，是由于当事人无法预知或防止的事故所造成时，可免除赔偿责任，这种事由在法律上称为不可抗力，即个人或法人无法抗拒的力量。

②法律规定和合同约定有免负责条件，当发生这些条件时，可不承担责任。

③由于一方的故意和过失造成不能履行合同，另一方不仅可以免除责任，而且还有权要求赔偿损失。

四、工程项目合同的索赔

1. 索赔的含义

在市场经济条件下，工程索赔是一种正常现象。在我国社会主义市场经济体制尚未完善的情况下，应当大力提高业主和承包商工程索赔的认识，加强对索赔理论和方法的研究，认真对待和搞好工程索赔，对维护国家和企业的利益都有十分重要的意义。

工程索赔是在工程实施过程中，承包商根据合同和法律的规定，对并非自身原因所造成的损失、或承担了合同规定之外的工作所付的额外支出，向业主提出在经济上或时间上要求补偿的权利。从广义上讲，工程索赔还包括业主对承包商的索赔，通常称为反索赔。

2. 索赔的特征

从索赔的含义中，可以看出索赔具有以下基本特征。

①索赔是双向的。合同的双方都可以向对方提出索赔要求，但在实践中大量发生的、处理比较困难的是承包商向业主的索赔。

②只有实际发生了经济损失或权利损害，一方才能向对方索赔。

③索赔时因非自身原因导致的，要求索赔一方没有过错。

④索赔的依据是法律法规、合同文件及工程建设惯例，但主要是合同文件。

3. 索赔的分类

（1）按涉及当事双方分类

①承包商与业主（建设单位）之间的索赔。

②承包商与分包商之间的索赔。

③承包商与供应商之间的索赔。

（2）按索赔原因分类

①地质条件变化引起的索赔。

②施工中人为障碍引起的索赔。

③工程变更命令引起的索赔。

④合同条款的模糊和错误引起的索赔。

⑤工期延长引起的索赔。

⑥设计图纸错误引起的索赔。

⑦工期提前引起的索赔。

⑧施工图纸拖延引起的索赔。

⑨增减工程量引起的索赔。

⑩业主（建设单位）拖延付款引起的索赔。

⑪货币贬值引起的索赔。

⑫价格调整引起的索赔。

⑬业主（建设单位）的风险引起的索赔。

⑭不可抗拒的自然灾害引起的索赔。

⑮暂停施工引起的索赔。

⑯终止合同引起的索赔。

（3）按索赔的依据分类

①合同内索赔：索赔内容可以在合同条款中找到依据，如设计图纸错误、变更工程的计量和价格等。

②合同外索赔：索赔的内容及权利虽然在合同条款中难以找到依据，但可以从对合同条件的合理推断或同其他的有关条款联系起来论证该索赔是属于合同规定的索赔。

③道义索赔：又称为“额外支付”，指承包商对标价估计不足遇到了巨大的困难而蒙受重大损失时，建设单位会超越合同条款，给承包商以相应的经济补偿。

（4）按索赔的目的分类

①延长工期索赔：承包商要求业主延长施工时间，拖后竣工日期。

②经济索赔：承包商要求业主付给增加的开支或亏损，弥补承包商的经济损失。

4. 承包商索赔的一般内容

①工程地质条件变化索赔。

②工程变更索赔。

③因业主原因引起的工期延长和延误索赔。

④施工费用索赔。

⑤业主终止工程施工索赔。

⑥物价上涨引起的索赔。

⑦法规、货币及汇率变化引起的索赔。

⑧拖延支付工程款的索赔。

⑨特殊风险索赔。

5. 建设单位（业主）索赔的一般内容

①工程建设失误索赔。

②因承包商拖延施工工期引起的索赔。

a．增大工程管理费开支。建设单位为监理、咨询机构及其职员由于承包商拖延工期而发生的扩大支付费用；由建设单位提供的施工设备在延长期内的租金支付；建设单位筹资贷款由于承包商延误工期而引起的利息支付。

b．建设单位盈利和收入损失。

③承包商未履行的保险费用索赔。

④对超额利润的索赔。

⑤对指定分包商的付款索赔。

⑥建设单位合理终止合同或承包商无正当理由放弃工程的索赔。

6. 索赔工作程序

具体工程的索赔工作程序，应根据双方签订的施工合同产生。在工程实践中，比较详细的索赔工作程序的主要步骤为：索赔意向的提出→索赔资料的准备→索赔文件的提交→工程师（业主）对索赔文件的审核→索赔的处理与解决。

五、工程项目合同的争议

基于项目合同的特有属性，发生合同纠纷是比较正常和常见的。如何解决项目合同纠纷对项目合同的双方当事人都极为重要。通常，解决项目合同纠纷主要有 4 种方式，即协商解决、调解解决、仲裁解决和诉讼解决。

1. 协商解决

协商解决，也称为友好解决，是指双方当事人进行磋商，在相互谅解的基础上，为了今后双方之间的业务继续往来与发展，相互做出一些有利于纠纷实际解决的让步，并在彼此都认为可以接受的基础上达成和解协议。

2. 调解解决

调解是由第三者从中调停，促进双方当事人和解。调解可以在交付仲裁和诉讼前进行，也可以在仲裁和诉讼过程中进行。通过调解达成和解后，即不可再求助于仲裁和诉讼。

调解不能达成协议的，或者达成协议后又反悔的，仲裁机关和人民法院应当尽快做出裁决或判决。

3. 仲裁解决

仲裁，是指双方当事人达成仲裁协议，向约定的仲裁委员会申请仲裁。

如果当事人选择仲裁的，应当在专用条款中明确以下内容。

①请求仲裁的意思表示。

②仲裁事项。

③选定的仲裁委员会。

当事人选择仲裁的，仲裁机构做出的裁决具有法律效力，当事人必须执行。如果一方不执行的，另一方可向有管辖权的人民法院申请强制执行。

这里需说明的是，仲裁不是起诉的必须程序，当事人不愿仲裁或对仲裁裁决不服，可以向人民法院提出诉讼。

4. 诉讼解决

诉讼是指司法机关和案件当事人在其他诉讼参与人的配合下，为解决案件依法定诉讼程序所进行的全部活动。基于所要解决案件的不同性质，可以分为民事诉讼、刑事诉讼和行政诉讼。

项目合同当事人因合同纠纷而提起的诉讼一般属于经济合同纠纷的范畴。此类案件一般由各级人民法院的经济审判庭受理并审判。

任务三 施工承发包的模式

内容概要

1. 施工平行承发包的含义、特点和应用。
2. 施工总承包的含义和特点。
3. 施工总承包管理模式的含义及特点。

合同管理是工程项目管理的重要内容之一。施工合同管理是对工程施工合同的签订、履行、变更和解除等进行筹划和控制的过程。其主要内容有：根据项目特点和要求确定施工承发包模式和合同结构、选择合同文本、确定合同计价和支付方法、合同履行过程的管理与控制、合同索赔和反索赔等。

建设工程施工任务委托的模式（又称作施工承发包模式）反映了建设工程项目发包方和施工任务承包方之间、承包方与分包方等相互之间的合同关系。大量建设工程的项目管理实践证明：一个项目的建设能否成功，能否进行有效的投资控制、进度控制、质量控制、合同管理及组织协调，很大程度上取决于承发包模式的选择，因此应该慎重考虑和选择。常见的施工任务委托模式主要有如下几种。

①发包方委托一个施工单位或由多个施工单位组成的施工联合体或施工合作体作为施工总承包单位，施工总承包单位视需要再委托其他施工单位作为分包单位配合施工。

②发包方委托一个施工单位或由多个施工单位组成的施工联合体或施工合作体作为施工总承包管理单位，发包方另委托其他施工单位作为分包单位进行施工。

③发包方不委托施工总承包单位，而平行委托多个施工单位进行施工。

一、施工平行承发包模式

1. 施工平行承发包的含义

施工平行承发包，也称为分别承发包，是指发包方根据建设工程项目的特点、项目进展情况和控制目标的要求等因素，将建设工程项目按照一定的原则分解，将其施工任务分别发包给不同的施工单位，各个施工单位分别与发包方签订施工承包合同，其合同结构图如图 6-1 所示。

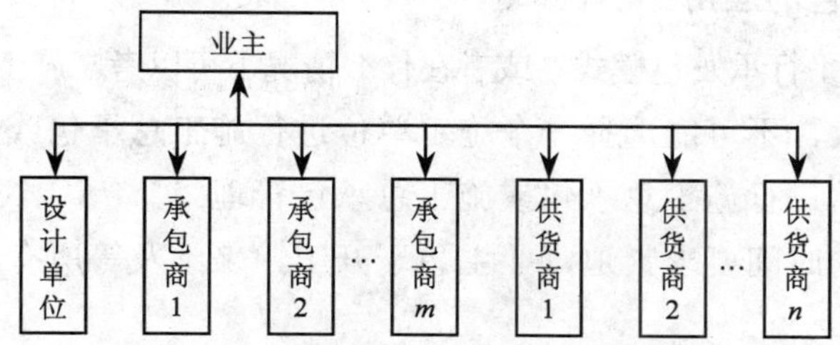

图 6-1　施工平行承发包模式的合同结构图

施工平行承发包的一般工作程序为：施工图设计完成→施工招投标→施工→完工验收。一般情况下，发包人在选择施工承包单位时通常根据施工图设计进行施工招标，即施工图设计已经完成，每个施工承包合同都可以实行总价合同。

2. 施工平行承发包的特点

实行施工平行承发包对建设工程项目的费用、进度、质量等目标控制以及合同管理和组织与协调等的影响如下。

（1）费用控制

①对每一部分工程施工任务的发包，都以施工图设计为基础，投标人进行投标报价较有依据，工程的不确定性程度降低，对合同双方的风险也相对降低。

②每一部分工程的施工，发包人都可以通过招标选择最好的施工单位承包，对降低工程造价有利。

③对业主来说，要等最后一份合同签订后才知道整个工程的总造价，对投资的早期控制不利。

（2）进度控制

①某一部分施工图完成后，即可开始这部分工程的招标，开工日期提前，可以边设计边施工，缩短建设周期。

②由于要进行多次招标，业主用于招标的时间较多。

（3）质量控制

①符合质量控制上的“他人控制”原则，对业主的质量控制有利。

②合同交界面比较多，应非常重视各合同之间界面的定义，否则对质量控制不利。

（4）合同管理

①业主要负责所有施工承包合同的招标、合同谈判、签约，招标及合同管理工作量大，对业主不利。

②业主要负责对多个施工承包合同的跟踪管理，工作量较大。

（5）组织与协调

业主要负责对所有承包商的管理及组织协调，承担类似于总承包管理的角色，工作量大，对业主不利。

3. 施工平行承发包的应用

为什么要选择施工平行承发包模式？或者在什么情况下可以考虑施工平行承发包模式呢？

①当项目规模很大，不可能选择一个施工单位进行施工总承包或施工总承包管理，也没有一个施工单位能够进行施工总承包或施工总承包管理。

②由于项目建设的时间要求紧迫，业主急于开工，来不及等所有的施工图全部出齐，只有边设计、边施工。

③业主有足够的经验和能力应对多家施工单位。

对施工任务的平行发包，发包方可以根据建设项目的结构进行分解发包，也可以根据建设项目施工的不同专业系统进行分解发包。

例如，某办公楼建设项目中，业主将打桩工程发包给甲施工单位，将主体土建工程发包给乙施工单位，将机电安装工程发包给丙施工单位，将精装修工程发包给丁施工单位，等等。

而某地铁工程施工中，业主将 14 座车站的土建工程分别发包给 14 个土建施工单位，14 座车站的机电安装工程分别发包给 14 个机电安装单位，就是典型的施工平行发包模式。

二、施工总承包模式

1. 施工总承包的含义

施工总承包，是指发包人将全部施工任务发包给一个施工单位或由多个施工单位组成的施工联合体或施工合作体，施工总承包单位主要依靠自己的力量完成施工任务。当然，经发包人同意，施工总承包单位可以根据需要将施工任务的一部分分包给其他符合资质的分包人。

施工总承包的合同结构图如图 6-2 所示。

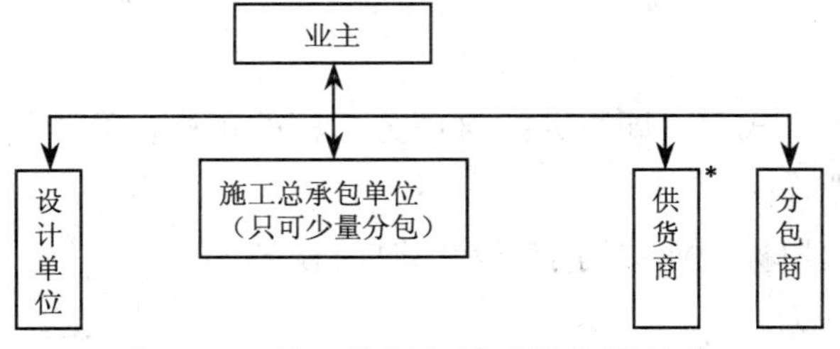

图 6-2 施工总承包模式的合同结构

*注：此为业主自行采购和分包的部分（下同）。

与平行承发包相似，施工总承包的一般工作程序为：施工图设计完成→施工总承包的招投标→施工→竣工验收。一般情况下，招标人在通过招标选择承包人时通常以施工图设计为依据，即施工图设计已经完成，施工总承包合同一般实行总价合同。

2. 施工总承包的特点

（1）费用控制

①在通过招标选择施工总承包单位时，一般都以施工图设计为投标报价的基础，投标人的投标报价较有依据。

②在开工前就有较明确的合同价，有利于业主对总造价的早期控制。

③若在施工过程中发生设计变更，则可能发生索赔。

（2）进度控制

一般要等施工图设计全部结束后，才能进行施工总承包单位的招标，开工日期较迟，建设周期势必较长，对进度控制不利。这是施工总承包模式的最大缺点，限制了其在建设周期紧迫的工程项目中的应用。

（3）质量控制

项目质量的好坏很大程度上取决于施工总承包单位的选择，取决于施工总承包单位的管理水平和技术水平。业主对施工总承包单位的依赖较大。

（4）合同管理

业主只需要进行一次招标，与一个施工总承包单位签约，招标及合同管理工作量大大减小，对业主有利。

在国内的很多工程实践中，业主为了早日开工，在未完成施工图设计的情况下就进行招标选择施工总承包单位，采用所谓的“费率招标”，实际上是开口合同，对业主方的合同管理和投资控制十分不利。

（5）组织与协调

业主只负责对施工总承包单位的管理及组织协调，工作量大大减小，对业主比较有利。

总之，与平行承发包模式相比，采用施工总承包模式，业主的合同管理工作量大大减小了，组织和协调工作量也大大减小，协调比较容易。但建设周期可能比较长，对进度控制不利。

三、施工总承包管理模式

1. 施工总承包管理模式的含义

施工总承包管理模式的英文名称是“Managing Contractor”，简称 MC，意为“管理型承包”，它不同于施工总承包模式。采用该模式时，业主与某个具有丰富施工管理经验的单位或者由多个单位组成的联合体或合作体签订施工总承包管理协议，由其负责整个项目的施工组织与管理。

一般情况下，施工总承包管理单位不参与具体工程的施工，而具体工程的施工需要再进行分包单位的招标与发包，把具体工程的施工任务分包给分包商来完成；但有时也存在另一种情况，即施工总承包管理单位也想承担部分具体工程的施工，这时它也可以参加这一部分工程的投标，通过竞争取得任务。

2. 施工总承包管理模式与施工总承包模式的比较

施工总承包管理模式与施工总承包模式不同，其差异主要表现在以下几个方面。

（1）工作开展程序不同

施工总承包管理模式与施工总承包模式的工作开展程序不同。施工总承包模式的一般工作程序是：先进行项目的设计，待施工图设计结束后再进行施工总承包的招投标，然后再进行工程施工，如图 6-3（b）所示。从图中可以看出，对许多大型工程项目来说，要等到设计图纸全部出齐后再进行工程招标，显然是很困难的。

而如果采用施工总承包管理模式，对施工总承包管理单位的招标可以不依赖完整的施工图，换句话说，施工总承包管理模式的招投标可以提前到项目尚处于设计阶段进行。另外，工程实体可以化整为零，分别进行分包单位的招标，即每完成一部分工程的施工图就招标一部分，从而使该部分工程的施工提前到整个项目设计阶段尚未完全结束之前进行，如图 6-3（a）所示。从图中可以看出，施工总承包管理模式可以在很大程度上缩短建设周期。

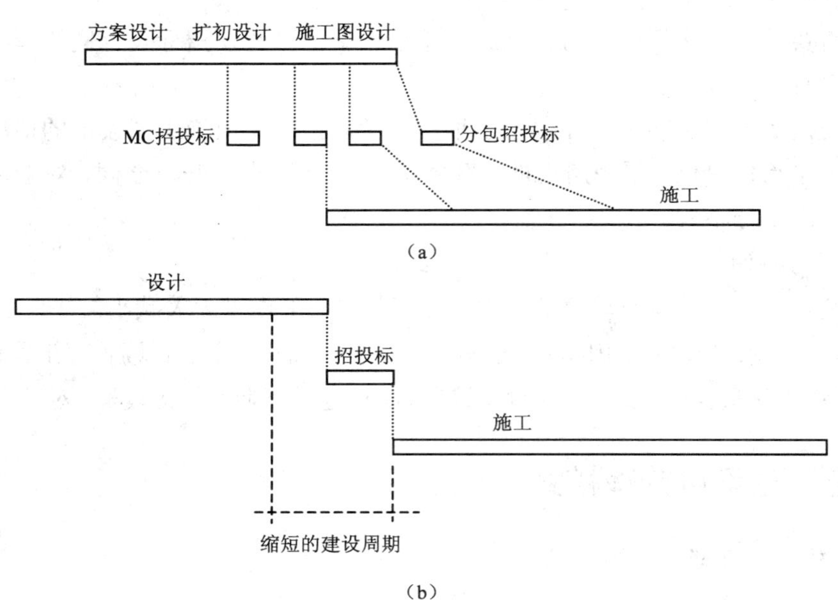

图 6-3 施工总承包模式与施工总承包管理模式下工作开展顺序的比较

（a）施工总承包管理模式下的项目开展顺序；（b）施工总承包模式下的项目开展顺序

（2）合同关系不同

施工总承包管理模式的合同关系有两种可能，即业主与分包单位直接签订合同或者由

施工总承包管理单位与分包单位签订合同。

（3）对分包单位的选择和认可

在施工总承包模式中，如果业主同意将某几个部分的工程进行分包，施工分包单位往往由施工总承包单位选择，由业主认可；而在施工总承包管理模式中，所有分包单位的选择都是由业主决策的。

业主通常通过招标选择分包单位。一般情况下，分包合同由业主与分包单位直接签订，但每一个分包人的选择和每一个分包合同的签订都要经过施工总承包管理单位的认可，因为施工总承包管理单位要承担施工总体管理和目标控制的任务和责任。如果施工总承包管理单位认为业主选定的某个分包人确实没有能力完成分包任务，而业主执意不肯更换该分包人，施工总承包管理单位也可以拒绝认可该分包合同，并且不承担该分包人所负责工程的管理责任。

有时，在业主要求下并且在施工总承包管理单位同意的情况下，分包合同也可以由施工总承包管理单位与分包单位签订。

（4）对分包单位的付款

对各个分包单位的各种款项可以通过施工总承包管理单位支付，也可以由业主直接支付。

（5）施工总承包管理的合同价格

施工总承包管理合同中一般只确定总承包管理费（通常是按工程建安造价的一定百分比计取，也可以确定一个总价），而不需要事先确定建安工程总造价，这也是施工总承包管理模式的招标可以不依赖于设计图纸出齐的原因之一。

分包合同价，由于是在该部分施工图出齐后再进行分包的招标，因此应该采用实价（单价或总价合同）。由此可以看出，施工总承包管理模式与施工总承包模式相比具有以下优点。

①合同总价不是一次确定，某一部分施工图设计完成以后，再进行该部分工程的施工招标，确定该部分工程的合同价，因此整个项目的合同总额的确定较有依据。

②所有分包合同和分供货合同的发包，都通过招标获得有竞争力的投标报价，对业主方节约投资有利。

③施工总承包管理单位只收取总包管理费，不赚总包与分包之间的差价。

④每完成一部分施工图设计，就可以进行该部分工程的施工招标，可以边设计边施工，可以提前开工，缩短建设周期，有利于进度控制。

以上比较分析说明，施工总承包管理模式与施工总承包模式有很多的不同，但二者也存在一些相同的方面，比如承担的责任和义务以及对分包单位的管理和服务，二者都要承担相同的管理责任，对施工管理目标负责，负责对现场施工的总体管理和协调，负责向分包人提供相应的服务。在国内，普遍对施工总承包管理模式存在误解，认为仅仅做管理与协调工作，而对项目目标控制不承担责任。实际上，每一个分包合同都要经过施工总承包管理单位的确认，施工总承包管理单位有责任对分包人的质量、进度进行控制，并负责审核和控制分包合同的费用支付，负责协调各个分包的关系，负责各个分包合同的管理。因此，在组织结构和人员配备上，施工总承包管理单位仍然要有费用控制、进度控制、质量控制、合同管理、信息管理、组织与协调的组织和人员。

3. 施工总承包管理模式的特点

（1）费用控制

①某一部分工程的施工图完成后，由业主单独或与施工总承包管理单位共同进行该部分工程的施工招标，分包合同的投标报价较有依据。

②每一部分工程的施工，发包人都可以通过招标选择最好的施工单位承包，获得最低的报价，对降低工程造价有利。

③在进行施工总承包管理单位的招标时，只确定总承包管理费，没有合同总造价，是业主承担的风险之一。

④多数情况下，由业主方与分包人直接签约，加大了业主方的风险。

（2）进度控制

对施工总承包管理单位的招标不依赖于施工图设计，可以提前到初步设计阶段进行；而对分包单位的招标依据该部分工程的施工图，与施工总承包模式相比也可以提前，从而可以提前开工，缩短建设周期。

（3）质量控制

①对分包单位的质量控制主要由施工总承包管理单位进行。

②对分包单位来说，也有来自其他分包单位的横向控制，符合质量控制上的“他人控制”原则，对质量控制有利。

③各分包合同交界面的定义由施工总承包管理单位负责，减轻了业主方的工作量。

（4）合同管理

一般情况下，所有分包合同的招投标、合同谈判、签约工作由业主负责，业主方的招标及合同管理工作量大，对业主不利。对分包单位工程款的支付又可分为总承包管理单位支付和业主直接支付两种形式，前者对于加大总承包管理单位对分包单位管理的力度更有利。

（5）组织与协调

由施工总承包管理单位负责对所有分包单位的管理及组织协调，大大减轻了业主的工作，这是施工总承包管理模式的基本出发点。与分包单位的合同一般由业主签订，一定程度上削弱了施工总承包管理单位对分包单位管理的力度。

任务四　施工承包与物资采购合同的内容

内容概要

1. 发包人、承包人的责任与义务。
2. 进度控制、质量控制、费用控制的主要内容。
3. 竣工验收。
4. 缺陷责任与保修责任。
5. 总承包单位、专业工程分包人的主要责任和义务。
6. 工程承包人、劳务分包人的主要义务。
7. 建筑材料采购合同、设备采购合同的主要内容。

一、施工承包合同的主要内容

为了规范和指导合同当事人双方的行为，避免合同纠纷，解决合同文本不规范、条款不完备、执行过程纠纷多等一系列问题，国际工程界许多著名组织（如 FIDIC——国际咨询工程师联合会、AIA——美国建筑师学会、AGC——美国总承包商会、ICE——英国土木工程师学会、世界银行等）都编制了指导性的合同示范文本，规定了合同双方的一般权利和义务，对引导和规范建设行为起到非常重要的作用。

中华人民共和国建设部和国家工商行政管理总局根据工程建设的有关法律、法规，总结我国 1991 年版《建设工程施工合同（示范文本）》（GF—1991—0201）推行的有关经验，结合我国建设工程施工合同的实际情况，并借鉴国际上通用的土木工程施工合同的成熟经验和有效作法，于 1999 年 12 月 24 日颁发了修改的《建设工程施工合同（示范文本）》（GF—1999—0201）。该文本适用于各类公用建筑、民用住宅、工业厂房、交通设施及线路、管道的施工和设备安装等工程。

为了规范施工招标资格预审文件、招标文件编制活动，提高资格预审文件、招标文件编制质量，促进招标投标活动的公开、公平和公正，国家发展和改革委员会、财政部、建设部、铁道部、交通部、信息产业部、水利部、民用航空总局、广播电影电视总局联合编制了《标准施工招标资格预审文件》和《标准施工招标文件》，自 2008 年 5 月 1 日起试行。

国务院有关行业主管部门可根据《标准施工招标文件》并结合本行业施工招标特点和管理需要，编制行业标准施工招标文件。行业标准施工招标文件重点对“专用合同条款”、“工程量清单”、“图纸”、“技术标准和要求”做出具体规定。

行业标准施工招标文件中的“专用合同条款”可对《标准施工招标文件》中的“通用合同条款”进行补充、细化，除“通用合同条款”明确“专用合同条款”可做出不同约定外，补充和细化的内容不得与“通用合同条款”强制性规定相抵触，否则抵触内容无效。

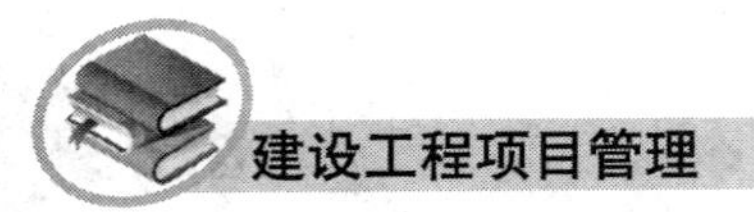

《标准施工招标文件》中“通用合同条款”的主要内容如下。

1. 词语定义与解释

在《建设工程施工合同（示范文本）》（GF—1999—0201）的词语定义与解释中，对工程师做了专门定义，明确为工程监理单位委派的总监理工程师或发包人指定的履行合同的代表，其具体身份和职权由发包人和承包人在专用条款中约定。工程师可以根据需要委派代表，行使合同中约定的部分权力和职责。

《标准施工招标文件》的“通用合同条款”中，取消了“工程师”的概念，明确了“监理人”是指在专用合同条款中指明的、受发包人委托对合同履行实施管理的法人或其他组织。总监理工程师（总监）指由监理人委派常驻施工场地对合同履行实施管理的全权负责人。

2. 发包人的责任与义务

（1）发包人责任

①除专用合同条款另有约定外，发包人应根据合同工程的施工需要，负责办理取得出入施工场地的专用和临时道路的通行权，以及取得为工程建设所需修建场外设施的权利，并承担有关费用。承包人应协助发包人办理上述手续。

②发包人应在专用合同条款约定的期限内，通过监理人向承包人提供测量基准点、基准线和水准点及其书面资料。发包人应对其提供的测量基准点、基准线和水准点及其书面资料的真实性、准确性和完整性负责。发包人提供上述基准资料错误导致承包人测量放线工作的返工或造成工程损失的，发包人应当承担由此增加的费用和（或）工期延误，并向承包人支付合理利润。

③发包人的施工安全责任。发包人应按合同约定履行安全职责，授权监理人按合同约定的安全工作内容监督、检查承包人安全工作的实施，组织承包人和有关单位进行安全检查。发包人应对其现场机构雇佣的全部人员的工伤事故承担责任，但由于承包人原因造成发包人人员工伤的，应由承包人承担责任。发包人应负责赔偿以下各种情况造成的第三者人身伤亡和财产损失：工程或工程的任何部分对土地的占用所造成的第三者财产损失；由于发包人原因在施工场地及其毗邻地带造成的第三者人身伤亡和财产损失。

④治安保卫的责任。除合同另有约定外，发包人应与当地公安部门协商，在现场建立治安管理机构或联防组织，统一管理施工场地的治安保卫事项，履行合同工程的治安保卫职责。发包人和承包人除应协助现场治安管理机构或联防组织维护施工场地的社会治安外，还应做好包括生活区在内的各自管辖区的治安保卫工作。

除合同另有约定外，发包人和承包人应在工程开工后，共同编制施工场地治安管理计划，并制定应对突发治安事件的紧急预案。在工程施工过程中，发生暴乱、爆炸等恐怖事件，以及群殴、械斗等群体性突发治安事件的，发包人和承包人应立即向当地政府报告。发包人和承包人应积极协助当地有关部门采取措施平息事态，防止事态扩大，尽量减少财产损失和避免人员伤亡。

⑤工程施工过程中发生事故的，承包人应立即通知监理人，监理人应立即通知发包人。发包人和承包人应立即组织人员和设备进行紧急抢救和抢修，减少人员伤亡和财产损失，防止事故扩大，并保护事故现场。需要移动现场物品时，应做出标记和书面记录，妥善保管有关证据。发包人和承包人应按国家有关规定，及时如实地向有关部门报告事故发生的情况，以及正在采取的紧急措施等。

⑥发包人应将其持有的现场地质勘探资料、水文气象资料提供给承包人，并对其准确性负责，但承包人应对其阅读上述有关资料后所做出的解释和推断负责。

（2）发包人义务

①遵守法律。发包人在履行合同过程中应遵守法律，并保证承包人免于承担因发包人违反法律而引起的任何责任。

②发出开工通知。发包人应委托监理人按合同约定向承包人发出开工通知。

③提供施工场地。发包人应按专用合同条款约定向承包人提供施工场地以及施工场地内地下管线和地下设施等有关资料，并保证资料的真实、准确、完整。

④协助承包人办理证件和批件。发包人应协助承包人办理法律规定的有关施工证件和批件。

⑤组织设计交底。发包人应根据合同进度计划，组织设计单位向承包人进行设计交底。

⑥支付合同价款。发包人应按合同约定向承包人及时支付合同价款。

⑦组织竣工验收。发包人应按合同约定及时组织竣工验收。

⑧其他义务。发包人应履行合同约定的其他义务。

（3）发包人违约的情形

在履行合同过程中发生的下列情形，属发包人违约。

①发包人未能按合同约定支付预付款或合同价款，或拖延、拒绝批准付款申请和支付凭证，导致付款延误的。

②发包人原因造成停工的。

③监理人无正当理由没有在约定期限内发出复工指示，导致承包人无法复工的。

④发包人无法继续履行或明确表示不履行或实质上已停止履行合同的。

⑤发包人不履行合同约定其他义务的。

3. 承包人的责任与义务

（1）承包人的一般义务

①遵守法律。承包人在履行合同过程中应遵守法律，并保证发包人免于承担因承包人违反法律而引起的任何责任。

②依法纳税。承包人应按有关法律规定纳税，应缴纳的税金包括在合同价格内。

③完成各项承包工作。承包人应按合同约定以及监理人的指示，实施、完成全部工程，并修补工程中的任何缺陷。除专用合同条款另有约定外，承包人应提供为完成合同工作所需的劳务、材料、施工设备、工程设备和其他物品，并按合同约定负责临时设施的设计、

建造、运行、维护、管理和拆除。

④对施工作业和施工方法的完备性负责。承包人应按合同约定的工作内容和施工进度要求，编制施工组织设计和施工措施计划，并对所有施工作业和施工方法的完备性和安全可靠性负责。

⑤保证工程施工和人员的安全。承包人应按合同约定采取施工安全措施，确保工程及其人员、材料、设备和设施的安全，防止因工程施工造成的人身伤害和财产损失。

⑥负责施工场地及其周边环境与生态的保护工作。承包人应按照合同约定负责施工场地及其周边环境与生态的保护工作。

⑦避免施工对公众与他人的利益造成损害。承包人在进行合同约定的各项工作时，不得侵害发包人与他人使用公用道路、水源、市政管网等公共设施的权利，避免对邻近的公共设施产生干扰。承包人占用或使用他人的施工场地，影响他人作业或生活的，应承担相应责任。

⑧为他人提供方便。承包人应按监理人的指示为他人在施工场地或附近实施与工程有关的其他各项工作提供可能的条件。除合同另有约定外，提供有关条件的内容和可能发生的费用，由监理人按合同规定的办法与双方商定或确定。

⑨工程的维护和照管。工程接收证书颁发前，承包人应负责照管和维护工程。工程接收证书颁发时尚有部分未竣工工程的，承包人还应负责该未竣工工程的照管和维护工作，直至竣工后移交给发包人为止。

⑩其他义务。承包人应履行合同约定的其他义务。

（2）承包人的其他责任与义务

①承包人不得将工程主体、关键性工作分包给第三人。除专用合同条款另有约定外，未经发包人同意，承包人不得将工程的其他部分或工作分包给第三人。承包人应与分包人就分包工程向发包人承担连带责任。

②承包人应在接到开工通知后28天内，向监理人提交承包人在施工场地的管理机构以及人员安排的报告，其内容应包括管理机构的设置、各主要岗位的技术和管理人员名单及其资格，以及各工种技术工人的安排状况。承包人应向监理人提交施工场地人员变动情况的报告。

③承包人应对施工场地和周围环境进行勘察，并收集有关地质、水文、气象条件、交通条件、风俗习惯以及其他为完成合同工作有关的当地资料。在全部合同工作中，应视为承包人已充分估计了应承担的责任和风险。

4. 进度控制的主要内容

（1）进度计划

①合同进度计划。承包人应按专用合同条款约定的内容和期限，编制详细的施工进度计划和施工方案说明报送监理人。监理人应在专用合同条款约定的期限内批复或提出修改意见，否则该进度计划视为已得到批准。经监理人批准的施工进度计划称合同进度计划，是控制合同工程进度的依据。承包人还应根据合同进度计划，编制更为详细的分阶段或分

项进度计划，报监理人审批。

②合同进度计划的修订。不论何种原因造成工程的实际进度与合同进度计划不符时，承包人可以在专用合同条款约定的期限内向监理人提交修订合同进度计划的申请报告，并附有关措施和相关资料，报监理人审批；监理人也可以直接向承包人做出修订合同进度计划的指示，承包人应按该指示修订合同进度计划，报监理人审批。监理人应在专用合同条款约定的期限内批复。监理人在批复前应获得发包人同意。

（2）开工日期与工期

监理人应在开工日期 7 天前向承包人发出开工通知，监理人在发出开工通知前应获得发包人同意。工期自监理人发出的开工通知中载明的开工日期起计算。

（3）工期调整

①发包人的工期延误。在履行合同过程中，由于发包人的下列原因造成工期延误的，承包人有权要求发包人延长工期和（或）增加费用，并支付合理利润，需要修订合同进度计划的，按照合同规定的办法力理。

- 增加合同工作内容；
- 改变合同中任何一项工作的质量要求或其他特性；
- 发包人迟延提供材料、工程设备或变更交货地点的；
- 因发包人原因导致的暂停施工；
- 提供图纸延误；
- 未按合同约定及时支付预付款、进度款；
- 发包人造成工期延误的其他原因。

②异常恶劣的气候条件。由于出现专用合同条款规定的异常恶劣气候的条件导致工期延误的，承包人有权要求发包人延长工期。

③承包人的工期延误。由于承包人原因，未能按合同进度计划完成工作，或监理人认为承包人施工进度不能满足合同工期要求的，承包人应采取措施加快进度，并承担加快进度所增加的费用。由于承包人原因造成工期延误，承包人应支付逾期竣工违约金。承包人支付逾期竣工违约金，不免除承包人完成工程及修补缺陷的义务。

④工期提前。发包人要求承包人提前竣工，或承包人提出提前竣工的建议能够给发包人带来效益的，应由监理人与承包人共同协商采取加快工程进度的措施和修订合同进度计划。发包人应承担承包人由此增加的费用，并向承包人支付专用合同条款约定的相应奖金。

（4）暂停施工的责任

①承包人暂停施工的责任。因下列暂停施工增加的费用和（或）工期延误由承包人承担。

- 承包人违约引起的暂停施工；
- 由于承包人原因为工程合理施工和安全保障所必需的暂停施工；
- 承包人擅自暂停施工；

➢ 承包人其他原因引起的暂停施工；

➢ 专用合同条款约定由承包人承担的其他暂停施工。

②发包人暂停施工的责任。由于发包人原因引起的暂停施工造成工期延误的，承包人有权要求发包人延长工期和（或）增加费用，并支付合理利润。

③监理人暂停施工指示。

a．监理人认为有必要时，可向承包人做出暂停施工的指示，承包人应按监理人指示暂停施工。不论由于何种原因引起的暂停施工，暂停施工期间承包人应负责妥善保护工程并提供安全保障。

b. 由于发包人的原因发生暂停施工的紧急情况，且监理人未及时下达暂停施工指示的，承包人可先暂停施工，并及时向监理人提出暂停施工的书面请求。监理人应在接到书面请求后的 24 小时内予以答复，逾期未答复的，视为同意承包人的暂停施工请求。

④暂停施工后的复工。

a．暂停施工后，监理人应与发包人和承包人协商，采取有效措施积极消除暂停施工的影响。当工程具备复工条件时，监理人应立即向承包人发出复工通知。承包人收到复工通知后，应在监理人指定的期限内复工。

b．承包人无故拖延和拒绝复工的，由此增加的费用和工期延误由承包人承担；因发包人原因无法按时复工的，承包人有权要求发包人延长工期和（或）增加费用，并支付合理利润。

⑤暂停施工持续 56 天以上。

a．监理人发出暂停施工指示后 56 天内未向承包人发出复工通知，除了该项停工属于由于承包人暂停施工的责任的情况外，承包人可向监理人提交书面通知，要求监理人在收到书面通知后 28 天内准许已暂停施工的工程或其中一部分工程继续施工。如监理人逾期不予批准，则承包人可以通知监理人，将工程受影响的部分视为按变更的可取消工作。如暂停施工影响到整个工程，可视为发包人违约，应按发包人违约办理。

b．由于承包人责任引起的暂停施工，如承包人在收到监理人暂停施工指示后 56 天内不认真采取有效的复工措施，造成工期延误，可视为承包人违约，应按承包人违约办理。

5．质量控制的主要内容

（1）承包人的质量管理

承包人应在施工场地设置专门的质量检查机构，配备专职质量检查人员，建立完善的质量检查制度。承包人应在合同约定的期限内，提交工程质量保证措施文件，包括质量检查机构的组织和岗位责任、质检人员的组成、质量检查程序和实施细则等，报送监理人审批。

（2）承包人的质量检查

承包人应按合同约定对材料、工程设备以及工程的所有部位及其施工工艺进行全过程的质量检查和检验，并做详细记录，编制工程质量报表，报送监理人审查。

（3）监理人的质量检查

监理人有权对工程的所有部位及其施工工艺、材料和工程设备进行检查和检验。承包人应为监理人的检查和检验提供方便，包括监理人到施工场地，或制造、加工地点，或合同约定的其他地方进行察看和查阅施工原始记录。承包人还应按监理人指示，进行施工场地取样试验、工程复核测量和设备性能检测，提供试验样品、提交试验报告和测量成果以及监理人要求进行的其他工作。监理人的检查和检验，不免除承包人按合同约定应负的责任。

（4）工程隐蔽部位覆盖前的检查

①通知监理人检查。经承包人自检确认的工程隐蔽部位具备覆盖条件后，承包人应通知监理人在约定的期限内检查。承包人的通知应附有自检记录和必要的检查资料。监理人应按时到场检查。经监理人检查确认质量符合隐蔽要求，并在检查记录上签字后，承包人才能进行覆盖。监理人检查确认质量不合格的，承包人应在监理人指示的时间内修整返工后，由监理人重新检查。

②监理人未到场检查。监理人未按约定的时间进行检查的，除监理人另有指示外，承包人可自行完成覆盖工作，并做相应记录报送监理人，监理人应签字确认。监理人事后对检查记录有疑问的，可按约定重新检查。

③监理人重新检查。承包人按上述的①、②覆盖工程隐蔽部位后，监理人对质量有疑问的，可要求承包人对已覆盖的部位进行钻孔探测或揭开重新检验，承包人应遵照执行，并在检验后重新覆盖恢复原状。经检验证明工程质量符合合同要求的，由发包人承担由此增加的费用和（或）工期延误，并支付承包人合理利润；经检验证明工程质量不符合合同要求的，由此增加的费用和（或）工期延误由承包人承担。

④承包人私自覆盖。承包人未通知监理人到场检查，私自将工程隐蔽部位覆盖的，监理人有权指示承包人钻孔探测或揭开检查，由此增加的费用和（或）工期延误由承包人承担。

（5）清除不合格工程

①承包人使用不合格材料、工程设备，或采用不适当的施工工艺，或施工不当，造成工程不合格的，监理人可以随时发出指示，要求承包人立即采取措施进行补救，直至达到合同要求的质量标准，由此增加的费用和（或）工期延误由承包人承担。

②由于发包人提供的材料或工程设备不合格造成的工程不合格，需要承包人采取措施补救的，发包人应承担由此增加的费用和（或）工期延误，并支付承包人合理利润。

（6）试验和检验

①材料、工程设备和工程的试验和检验。

a. 承包人应按合同约定进行材料、工程设备和工程的试验和检验，并为监理人对上述材料、工程设备和工程的质量检查提供必要的试验资料和原始记录。按合同约定应由监理人与承包人共同进行试验和检验的，由承包人负责提供必要的试验资料和原始记录。

b. 监理人对承包人的试验和检验结果有疑问的，或为查清承包人试验和检验成果的可靠性要求承包人重新试验和检验的，可按合同约定由监理人与承包人共同进行。重新试验和检验的结果证明该项材料、工程设备或工程的质量不符合合同要求的，由此增加的费用和（或）工期延误由承包人承担；重新试验和检验结果证明该项材料、工程设备和工程符合合同要求，由发包人承担由此增加的费用和（或）工期延误，并支付承包人合理利润。

②现场材料试验。

a. 承包人根据合同约定或监理人指示进行的现场材料试验，应由承包人提供试验场所、试验人员、试验设备器材以及其他必要的试验条件。

b. 监理人在必要时可以使用承包人的试验场所、试验设备器材以及其他试验条件并进行以工程质量检查为目的的复核性材料试验，承包人应予以协助。

③现场工艺试验。承包人应按合同约定或监理人指示进行现场工艺试验。对大型的现场工艺试验，监理人认为必要时，应由承包人根据监理人提出的工艺试验要求，编制工艺试验措施计划，报送监理人审批。

6. 费用控制的主要内容

（1）预付款

预付款用于承包人为合同工程施工购置材料、工程设备、施工设备、修建临时设施以及组织施工队伍进场等。预付款的额度和预付办法在专用合同条款中约定。预付款必须专用于合同工程。

除专用合同条款另有约定外，承包人应在收到预付款的同时向发包人提交预付款保函，预付款保函的担保金额应与预付款金额相同。保函的担保金额可根据预付款扣回的金额相应递减。

（2）工程进度付款

①付款周期。付款周期同计量周期。

②进度付款申请单。承包人应在每个付款周期末，按监理人批准的格式和专用合同条款约定的份数，向监理人提交进度付款申请单，并附相应的支持性证明文件。

③进度付款证书和支付时间。

a. 监理人在收到承包人进度付款申请单以及相应的支持性证明文件后的 14 天内完天核查，提出发包人到期应支付给承包人的金额以及相应的支持性材料，经发包人审查同意后，由监理人向承包人出具经发包人签认的进度付款证书。监理人有权扣发承包人未能按照合同要求履行任何工作或义务的相应金额。

b. 发包人应在监理人收到进度付款申请单后的 28 天内，将进度应付款支付给承包人。发包人不按期支付的，按专用合同条款的约定支付逾期付款违约金。

c. 监理人出具进度付款证书，不应视为监理人已同意、批准或接受了承包人完成的该部分工作。

d. 进度付款涉及政府投资资金的，按照国库集中支付等国家相关规定和专用合同条款的约定办理。

④工程进度付款的修正。在对以往历次已签发的进度付款证书进行汇总和复核中发现

错、漏或重复的，监理人有权予以修正，承包人也有权提出修正申请。经双方复核同意的修正，应在本次进度付款中支付或扣除。

（3）质量保证金

监理人应从第一个付款周期开始，在发包人的进度付款中，按专用合同条款的约定扣留质量保证金，直至扣留的质量保证金总额达到专用合同条款约定的金额或比例为止。质量保证金的计算额度不包括预付款的支付、扣回以及价格调整的金额。

在合同约定的缺陷责任期满时，承包人向发包人申请到期应返还承包人剩余的质量保证金金额，发包人应在 14 天内会同承包人按照合同约定的内容核实承包人是否完成缺陷责任。如无异议，发包人应当在核实后将剩余保证金返还承包人。

在合同约定的缺陷责任期满时，承包人没有完成缺陷责任的，发包人有权扣留与未履行责任剩余工作所需金额相应的质量保证金余额，并有权要求延长缺陷责任期，直至完成剩余工作为止。

（4）竣工结算

①竣工付款申请单。

a. 工程接收证书颁发后，承包人应按专用合同条款约定的份数和期限向监理人提交竣工付款申请单，并提供相关证明材料。

b. 监理人对竣工付款申请单有异议的，有权要求承包人进行修正和提供补充资料。经监理人和承包人协商后，由承包人向监理人提交修正后的竣工付款申请单。

②竣工付款证书及支付时间。

a. 监理人在收到承包人提交的竣工付款申请单后的 14 天内完成核查，提出发包人到期应支付给承包人的价款送发包人审核并抄送承包人。发包人应在收到后 14 天内审核完毕，由监理人向承包人出具经发包人签认的竣工付款证书。监理人未在约定时间内核查又未提出具体意见的，视为承包人提交的竣工付款申请单已经监理人核查同意；发包人未在约定时间内审核又未提出具体意见的，监理人提出发包人到期应支付给承包人的价款视为已经发包人同意。

b. 发包人应在监理人出具竣工付款证书后的 14 天内，将应支付款支付给承包人。发包人不按期支付的，按合同约定，将逾期付款违约金支付给承包人。

c. 承包人对发包人签认的竣工付款证书有异议的，发包人可出具竣工付款申请单中的包人已同意部分的临时付款证书。存在争议的部分，按争议解决的约定办理。

（5）最终结清

①最终结清申请单。

a. 缺陷责任期终止证书签发后，承包人可按专用合同条款约定的份数和期限向监理人提交最终结清申请单，并提供相关证明材料。

b. 发包人对最终结清申请单内容有异议的，有权要求承包人进行修正和提供补充资料，由承包人向监理人提交修正后的最终结算申请单。

②最终结算证书和支付时间。

a．监理人收到承包人提交的最终结清申请单后的 14 天内，提出发包人应支付给承包人的价款送发包人审核并抄送承包人。发包人应在收到后 14 天内审核完毕，由监理人向承包人出具经发包人签认的最终结清证书。监理人未在约定时间内核查又未提出具体意见的，视为承包人提交的最终结清申请已经监理人核查同意；发包人未在约定时间内审核又未提出具体意见的，监理人提出应支付给承包人的价款视为已经发包人同意。

b．发包人应在监理人出具最终结清证书后的 14 天内，将应支付款支付给承包人。发包人不按期支付的，按合同约定，将逾期付款违约金支付给承包人。

c．承包人对发包人签认的最终结清证书有异议的，按争议解决的约定办理。

7．竣工验收

（1）竣工验收的含义

竣工验收指承包人完成了全部合同工作后，发包人按合同要求进行的验收。

国家验收是政府有关部门根据法律、规范、规程和政策要求，针对发包人全面组织实施的整个工程正式交付投运前的验收。

需要进行国家验收的，竣工验收是国家验收的一部分。竣工验收所采用的各项验收和评定标准应符合国家验收标准。发包人和承包人为竣工验收提供的各项竣工验收资料应符合国家验收的要求。

（2）竣工验收申请报告

当工程具备以下条件时，承包人即可向监理人报送竣工验收申请报告。

①除监理人同意列入缺陷责任期内完成的尾工（甩项）工程和缺陷修补工作外，合同范围内的全部单位工程以及有关工作，包括合同要求的试验、试运行以及检验和验收均已完成，并符合合同要求。

②已按合同约定的内容和份数备齐了符合要求的竣工资料。

③已按监理人的要求编制了在缺陷责任期内完成的尾工（甩项）工程和缺陷修补工作清单以及相应施工计划。

④监理人要求在竣工验收前应完成的其他工作。

⑤监理人要求提交的竣工验收资料清单。

（3）验收

监理人收到承包人按要求提交的竣工验收申请报告后，应审查申请报告的各项内容，并按以下不同情况进行处理。

①监理人审查后认为尚不具备竣工验收条件的，应在收到竣工验收申请报告后的 28 天内通知承包人，指出在颁发接收证书前承包人还须进行的工作内容。承包人完成监理人通知的全部工作内容后，应再次提交竣工验收申请报告，直至监理人同意为止。

②监理人审查后认为已具备竣工验收条件的，应在收到竣工验收申请报告后的 28 天内提请发包人进行工程验收。

③发包人经过验收后同意接受工程的，应在监理人收到竣工验收申请报告后的 56 天内，由监理人向承包人出具经发包人签认的工程接收证书。发包人验收后同意接收工程但提出整修和完善要求的，限期修好，并缓发工程接收证书。整修和完善工作完成后，监理人复查达到要求的，经发包人同意后，再向承包人出具工程接收证书。

④发包人验收后不同意接收工程的，监理人应按照发包人的验收意见发出指示，要求承包人对不合格工程认真返工重作或进行补救处理，并承担由此产生的费用。承包人在完成不合格工程的返工重作或补救工作后，应重新提交竣工验收申请报告。

⑤除专用合同条款另有约定外，经验收合格工程的实际竣工日期，以提交竣工验收申请报告的日期为准，并在工程接收证书中写明。

⑥发包人在收到承包人竣工验收申请报告 56 天后未进行验收的，视为验收合格，实际竣工日期以提交竣工验收申请报告的日期为准，但发包人由于不可抗力不能进行验收的除外。

（4）单位工程验收

发包人根据合同进度计划安排，在全部工程竣工前需要使用已经竣工的单位工程时，或承包人提出经发包人同意时，可进行单位工程验收。验收合格后，由监理人向承包人出具经发包人签认的单位工程验收证书。已签发单位工程接收证书的单位工程由发包人负责照管。单位工程的验收成果和结论作为全部工程竣工验收申请报告的附件。

发包人在全部工程竣工前，使用已接收的单位工程导致承包人费用增加的，发包人应承担由此增加的费用和（或）工期延误，并支付承包人合理利润。

（5）施工期运行

施工期运行是指合同工程尚未全部竣工，其中某项或某几项单位工程或工程设备安装已竣工，根据专用合同条款约定，需要投入施工期运行的，经发包人约定验收合格，证明能确保安全后，才能在施工期投入运行。

在施工期运行中发现工程或工程设备损坏或存在缺陷的，由承包人按合同规定进行修复。

（6）试运行

除专用合同条款另有约定外，承包人应按专用合同条款约定进行工程及工程设备运行，负责提供试运行所需的人员、器材和必要的条件，并承担全部试运行费用。

由于承包人的原因导致试运行失败的，承包人应采取措施保证试运行合格，并承担相应费用。由于发包人的原因导致试运行失败的，承包人应当采取措施保证试运行合格，发包人应承担由此产生的费用，并支付承包人合理利润。

（7）竣工清场

除合同另有约定外，工程接收证书颁发后，承包人应按以下要求对施工场地进行清理，直至监理人检验合格为止。竣工清场费用由承包人承担。

①施工场地内残留的垃圾已按合同要求进行清理、平整或复原。

②临时工程已拆除，场地已按合同要求进行清理、平整或复原。

③按合同约定应撤离的承包人设备和剩余的材料，包括废弃的施工设备和材料，已按

计划撤离施工场地。

④工程建筑物周边及其附近道路、河道的施工堆积物，已按监理人指示全部清理。

⑤监理人指示的其他场地清理工作已全部完成。

承包人未按监理人的要求恢复临时占地，或者场地清理未达到合同约定的，发包人有权委托其他人恢复或清理，所发生的金额从拟支付给承包人的款项中扣除。

（8）施工队伍的撤离

工程接收证书颁发后的 56 天内，除了经监理人同意须在缺陷责任期内继续工作和使用的人员、施工设备和临时工程外，其余的人员、施工设备和临时工程均应撤离施工场地或拆除。除合同另有约定外，缺陷责任期满时，承包人的人员和施工设备应全部撤离施工场地。

8. 缺陷责任与保修责任

（1）缺陷责任期的起算时间

缺陷责任期自实际竣工日期起计算。在全部工程竣工验收前，已经发包人提前验收的单位工程，其缺陷责任期的起算日期相应提前。

（2）缺陷责任

①承包人应在缺陷责任期内对已交付使用的工程承担缺陷责任。

②缺陷责任期内，发包人对已接收使用的工程负责日常维护工作。发包人在使用过程中，发现已接收的工程存在新的缺陷或已修复的缺陷部位或部件又遭损坏的，承包人应负责修复，直至检验合格为止。

③监理人和承包人应共同查清缺陷和（或）损坏的原因。经查明属承包人原因造成的，应由承包人承担修复和查验的费用；经查验属发包人原因造成的，发包人应承担修复和查验的费用，并支付承包人合理利润。

④承包人不能在合理时间内修复缺陷的，发包人可自行修复或委托其他人修复，所需费用和利润的承担，根据缺陷和（或）损坏原因处理。

（3）缺陷责任期的延长

由于承包人原因造成某项缺陷或损坏使某项工程或工程设备不能按原定目标使用而需要再次检查、检验和修复的，发包人有权要求承包人相应延长缺陷责任期，但缺陷责任期最长不超过 2 年。

（4）进一步试验和试运行

任何一项缺陷或损坏修复后，经检查证明其影响了工程或工程设备的使用性能，承包人应重新进行合同约定的试验和试运行，试验和试运行的全部费用应由责任方承担。

（5）缺陷责任期终止证书

在缺陷责任期，包括根据合同规定延长的期限终止后 14 天内，由监理人向承包人出具经发包人签认的缺陷责任期终止证书，并退还剩余的质量保证金。

（6）保修责任

合同当事人根据有关法律规定，在专用合同条款中约定工程质量保修范围、期限和责任。保修期自实际竣工日期起计算。在全部工程竣工验收前，已经发包人提前验收的单位工程，其保修期的起算日期相应提前。

二、施工专业分包合同的内容

1. 工程承包人（总承包单位）的主要责任和义务

①分包人对总包合同的了解。承包人应提供总包合同（有关承包工程的价格内容除外）供分包人查阅。

②项目经理应按分包合同的约定，及时向分包人提供所需的指令、批准、图纸并履行其他约定的义务，否则分包人应在约定时间后24小时内将具体要求、需要的理由及延误的后果通知承包人，项目经理在收到通知后48小时内不予答复，应承担因延误造成的损失。

③承包人的工作。

➢ 向分包人提供与分包工程相关的各种证件、批件和各种相关资料，向分包人提供具备施工条件的施工场地；

➢ 组织分包人参加发包人组织的图纸会审，向分包人进行设计图纸交底；

➢ 提供本合同专用条款中约定的设备和设施，并承担因此发生的费用；

➢ 随时为分包人提供确保分包工程的施工所要求的施工场地和通道等，满足施工运输的需要，保证施工期间的畅通；

➢ 负责整个施工场地的管理工作，协调分包人与同一施工场地的其他分包人之间的交叉配合，确保分包人按照经批准的施工组织设计进行施工。

2. 专业工程分包人的主要责任和义务

（1）分包人对有关分包工程的责任

除本合同条款另有约定，分包人应履行并承担总包合同中与分包工程有关的承包人的所有义务与责任；同时应避免因分包人自身行为或疏漏造成承包人违反总包合同中约定的承包人义务的情况发生。

（2）分包人与发包人的关系

分包人须服从承包人转发的发包人或工程师与分包工程有关的指令。未经承包人允许，分包人不得以任何理由与发包人或工程师发生直接工作联系，分包人不得直接致函发包人或工程师，也不得直接接受发包人或工程师的指令。如分包人与发包人或工程师发生直接工作联系，将被视为违约，并承担违约责任。

（3）承包人指令

就分包工程范围内的有关工作，承包人随时可以向分包人发出指令，分包人应执行承包人根据分包合同所发出的所有指令。分包人拒不执行指令，承包人可委托其他施工单位完成该指令事项，发生的费用从应付给分包人的相应款项中扣除。

（4）分包人的工作

①按照分包合同的约定，对分包工程进行设计（分包合同有约定时）、施工、竣工和保修。

②按照合同约定的时间，完成规定的设计内容，报承包人确认后在分包工程中使用。承包人承担由此发生的费用。

③在合同约定的时间内，向承包人提供年、季、月度工程进度计划及相应进度统计报表。

④在合同约定的时间内，向承包人提交详细施工组织设计，承包人应在专用条款约定的时间内批准，分包人方可执行。

⑤遵守政府有关主管部门对施工场地交通、施工噪声以及环境保护和安全文明生产等的管理规定，按规定办理有关手续，并以书面形式通知承包人，承包人承担由此发生的费用，因分包人责任造成的罚款除外。

⑥分包人应允许承包人、发包人、工程师及其三方中任何一方授权的人员在工作时间内，合理进入分包工程施工场地或材料存放的地点，以及施工场地以外与分包合同有关的分包人的任何工作或准备的地点，分包人应提供方便。

⑦已竣工工程未交付承包人之前，分包人应负责已完分包工程的成品保护工作，保护期间发生损坏，分包人自费予以修复；承包人要求分包人采取特殊措施保护的工程部位和相应的追加合同价款，双方在合同专用条款内约定。

3. 合同价款及支付

①分包工程合同价款可以采用以下 3 种中的 1 种（应与总包合同约定的方式一致）。

固定价格：在约定的风险范围内合同价款不再调整。

可调价格：合同价款可根据双方的约定而调整，应在专用条款内约定合同价款调整方法。

成本加酬金：合同价款包括成本和酬金两部分，双方在合同专用条款内约定成本构成和酬金的计算方法。

②分包合同价款与总包合同相应部分价款无任何连带关系。

③合同价款的支付。

➢ 实行工程预付款的，双方应在合同专用条款内约定承包人向分包人预付工程款的时间和数额，开工后按约定的时间和比例逐次扣回；

➢ 承包人应按专用条款约定的时间和方式，向分包人支付工程款（进度款），按约定时间承包人应扣回的预付款，与工程款（进度款）同期结算；

➢ 分包合同约定的工程变更调整的合同价款、合同价款的调整、索赔的价款或费用以及其他约定的追加合同价款，应与工程进度款同期调整支付；

➢ 承包人超过约定的支付时间不支付工程款（预付款、进度款），分包人可向承包人发出要求付款的通知，承包人不按分包合同约定支付工程款（预付款、进度款），导致施工无法进行，分包人可停止施工，由承包人承担违约责任；

➢ 承包人应在收到分包工程竣工结算报告及结算资料后 28 天内支付工程竣工结算

价款，无正当理由不按时支付，从第 29 天起按分包人同期向银行贷款利率支付拖欠工程价款的利息，并承担违约责任。

三、施工劳务分包合同的内容

劳务作业分包，是指施工承包单位或者专业分包单位（均可作为劳务作业的发包人）将其承包工程中的劳务作业发包给劳务分包单位（即劳务作业承包人）完成的活动。

1. 工程承包人的主要义务

①组建与工程相适应的项目管理班子，全面履行总（分）包合同，组织实施施工管理的各项工作，对工程的工期和质量向发包人负责。

②完成劳务分包人施工前期的下列工作。

- 向劳务分包人交付具备本合同项下劳务作业开工条件的施工场地；
- 满足劳务作业所需的能源供应、通讯及施工道路畅通；
- 向劳务分包人提供相应的工程资料；
- 向劳务分包人提供生产、生活临时设施。

③负责编制施工组织设计，统一制定各项管理目标，组织编制年、季、月施工计划、物资需用量计划表，实施对工程质量、工期、安全生产、文明施工、计量检测、实验化验的控制、监督、检查和验收。

④负责工程测量定位、沉降观测、技术交底，组织图纸会审，统一安排技术档案资料的收集整理及交工验收。

⑤按时提供图纸，及时交付材料、设备，所提供的施工机械设备、周转材料、安全设施保证施工需要。

⑥按合同约定，向劳务分包人支付劳动报酬。

⑦负责与发包人、监理、设计及有关部门联系，协调现场工作关系。

2. 劳务分包人的主要义务

①对劳务分包范围内的工程质量向工程承包人负责，组织具有相应资格证书的熟练工人投入工作；未经工程承包人授权或允许，不得擅自与发包人及有关部门建立工作联系；自觉遵守法律法规及有关规章制度。

②严格按照设计图纸、施工验收规范、有关技术要求及施工组织设计精心组织施工，确保工程质量达到约定的标准；科学安排作业计划，投入足够的人力、物力，保证工期；加强安全教育，认真执行安全技术规范，严格遵守安全制度，落实安全措施，确保施工安全；加强现场管理，严格执行建设主管部门及环保、消防、环卫等有关部门对施工现场的管理规定，做到文明施工；承担由于自身责任造成的质量修改、返工、工期拖延、安全事故、现场脏乱造成的损失及各种罚款。

③自觉接受工程承包人及有关部门的管理、监督和检查；接受工程承包人随时检查其

设备、材料保管、使用情况，及其操作人员的有效证件、持证上岗情况；与现场其他单位协调配合，照顾全局。

④劳务分包人须服从工程承包人转发的发包人及工程师的指令。

⑤除非合同另有约定，劳务分包人应对其作业内容的实施、完工负责，劳务分包人应承担并履行总（分）包合同约定的、与劳务作业有关的所有义务及工作程序。

3. 保险

①劳务分包人施工开始前，工程承包人应获得发包人为施工场地内的自有人员及第三人人员生命财产办理的保险，且不需劳务分包人支付保险费用。

②运至施工场地用于劳务施工的材料和待安装设备，由工程承包人办理或获得保险，且不需劳务分包人支付保险费用。

③工程承包人必须为租赁或提供给劳务分包人使用的施工机械设备办理保险，并支付保险费用。

④劳务分包人必须为从事危险作业的职工办理意外伤害保险，并为施工场地内自有人员生命财产和施工机械设备办理保险，支付保险费用。

⑤保险事故发生时，劳务分包人和工程承包人有责任采取必要的措施，防止或减少损失。

4. 劳务报酬

①劳务报酬可以采用以下方式中的任何一种：固定劳务报酬（含管理费）；约定不同工种劳务的计时单价（含管理费），按确认的工时计算；约定不同工作成果的计件单价（含管理费），按确认的工程量计算。

②劳务报酬，可以采用固定价格或变动价格。采用固定价格，则除合同约定或法律政策变化导致劳务价格变化以外，均为一次包死，不再调整。

③在合同中可以约定，下列情况下，固定劳务报酬或单价可以调整。

➢ 以本合同约定价格为基准，市场人工价格的变化幅度超过一定百分比时，按变化前后价格的差额予以调整；

➢ 后续法律及政策变化，导致劳务价格变化的，按变化前后价格的差额予以调整；

➢ 双方约定的其他情形。

5. 工时及工程量的确认

①采用固定劳务报酬方式的，施工过程中不计算工时和工程量。

②采用按确定的工时计算劳务报酬的，由劳务分包人每日将提供劳务人数报工程承包人，由工程承包人确认。

③采用按确认的工程量计算劳务报酬的，由劳务分包人按月（或旬、日）将完成的工程量报工程承包人，由工程承包人确认。对劳务分包人未经工程承包人认可，超出设计图纸范围和因劳务分包人原因造成返工的工程量，工程承包人不予计量。

6. 劳务报酬最终支付

①全部工作完成，经工程承包人认可后 14 天内，劳务分包人向工程承包人递交完整的结算资料，双方按照本合同约定的计价方式，进行劳务报酬的最终支付。

②工程承包人收到劳务分包人递交的结算资料后 14 天内进行核实，给予确认或者提出修改意见。工程承包人确认结算资料后 14 天内向劳务分包人支付劳务报酬尾款。

③劳务分包人和工程承包人对劳务报酬结算价款发生争议时，按合同约定处理。

四、物资采购合同的内容

工程建设过程中的物资包括建筑材料（含构配件）和设备等。材料和设备的供应一般需要经过订货、生产（加工）、运输、储存、使用（安装）等各个环节，经历一个非常复杂的过程。

物资采购合同分建筑材料采购合同和设备采购合同，其合同当事人为供方和需方。供方一般为物资供应单位或建筑材料和设备的生产厂家；需方为建设单位（业主）、项目总承包单位或施工承包单位。供方应对其生产或供应的产品质量负责，而需方则应根据合同的规定进行验收。

1. 建筑材料采购合同的主要内容

（1）标的

标的主要包括购销物资的名称（注明牌号、商标）、品种、型号、规格、等级、花色、技术标准或质量要求等。标的物的质量要求应该符合国家或者行业现行有关质量标准和设计要求，应该符合以产品采用标准、说明、实物样品等方式表明的质量状况。

约定质量标准的一般原则如下。

①按颁布的国家标准执行。

②没有国家标准而有部颁标准的按部颁标准执行。

③没有国家标准和部颁标准为依据时，可按照企业标准执行。

④没有上述标准或虽有上述标准但采购方有特殊要求的，按照双方在合同中约定的技术条件、样品或补充的技术要求执行。

合同内必须写明执行的质量标准代号、编号和标准名称，明确各类材料的技术要求、试验项目、试验方法、试验频率等。采购成套产品时，合同内也需要规定附件的质量要求。

（2）数量

合同中应该明确所采用的计量方法，并明确计量单位。凡国家、行业或地方规定有计量标准的产品，合同中应按照统一标准注明计量单位；没有规定的，可由当事人协商执行，不可以用含混不清的计量单位。应当注意的是，若建筑材料或产品有计量换算问题，则应该按照标准计量单位确定订购数量。

供货方发货时所采用的计量单位与计量方法应该与合同一致，并在发货明细表或质量

证明书中注明，以便采购方检验。运输中转单位也应该按照供货方发货时所采用的计量方法进行验收和发货。

订购数量必须在合同中注明，尤其是一次订购分期供货的合同，还应明确每次进货的时间、地点和数量。

建筑材料在运输过程中容易造成自然损耗，如挥发、飞散、干燥、风化、潮解、破碎、漏损等，在装卸操作或检验环节中换装、拆包检查等也都会造成物资数量的减少，这些都属于途中自然减量；但是，有些情况不能作为自然减量，如非人力所能抗拒的自然灾害所造成的非常损失，由于工作失职和管理不善造成的失误。因此，对于某些建筑材料，还应在合同中写明交货数量的正负尾数差、合理磅差和运输途中自然损耗的规定及计算方法。

（3）包装

包装包括包装的标准、包装物的供应和回收。

包装标准是指产品包装的类型、规格、容量以及标记等。产品或者其包装标志应该符合要求，如包括产品名称、生产厂家、厂址、质量检验合格证明等。

包装物一般应由建筑材料的供货方负责供应，并且一般不得另外向采购方收取包装费。如果采购方对包装提出特殊要求时，双方应在合同中商定，超过原标准费用部分由采购方负责；反之，若议定的包装标准低于有关规定标准，也应相应降低产品价格。

包装物的回收办法可以采用如下两种形式之一。

①押金回收：适用于专用的包装物，如电缆卷筒、集装箱、大中型木箱等。

②折价回收：适用于可以再次利用的包装器材，如油漆桶、麻袋、玻璃瓶等。

（4）交付及运输方式

交付方式可以是采购方到约定地点提货或供货方负责将货物送达指定地点两大类。如果是由供货方负责将货物送达指定地点，要确定运输方式，可以选择铁路、公路、水路、航空、管道运输及海上运输等，一般由采购方在签订合同时提出要求，供货方代办发运，运费由采购方负担。

（5）验收

合同中应该明确货物的验收依据和验收方式。

验收依据包括：采购合同；供货方提供的发货单、计量单、装箱单及其他有关凭证；合同约定的质量标准和要求；产品合格证、检验单；图纸、样品和其他技术证明文件；双方当事人封存的样品。

验收方式有驻厂验收、提运验收、接运验收和入库验收等方式。

①驻厂验收：在制造时期，由采购方派人在供应的生产厂家进行材质检验。

②提运验收：对加工订制、市场采购和自提自运的物资，由提货人在提取产品时检验。

③接运验收：由接运人员对到达的物资进行检查，发现问题当场做出记录。

④入库验收：是广泛采用的正式的验收方法，由仓库管理人员负责数量和外观检验。

（6）交货期限

交货期限是指应明确具体的交货时间。如果分批交货，要注明各个批次的交货时间。

交货日期的确定可以按照下列方式。

①供货方负责送货的，以采购方收货戳记的日期为准。

②采购方提货的，以供货方按合同规定通知的提货日期为准。

③凡委托运输部门或单位运输、送货或代运的产品，一般以供货方发运产品时承运单位签发的日期为准，不是以向承运单位提出申请的日期为准。

（7）价格

①有国家定价的材料，应按国家定价执行。

②按规定应由国家定价的但国家尚无定价的材料，其价格应报请物价主管部门批准。

③不属于国家定价的产品，可由供需双方协商确定价格。

（8）结算

合同中应明确结算的时间、方式和手续。首先应明确是验单付款还是验货付款。结算方式可以是现金支付和转账结算。现金支付适用于成交货物数量少且金额小的合同；转账结算适用于同城市或同地区内的结算，也适用于异地之间的结算。

（9）违约责任

当事人任何一方不能正确履行合同义务时，都可以以违约金的形式承担违约赔偿责任。双方应通过协商确定违约金的比例，并在合同条款内明确。

①供货方的违约行为可能包括不能按期供货、不能供货、供应的货物有质量缺陷或数量不足等。如有违约，应依照法律和合同规定承担相应的法律责任。

供货方不能按期交货分为逾期交货和提前交货。发生逾期交货情况，要按照合同约定，依据逾期交货部分货款总价计算违约金；对约定由采购方自提货物的，若发生采购方的其他损失，其实际开支的费用也应由供货方承担。比如，采购方已按期派车到指定地点接收货物，而供货方不能交付时，派车损失应由供货方承担。对于提前交货的情况，如果属于采购方自提货物，采购方接到提前提货通知后，可以根据自己的实际情况拒绝提前提货。对于供货方提前发运或交付的货物，采购方仍可按合同规定的时间付款，而且对多交货部分，以及不符合合同规定的产品，在代为保管期内实际支出的保管、保养费由供货方承担。

供货方不能全部或部分交货，应按合同约定的违约金比例乘以不能交货部分货款来计算违约金。如果违约金不足以偿付采购方的实际损失，采购方还可以另外提出补偿要求。供货方交付的货物品种、型号、规格、质量不符合合同约定，如果采购方同意利用，应当按质论价；采购方不同意使用时，由供货方负责包换或包修。

②采购方的违约行为可能包括不按合同要求接受货物、逾期付款或拒绝付款等，应依照法律和合同规定承担相应的法律责任。

合同签订以后，采购方要求中途退货，应向供货方支付按退货部分货款总额计算的违约金，并要承担由此给供货方造成的损失。采购方不能按期提货，除支付违约金以外，还

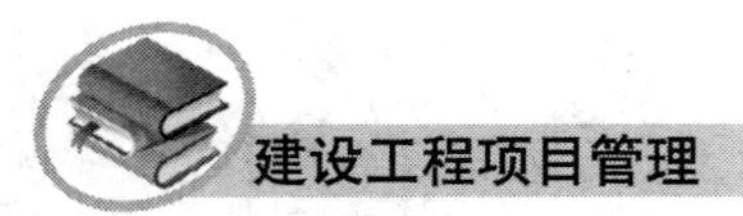

应承担逾期提货给供货方造成的代为保管费、保养费等。

采购方逾期付款，应该按照合同约定支付逾期付款利息。

2. 设备采购合同的主要内容

成套设备供应合同的一般条款可参照建筑材料供应合同的一般条款，包括：产品（设备）的名称、品种、型号、规格、等级、技术标准或技术性能指标；数量和计量单位；包装标准及包装物的供应与回收；交货单位、交货方式、运输方式、交货地点、提货单位、交（提）货期限；验收方式；产品价格；结算方式；违约责任等。此外，还需要注意的是以下几个方面。

（1）设备价格与支付

设备采购合同通常采用固定总价合同，在合同交货期内价格不进行调整。应该明确合同价格所包括的设备名称、套数，以及是否包括附件、配件、工具和损耗品的费用，是否包括调试、保修服务的费用等。合同价内应该包括设备的税费、运杂费、保险费等与合同有关的其他费用。合同价款的支付一般分 3 次。

①设备制造前，采购方支付设备价格的 10%作为预付款。

②供货方按照交货顺序在规定的时间内将货物送达交货地点，采购方支付该批设备价的 80%。

③剩余的 10%作为设备保证金，待保证期满，采购方签发最终验收证书后支付。

（2）设备数量

明确设备名称、套数、随主机的辅机、附件、易损耗备用品、配件和安装修理工具等，应于合同中列出详细清单。

（3）技术标准

应注明设备系统的主要技术性能以及各部分设备的主要技术标准和技术性能。

（4）现场服务

合同可以约定设备安装工作由供货方负责还是采购方负责。如果由采购方负责，可以要求供货方提供必要的技术服务、现场服务等内容，可能包括：供方派必要的技术人员到现场向安装施工人员进行技术交底；指导安装和调试；处理设备的质量问题；参加试车和验收试验等。在合同中应明确服务内容，对现场技术人员在现场工作条件、生活待遇及费用等做出明确规定。

（5）验收和保修

成套设备安装后一般应进行试车调试，双方应该共同参加启动试车的检验工作。试验合格后，双方在验收文件上签字，正式移交采购方进行生产运行。若检验不合格，属于设备质量原因，由供货方负责修理、更换并承担全部费用；如果由于工程施工质量问题，由安装单位负责拆除后纠正缺陷。

合同中还应明确成套设备的验收办法以及是否保修、保修期限、费用分担等。

任务五　施工单价合同、总价合同与成本加酬金合同

内容概要

1. 单价合同的运用。
2. 总价合同的含义、分类、特点及应用。
3. 成本加酬金合同的含义、特点和应用。

施工承包合同可以按照不同的方法加以分类，按照承包合同的计价方式可以分为单价合同、总价合同和成本加薪金合同三大类。

一、单价合同的运用

当发包工程的内容和工程量一时尚不能明确、具体地予以规定时，则可以采用单价合同（Unit Price Contract）形式，即根据计划工程内容和估算工程量，在合同中明确每项工程内容的单位价格（如每米、每平方米或者每立方米的价格），实际支付时则根据实际完成的工程量乘以合同单价计算应付的工程款。

单价合同的特点是单价优先。例如 FIDIC 土木工程施工合同中，业主给出的工程量清单表中的数字是参考数字，而实际工程款则按实际完成的工程量和承包商投标时所报的单价计算。虽然在投标报价、评标以及签订合同中，人们常常注重总价格，但在工程款结算中单价优先，对于投标书中明显的数字计算错误，业主有权先做修改再评标，当总价和单价的计算结果不一致时，以单价为准调整总价。例如，某单价合同的投标报价单中，投标人报价如表 6-1 所示。

表 6-1　某单价合同的投标报价单

序　号	工 程 分 项	单　位	数　量	单价（元）	合价（元）
1					
2					
…					
×	钢筋混凝土	m^3	1 000	300	30 000
…					
总报价					8 100 000

根据投标人的投标单价，钢筋混凝土的合价应该是 300 000 元，而实际只写了 30 000 元，在评标时应根据单价优先原则对总报价进行修正，所以正确的报价应该是 8 100 000+（300 000–30 000）=8 370 000 元。

在实际施工时，如果实际工程量是 1 500 m^3，则钢筋混凝土工程的价款金额应该是 300×1 500=450 000 元。

由于单价合同允许随工程量变化而调整工程总价，业主和承包商都不存在工程量方面的风险，因此对合同双方都比较公平。另外，在招标前，发包单位无需对工程范围做出完整、详尽的规定，从而可以缩短招标准备时间，投标人也只需对所列工程内容报出自己的单价，从而缩短投标时间。

采用单价合同对业主的不足之处是，业主需要安排专门力量来核实已经完成的工程量，需要在施工过程中花费不少精力，协调工作量大。另外，用于计算应付工程款的实际工程量可能超过预测的工程量，即实际投资容易超过计划投资，对投资控制不利。

单价合同又分为固定单价合同和变动单价合同。固定单价合同条件下，无论发生哪些影响价格的因素都不对单价进行调整，因而对承包商而言就存在一定的风险。固定单价合同适用于工期较短、工程量变化幅度不会太大的项目。当采用变动单价合同时，合同双方可以约定一个估计的工程量，当实际工程量发生较大变化时可以对单价进行调整，同时还应该约定如何对单价进行调整；当然也可以约定，当通货膨胀达到一定水平或者国家政策发生变化时，可以对哪些工程内容的单价进行调整以及如何调整等。因此，承包商的风险就相对较小。

在工程实践中，采用单价合同有时也会根据估算的工程量计算一个初步的合同总价，作为投标报价和签订合同之用。但是，当上述初步的合同总价与各项单价乘以实际完成的工程量之和发生矛盾时，则以后者为准，即单价优先。实际工程款的支付也将以实际完成工程量乘以合同单价进行计算。

二、总价合同的运用

1. 总价合同的含义

所谓总价合同（Lump Sum Contract），是指根据合同规定的工程施工内容和有关条件，业主应付给承包商的款额是一个规定的金额，即明确的总价。总价合同也称作总价包干合同，即根据施工招标时的要求和条件，当施工内容和有关条件不发生变化时，业主付给承包商的价款总额就不发生变化。如果由于承包人的失误导致投标价计算错误，合同总价格也不予调整。总价合同又分固定总价合同和变动总价合同两种。

2. 固定总价合同

固定总价合同的价格计算以图纸及规定、规范为基础，工程任务和内容明确，业主的要求和条件清楚，合同总价一次包死，固定不变，即不再因为环境的变化和工程量的增减而变化。在这类合同中承包商承担了全部的工作量和价格的风险，因此，承包商在报价时对一切费用的价格变动因素以及不可预见因素都做了充分估计，并将其包含在合同价格之中。

在国际上，这种合同被广泛接受和采用，因为有比较成熟的法规和先例的经验。对业主而言，在合同签订时就可以基本确定项目的总投资额，对投资控制有利；在双方都无法预测的风险条件下和可能有工程变更的情况下，承包商承担了较大的风险，业主的风险较小。但是，工程变更和不可预见的困难也常常引起合同双方的纠纷或者诉讼，最终导致其他费用的增加。

当然，在固定总价合同中还可以约定，在发生重大工程变更、累计工程变更超过一定幅度或者其他特殊条件下可以对合同价格进行调整。因此，需要定义重大工程变更的含义、累计工程变更的幅度以及什么样的特殊条件才能调整合同价格以及如何调整合同价格等。

采用固定总价合同，双方结算比较简单，但是由于承包商承担了较大的风险，因此报价中不可避免地要增加一笔较高的不可预见风险费。承包商的风险主要有两个方面：一是价格风险，二是工作量风险。价格风险有报价计算错误、漏报项目、物价和人工费上涨等；工作量风险有工程量计算错误、工程范围不确定、工程变更或者由于设计深度不够所造成的误差等。

固定总价合同适用于以下情况。

①工程量小、工期短，估计在施工过程中环境因素变化小，工程条件稳定并合理。

②工程设计详细，图纸完整、清楚，工程任务和范围明确。

③工程结构和技术简单，风险小。

④投标期相对宽裕，承包商可以有充足的时间详细考察现场、复核工程量、分析招标文件、拟订施工计划。

⑤合同条件中双方的权利和义务十分清楚，合同条件完备。

3. 变动总价合同

变动总价合同又称为可调总价合同，合同价格以图纸及规定、规范为基础，按照时价（Current Price）进行计算，得到包括全部工程任务和内容的暂定合同价格。它是一种相对固定的价格，在合同执行过程中，由于通货膨胀等原因而使所使用的工、料成本增加时，可以按照合同约定对合同总价进行相应的调整。当然，一般由于设计变更、工程量变化或其他工程条件变化所引起的费用变化也可以进行调整。因此，通货膨胀等不可预见因素的风险由业主承担，对承包商而言，其风险相对较小；但对业主而言，不利于其进行投资控制，突破投资的风险就增大了。

合同双方可约定，在以下条件下可对合同价款进行调整。

①法律、行政法规和国家有关政策变化影响合同价款。

②工程造价管理部门公布的价格调整。

③一周内非承包人原因停水、停电、停气造成的停工累计超过 8 小时。

④双方约定的其他因素。

在工程施工承包招标时，施工期限一年左右的项目一般实行固定总价合同，通常不考虑价格调整问题，以签订合同时的单价和总价为准，物价上涨的风险全部由承包商承担。但是对建设周期一年半以上的工程项目，则应考虑下列因素引起的价格变化问题。

①劳务工资以及材料费用的上涨。

②其他影响工程造价的因素，如运输费、燃料费、电力等价格的变化。

③外汇汇率的不稳定。

④国家或者省、市立法的改变引起的工程费用的上涨。

4. 总价合同特点和应用

显然，采用总价合同时，对发包工程的内容及其各种条件都应基本清楚、明确，否则，承发包双方都有蒙受损失的风险。因此，一般是在施工图设计完成，施工任务和范围比较明确，业主的目标、要求和条件都清楚的情况下才采用总价合同。对业主来说，由于设计花费时间长，因而开工时间较晚，开工后的变更容易带来索赔，而且在设计过程中也难以吸收承包商的建议。

总价合同的特点包括以下几个方面。

①发包单位可以在报价竞争状态下确定项目的总造价，可以较早确定或者预测工程成本。

②业主的风险较小，承包人将承担较多的风险。

③评标时易于迅速确定最低报价的投标人。

④在施工进度上能极大地调动承包人的积极性。

⑤发包单位能更容易、更有把握地对项目进行控制。

⑥必须完整而明确地规定承包人的工作。

⑦必须将设计和施工方面的变化控制在最小限度内。

总价合同和单价合同有时在形式上很相似，例如，在有的总价合同的招标文件中也有工程量表，也要求承包商提出各分项工程的报价，与单价合同在形式上很相似，但两者在性质上是完全不同的。总价合同是总价优先，承包商报总价，双方商讨并确定合同总价，最终也按总价结算。

三、成本加酬金合同的运用

1. 成本加酬金合同的含义

成本加酬金合同也称为成本补偿合同，这是与固定总价合同正好相反的合同，工程施工的最终合同价格将按照工程的实际成本再加上一定的酬金进行计算。在合同签订时，工程实际成本往往不能确定，只能确定酬金的取值比例或者计算原则。

采用这种合同，承包商不承担任何价格变化或工程量变化的风险，这些风险主要由业主承担，对业主的投资控制很不利；但承包商则往往缺乏控制成本的积极性，常常不仅不愿意控制成本，甚至还会期望提高成本以提高自己的经济效益。因此这种合同容易被那些不道德或不称职的承包商滥用，从而损害工程的整体效益。所以，应该尽量避免采用这种合同。

2. 成本加酬金合同的特点和适用条件

成本加酬金合同通常用于如下情况。

①工程特别复杂，工程技术、结构方案不能预先确定，或者尽管可以确定工程技术和结构方案，但是不可能进行竞争性的招标活动并以总价合同或单价合同的形式确定承包商，如研究开发性质的工程项目。

②时间特别紧迫，如抢险、救灾工程，来不及进行详细的计划和商谈。

对业主而言，这种合同形式也有一定优点。

①可以通过分段施工缩短工期，而不必等待所有施工图完成才开始招标和施工。

②可以减少承包商的对立情绪，承包商对工程变更和不可预见条件的反应会比较积极和快捷。

③可以利用承包商的施工技术专家，帮助改进或弥补设计中的不足。

④可以根据自身力量和需要，较深入地介入和控制工程施工和管理。

⑤可以通过确定最大保证价格约束工程成本不超过某一限值，从而转移一部分风险。

对承包商来说，这种合同比固定总价合同的风险低，利润比较有保证，因而比较有积极性。其缺点是合同的不确定性大，由于设计未完成，无法准确确定合同的工程内容、工程量以及合同的终止时间，有时难以对工程计划进行合理安排。

3. 成本加酬金合同的形式

成本加酬金合同有许多种形式，主要如下。

（1）成本加固定费用合同

根据双方讨论同意的工程规模、估计工期、技术要求、工作性质及复杂性、所涉及的风险等来考虑确定一笔固定数目的报酬金额作为管理费及利润，对人工、材料、机械台班等直接成本则实报实销。如果设计变更或增加新项目，当直接费超过原估算成本的一定比例（如10%）时，固定的报酬也要增加。在工程总成本一开始估计不准、可能变化不大的情况下，可采用此合同形式，有时可分几个阶段谈判付给的固定报酬。这种方式虽然不能鼓励承包商降低成本，但为了尽快得到酬金，承包商会尽力缩短工期。有时也可在固定费用之外根据工程质量、工期和节约成本等因素，给承包商另加奖金，以鼓励承包商积极工作。

（2）成本加固定比例费用合同

工程成本中直接费加一定比例的报酬费，报酬部分的比例在签订合同时由双方确定。这种方式的报酬费用总额随成本加大而增加，不利于缩短工期和降低成本。一般在工程初期很难描述工作范围和性质，或工期紧迫，无法按常规编制招标文件招标时采用。

（3）成本加奖金合同

奖金是根据报价书中的成本估算指标制定的，在合同中对这个估算指标规定一个底点和顶点，分别为工程成本估算的 60%～75%和 110%～135%。承包商在估算指标的顶点以下完成工程则可得到奖金，超过顶点则要对超出部分支付罚款。如果成本在底点之下，则可加大酬金值或酬金百分比。采用这种方式通常规定，当实际成本超过顶点对承包商罚款时，最大罚款限额不超过原先商定的最高酬金值。

在招标时，当图纸、规范等准备不充分，不能根据它确定合同价格，而仅能在制定一个估算指标时可采用这种形式。

（4）最大成本加费用合同

在工程成本总价基础上加固定酬金费用的方式，即当设计深度达到可以报总价的深度，投标人报一个工程成本总价和一个固定的酬金（包括各项管理费、风险费和利润）。如果实际成本超过合同中规定的工程成本总价，由承包商承担所有的额外费用，若实施过程中节约了成本，节约的部分归业主，或者由业主与承包商分享，在合同中要确定节约分成比例。在非代理型（风险型）CM 模式的合同中就采用这种方式。

4. 成本加酬金合同的应用

当实行施工总承包管理模式或 CM 模式时，业主与施工总承包管理单位或 CM 单位的合同一般采用成本加酬金合同。在国际上，许多项目管理合同、咨询服务合同等也多采用成本加酬金合同方式。

在施工承包合同中采用成本加酬金计价方式时，业主与承包商应该注意以下问题。

①必须有一个明确的如何向承包商支付酬金的条款，包括支付时间和金额百分比。如果发生变更或其他变化，酬金支付如何调整。

②应该列出工程费用清单，要规定一套详细的与工程现场有关的数据记录、信息存储甚至记账的格式和方法，以便对工地实际发生的人工、机械和材料消耗等数据认真而及时地记录。应该保留有关工程实际成本的发票或付款的账单、表明款额已经支付的记录或证明等，以便业主进行审核和结算。

5. 3 种合同计价方式的选择

不同的合同计价具有不同的特点、应用范围，对设计深度的要求也是不同的，如表 6-2 所示。

表 6-2　3 种合同计价方式的比较

	总 价 合 同	单 价 合 同	成本加酬金合同
应用范围	广泛	工程量暂不确定的工程	紧急工程、保密工程
业主的投资控制工作	容易	工作量较大	难度大
业主的风险	较小	较大	很大
承包商的风险	大	较小	无
设计深度的要求	施工图设计	初步设计或施工图设计	各设计阶段

任务六　施工合同执行过程的管理

内容概要

1. 施工合同跟踪与控制。
2. 施工合同变更管理。

合同的履行是指工程建设项目的发包方和承包方根据合同规定的时间、地点、方式、内容和标准等要求，各自完成合同义务的行为。合同的履行，是合同当事人双方都应尽的义务，任何一方违反合同，不履行合同义务，或者未完全履行合同义务，给对方造成损失时，都应当承担赔偿责任。

合同签订以后，当事人必须认真分析合同条款，向参与项目实施的有关责任人做好合同交底工作，在合同履行过程中进行跟踪与控制，并加强合同的变更管理，保证合同的顺利履行。

一、施工合同跟踪与控制

合同签订以后，合同中各项任务的执行要落实到具体的项目经理部或具体的项目参与人员身上，承包单位作为履行合同义务的主体，必须对合同执行者（项目经理部或项目参与人）的履行情况进行跟踪、监督和控制，确保合同义务的完全履行。

1. 施工合同跟踪

施工合同跟踪有两个方面的含义：一是承包单位的合同管理职能部门对合同执行者（项目经理部或项目参与人）的履行情况进行的跟踪、监督和检查；二是合同执行者（项目经理部或项目参与人）本身对合同计划的执行情况进行的跟踪、检查与对比。在合同实施过程中二者缺一不可。

对合同执行者而言，应该掌握合同跟踪的以下方面。

（1）合同跟踪的依据

合同跟踪的重要依据是合同以及依据合同而编制的各种计划文件；其次，还要依据各种实际工程文件如原始记录、报表、验收报告等；另外，还要依据管理人员对现场情况的直观了解，如现场巡视、交谈、会议、质量检查等。

（2）合同跟踪的对象

①承包的任务。包括：工程施工的质量，如材料、构件、制品和设备等的质量，以及施工或安装质量，是否符合合同要求等；工程进度，是否在预定期限内施工，工期有无延长，延长的原因是什么等；工程数量，是否按合同要求完成全部施工任务，有无合同规定以外的施工任务等；成本的增加和减少。

②工程小组或分包人的工程和工作。可以将工程施工任务分解交由不同的工程小组或发包给专业分包单位完成，工程承包人必须对这些工程小组或分包人及其所负责的工程进行跟踪检查，协调关系，提出意见、建议或警告，保证工程总体质量和进度。

对专业分包人的工作和负责的工程，总承包商负有协调和管理的责任，并承担由此造成的损失，所以专业分包人的工作和负责的工程必须纳入总承包工程的计划和控制中，防止因分包人工程管理失误而影响全局。

③业主和其委托的工程师的工作。包括：业主是否及时、完整地提供了工程施工的实施条件，如场地、图纸、资料等；业主和工程师是否及时给予了指令、答复和确认等；业主是否及时并足额地支付了应付的工程款项。

2. 合同实施的偏差分析

通过合同跟踪，可能会发现合同实施中存在着偏差，即工程实施实际情况偏离了工程计划和工程目标，应该及时分析原因，采取措施，纠正偏差，避免损失。

合同实施偏差分析的内容包括以下几个方面。

（1）产生偏差的原因分析

通过对合同执行实际情况与实施计划的对比分析，不仅可以发现合同实施的偏差，而且可以探索引起差异的原因。原因分析可以采用鱼刺图、因果关系分析图（表）、成本量差、价差、效率差分析等方法定性或定量地进行。

（2）合同实施偏差的责任分析

即分析产生合同偏差的原因是由谁引起的，应该由谁承担责任。责任分析必须以合同为依据，按合同规定落实双方的责任。

（3）合同实施趋势分析

针对合同实施偏差情况，可以采取不同的措施，应分析在不同措施下合同执行的结果与趋势，包括以下几种情况。

①最终的工程状况，包括总工期的延误、总成本的超支、质量标准、所能达到的生产能力（或功能要求）等。

②承包商将承担什么样的后果，如被罚款、被清算，甚至被起诉，对承包商资信、企业形象、经营战略的影响等。

③最终工程经济效益（利润）水平。

3. 合同实施偏差处理

根据合同实施偏差分析的结果，承包商应该采取相应的调整措施，调整措施可以分为以下几个方面。

①组织措施，如增加人员投入、调整人员安排、调整工作流程和工作计划等。

②技术措施，如变更技术方案、采用新的高效率的施工方案等。

③经济措施，如增加投入、采取经济激励措施等。

④合同措施，如进行合同变更、签订附加协议、采取索赔手段等。

二、施工合同变更管理

合同变更是指合同成立以后和履行完毕以前由双方当事人依法对合同的内容所进行的修改，包括合同价款、工程内容、工程的数量、质量要求和标准、实施程序等一切改变都属于合同变更。

工程变更一般是指在工程施工过程中，根据合同约定对施工的程序、工程的内容、数量、质量要求及标准等做出的变更。工程变更属于合同变更，合同变更主要是由于工程变更而引起的，合同变更的管理也主要是进行工程变更的管理。

1. 工程变更的原因

工程变更主要有以下几个方面的原因。

①业主新的变更指令，对建筑的新要求。如业主有新的意图，业主修改项目计划、削减项目预算等。

②由于设计人员、监理人员、承包商事先没有很好地理解业主的意图，或设计的错误，导致图纸修改。

③工程环境的变化，预定的工程条件不准确，要求实施方案或实施计划变更。

④由于产生新技术和知识，有必要改变原设计、原实施方案或实施计划，或由于业主指令及业主责任的原因造成承包商施工方案的改变。

⑤政府部门对工程新的要求，如国家计划变化、环境保护要求、城市规划变动等。

⑥由于合同实施出现问题，必须调整合同目标或修改合同条款。

2. 变更的范围和内容

除专用合同条款另有约定外，在履行合同中发生以下情形之一，应按照本条规定进行变更。

①取消合同中任何一项工作，但被取消的工作不能转由发包人或其他人实施。

②改变合同中任何一项工作的质量或其他特性。

③改变合同工程的基线、标高、位置或尺寸。

④改变合同中任何一项工作的施工时间或改变已批准的施工工艺或顺序。

⑤为完成工程需要追加的额外工作。

在履行合同过程中，承包人可以对发包人提供的图纸、技术要求以及其他方面提出合理的建议。

3. 变更权

在履行合同过程中，经发包人同意，监理人可按合同约定的变更程序向承包人做出变更指示，承包人应遵照执行。没有监理人的变更指示，承包人不得擅自变更。

4. 变更程序

（1）变更的提出

①在合同履行过程中，可能发生变更情形的，监理人可向承包人发出变更意向书。变更意向书应说明变更的具体内容和发包人对变更的时间要求，并附必要的图纸和相关资料。变更意向书应要求承包人提交包括拟实施变更工作的计划、措施和竣工时间等内容的实施方案。发包人同意承包人根据变更意向书要求提交的变更实施方案的，由监理人按合同约定的程序发出变更指示。

②在合同履行过程中，已经发生变更约定情形的，监理人应按照合同约定的程序向承包人发出变更指示。

③承包人收到监理人按合同约定发出的图纸和文件，经检查认为其中存在变更约定情形的，可向监理人提出书面变更建议。变更建议应阐明要求变更的依据，并附必要的图纸和说明。监理人收到承包人书面建议后，应与发包人共同研究，确认存在变更的，应在收到承包人书面建议后的 14 天内作出变更指示。经研究后不同意作为变更的，应由监理人书面答复承包人。

④若承包人收到监理人的变更意向书后认为难以实施此项变更，应立即通知监理人，说明原因并附详细依据。监理人与承包人和发包人协商后确定撤销、改变或不改变原变更意向书。

（2）变更指示

根据《标准施工招标文件》中通用合同条款的规定，变更指示只能由监理人发出。变更指示应说明变更的目的、范围、变更内容以及变更的工程量及其进度和技术要求，并附有关图纸和文件。承包人收到变更指示后，应按变更指示进行变更工作。

5. 承包人的合理化建议

在履行合同过程中，承包人对发包人提供的图纸、技术要求以及其他方面提出的合理化建议，均应以书面形式提交监理人。合理化建议书的内容应包括建议工作的详细说明、进度计划和效益以及与其他工作的协调等，并附必要的设计文件。监理人应与发包人协商是否采纳建议。建议被采纳并构成变更的，应按合同约定的程序向承包人发出变更指示。

承包人提出的合理化建议降低了合同价格、缩短了工期或者提高了工程经济效益的，发包人可按国家有关规定在专用合同条款中约定给予奖励。

6. 变更估价

①除专用合同条款对期限另有约定外，承包人应在收到变更指示或变更意向书后的 14 天内，向监理人提交变更报价书，报价内容应根据合同约定的估价原则，详细列出变更工作的价格组成及其依据，并附必要的施工方法说明和有关图纸。

②变更工作影响工期的，承包人应提出调整工期的具体细节。监理人认为有必要时，可要求承包人提交要求提前或延长工期的施工进度计划及相应施工措施等详细资料。

③除专用合同条款对期限另有约定外，监理人收到承包人变更报价书后的 14 天内，根据合同约定的估价原则，按照总监理工程师与合同当事人进行商定或确定变更价格。

7. 变更的估价原则

除专用合同条款另有约定外，因变更引起的价格调整按照本款约定处理。

①已标价工程量清单中有适用于变更工作的子目的，采用该子目的单价。

②已标价工程量清单中无适用于变更工作的子目，但有类似子目的，可在合理范围内参照类似子目的单价，由监理人按总监理工程师与合同当事人进行商定或确定变更工作的单价。

③已标价工程量清单中无适用或类似子目的单价，可按照成本加利润的原则，由监理

人按总监理工程师与合同当事人进行商定或确定变更工作的单价。

8. 计日工

①发包人认为有必要时，由监理人通知承包人以计日正方式实施变更的零星工作其价款按列入已标价工程量清单中的计日工计价子目及其单价进行计算。

②采用计日工计价的任何一项变更工作，应从暂列金额中支付，承包人应在该项变更的实施过程中，每天提交以下报表和有关凭证报送监理人审批：工作名称、内容和数量；投入该工作所有人员的姓名、工种、级别和耗用工时；投入该工作的材料类别和数量；投入该工作的施工设备型号、台数和耗用台时；监理人要求提交的其他资料和凭证。

③计日工由承包人汇总后，按合同约定列入进度付款申请单，由监理人复核并经发包人同意后列入进度付款。

任务七　施工合同的索赔

1. 施工合同索赔的依据和证据。
2. 施工合同索赔的程序。

建设工程索赔通常是指在工程合同履行过程中，合同当事人一方因对方不履行或未能正确履行合同或者由于其他非自身因素而受到经济损失或权利损害，通过合同规定的程序向对方提出经济或时间补偿要求的行为。索赔是一种正当的权利要求，它是合同当事人之间一项正常的而且普遍存在的合同管理业务，是一种以法律和合同为依据的合情合理的行为。

在建设工程施工承包合同执行过程中，业主可以向承包商提出索赔要求，承包商也可以向业主提出索赔要求，即合同的双方都可以向对方提出索赔要求。当一方向另一方提出索赔要求，被索赔方应采取适当的反驳、应对和防范措施，称为反索赔。

一、施工合同索赔的依据和证据

1. 索赔的依据

索赔的依据主要有合同文件、法律、法规、工程建设惯例。

2. 索赔的证据

索赔证据是当事人用来支持其索赔成立或与索赔有关的证明文件和资料。索赔证据作为索赔文件的组成部分，在很大程度上关系到索赔的成功与否。证据不全、不足或没有证据，索赔是很难获得成功的。

在工程项目实施过程中，会产生大量的工程信息和资料，这些信息和资料是开展索赔的重要证据。因此，在施工过程中应该自始至终做好资料积累工作，建立完善的资料记录和科学管理制度，认真系统地积累和管理合同、质量、进度以及财务收支等方面的资料。

常见的索赔证据主要有以下几个方面。

①各种合同文件，包括施工合同协议书及其附件、中标通知书、投标书、标准和技术规范、图纸、工程量清单、工程报价单或者预算书、有关技术资料和要求、施工过程中的补充协议等。

②经过发包人或者工程师批准的承包人的施工进度计划、施工方案、施工组织设计和现场实施情况记录。

③施工日记和现场记录，包括有关设计交底、设计变更、施工变更指令，工程材料和机械设备的采购、验收与使用等方面的凭证及材料供应清单、合格证书，工程现场水、电、道路等开通、封闭的记录，停水、停电等各种干扰事件的时间和影响记录等。

④工程有关照片和录像等。

⑤备忘录，对工程师或业主的口头指示和电话应随时用书面记录，并请给予书面确认。

⑥发包人或者工程师签认的签证。

⑦工程各种往来函件、通知、答复等。

⑧工程各项会议纪要。

⑨发包人或者工程师发布的各种书面指令确认书以及承包人的要求、请求、通知书等。

⑩气象报告和资料，如有关温度、风力、雨雪的资料。

⑪投标前发包人提供的参考资料和现场资料。

⑫各种验收报告和技术鉴定等。

⑬工程核算资料、财务报告、财务凭证等。

⑭其他，如官方发布的物价指数、汇率、规定等。

3. 索赔证据的基本要求

索赔证据应该具有真实性、及时性、全面性、关联性、有效性。

4. 索赔成立的条件

（1）构成施工项目索赔条件的事件

索赔事件，又称为干扰事件，是指那些实际情况与合同规定不符合，最终引起工期和费用变化的各类事件。在工程实施过程申，要不断地跟踪、监督索赔事件，就可以不断地发现索赔机会。通常，承包商可以提起索赔的事件有以下几个方面。

①发包人违反合同给承包人造成时间、费用的损失。

②因工程变更（含设计变更、发包人提出的工程变更、监理工程师提出的工程变更以及承包人提出并经监理工程师批准的变更）造成的时间、费用损失。

③由于监理工程师对合同文件的歧义解释、技术资料不确切，或由于不可抗力导致施

工条件的改变，造成了时间、费用的增加。

④发包人提出提前完成项目或缩短工期而造成承包人的费用增加。

⑤发包人延误支付期限造成承包人的损失。

⑥合同规定以外的项目进行检验且检验合格，或非承包人的原因导致项目缺陷的修复所发生的损失或费用。

⑦非承包人的原因导致工程暂时停工。

⑧物价上涨、法规变化及其他。

（2）索赔成立的前提条件

索赔的成立，应该同时具备以下 3 个前提条件。

①与合同对照，事件已造成了承包人工程项目成本的额外支出或直接工期损失。

②造成费用增加或工期损失的原因，按合同约定不属于承包人的行为责任或风险责任。

③承包人按合同规定的程序和时间提交索赔意向通知和索赔报告。

以上 3 个条件必须同时具备，缺一不可。

二、施工合同索赔的程序

如前所述，工程施工中承包人向发包人索赔、发包人向承包人索赔以及分包人向承包人索赔的情况都有可能发生，以下主要说明承包人向发包人索赔的一般程序，以及反索赔的主要内容。

1. 索赔意向通知

在工程实施过程中发生索赔事件以后，或者承包人发现索赔机会，首先要提出索赔意向，即在合同规定时间内将索赔意向用书面形式及时通知发包人或者工程师，向对方表明索赔愿望、要求或者声明保留索赔权利，这是索赔工作程序的第一步。

2. 索赔意向通知的内容

索赔意向通知要简明扼要地说明以下 4 个方面的内容。

①索赔事件发生的时间、地点和简单事实情况描述。

②索赔事件的发展动态。

③索赔依据和理由。

④索赔事件对工程成本和工期产生的不利影响。

一般索赔意向通知仅仅表明索赔的意向，应该尽量简明扼要，涉及索赔内容，但不涉及索赔金额。

根据合同约定，承包人认为有权得到追加付款和（或）延长工期的，应按以下程序向发包人提出索赔。

①承包人应在知道或应当知道索赔事件发生后 28 天内，向监理人递交索赔意向通知书，并说明发生索赔事件的事由。承包人未在前述 28 天内发出索赔意向通知书的，丧失要

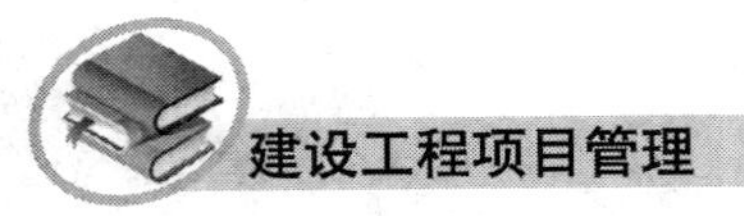

求追加付款和（或）延长工期的权利。

②承包人应在发出索赔意向通知书后28天内，向监理人正式递交索赔通知书。索赔通知书应详细说明索赔理由以及要求追加的付款金额和（或）延长的工期，并附必要的记录和证明材料。

③索赔事件具有连续影响的，承包人应按合理时间间隔继续递交延续索赔通知，说明连续影响的实际情况和记录，列出累计的追加付款金额和（或）工期延长天数。

④在索赔事件影响结束后的28天内，承包人应向监理人递交最终索赔通知书，说明最终要求索赔的追加付款金额和延长的工期，并附必要的记录和证明材料。

发生发包人的索赔事件后，监理人应及时书面通知承包人，详细说明发包人有权得到的索赔金额和（或）延长缺陷责任期的细节和依据。发包人提出索赔的期限和要求与承包人提出索赔的期限和要求相同，延长缺陷责任期的通知应在缺陷责任期届满前发出。

3. 索赔资料的准备

（1）在索赔资料准备阶段的主要工作

①跟踪和调查干扰事件，掌握事件产生的详细经过。

②分析干扰事件产生的原因，划清各方责任，确定索赔根据。

③损失或损害调查分析与计算，确定工期索赔和费用索赔值。

④收集证据，获得充分而有效的各种证据。

⑤起草索赔文件（索赔报告）。

（2）索赔文件的主要内容

①总述部分。概要论述索赔事项发生的日期和过程；承包人为该索赔事项付出的努力和附加开支；承包人的具体索赔要求。

②论证部分。论证部分是索赔报告的关键部分，其目的是说明自己有索赔权，是索赔能否成立的关键。

③索赔款项（或工期）计算部分。如果说索赔报告论证部分的任务是解决索赔权能否成立，则款项计算是为解决能得多少款项。前者定性，后者定量。

④证据部分。要注意引用的每个证据的效力或可信程度，对重要的证据资料最好附以文字说明，或附以确认件。

（3）编写索赔文件（索赔报告）时的注意内容

①责任分析应清楚、准确。应该强调：引起索赔的事件不是承包商的责任，事件具有不可预见性，事发以后尽管采取了有效措施也无法制止，索赔事件导致承包商工期拖延、费用增加的严重性，索赔事件与索赔额之间的直接因果关系等。

②索赔额的计算依据要准确，计算结果要准确。要用合同规定或法规规定的公认合理的计算方法，并进行适当的分析。

③提供充分有效的证据材料。

4. 索赔文件的提交

提出索赔的一方应该在合同规定的时限内向对方提交正式的书面索赔文件。例如，FIDIC 合同条件和我国《建设工程施工合同（示范文本）》（GF—1999—0201）二者都规定，承包人必须在发出索赔意向通知后的 28 天内或经过工程师同意的其他合理时间内向工程师提交一份详细的索赔文件和有关资料。如果干扰事件对工程的影响持续时间长，承包人则应按工程师要求的合理间隔（一般为 28 天），提交中间索赔报告，并在干扰事件影响结束后的 28 天提交一份最终索赔报告，否则将失去该事件请求补偿的索赔权利。

5. 索赔文件的审核

对于承包人向发包人的索赔请求，索赔文件首先应该交由工程师审核。工程师根据发包人的委托或授权，对承包人的索赔要求进行审核和质疑，其审核和质疑主要围绕以下几个方面。

①索赔事件是属于业主、监理工程师的责任还是第三方的责任。

②事实和合同的依据是否充分。

③承包商是否采取了适当的措施避免或减少损失。

④是否需要补充证据。

⑤索赔计算是否正确、合理。

对承包人提出索赔的处理程序如下。

①监理人收到承包人提交的索赔通知后，应及时审查索赔通知书的内容、查验承包人的记录和证明材料，必要时监理人可要求承包人提交全部原始记录副本。

②监理人应商定或追加的付款和（或）延长的工期，并在收到上述索赔通知书或有关索赔的进一步证明材料后的 42 天内，将索赔处理结果答复承包人。

③承包人接受索赔处理结果的，发包人应在作出索赔处理结果答复后 28 天完成赔付；承包人不接受索赔处理结果的，按合同约定的争议解决办法办理。

6. 承包人提出索赔的期限

承包人提出的索赔期限如下。

①承包人按合同约定接受了竣工付款证书后，应被认为已无权再提出在合同工程接收证书颁发前所发生的任何索赔。

②承包人按合同约定提交的最终结算申请书中，只限于提出工程接收证书颁发后发生的索赔。提出索赔的期限自接受最终结清证书时终止。

7. 反索赔的基本内容

反索赔的工作内容可以包括两个方面：一是防止对方提出索赔；二是反击或反驳对方的索赔要求。

要成功地防止对方提出索赔，应采取积极防御的策略。首先是自己严格履行合同规定的各项义务，防止自己违约，并通过加强合同管理，使对方找不到索赔的理由和根据，使

自己处于不能被索赔的地位；其次，如果在工程实施过程中发生了干扰事件，则应立即着手研究和分析合同依据，收集证据，为提出索赔和反索赔做好两手准备。

如果对方提出了索赔要求或索赔报告，则自己一方应采取各种措施来反击或反驳对方的索赔要求。常用的措施如下。

①抓对方的失误，直接向对方提出索赔，以对抗或平衡对方的索赔要求，以求在最终解决索赔时互相让步或者互不支付。

②针对对方的索赔报告，进行仔细、认真研究和分析，找出理由和证据，证明对方索赔要求或索赔报告不符合实际情况和合同规定；没有合同依据或事实证据、索赔值计算不合理或不准确等问题，反击对方的不合理索赔要求，去除或减轻自己的责任，使自己不受或少受损失。

8. 对索赔报告的反击或反驳要点

对对方索赔报告的反击或反驳，一般可以从以下几个方面进行。

①索赔要求或报告的时限性。审查对方是否在干扰事件发生后的索赔时限内及时提出索赔要求或报告。

②索赔事件的真实性。

③干扰事件的原因、责任分析。如果干扰事件确实存在，则要通过对事件的调查分析，确定原因和责任；如果事件责任属于索赔者自己，则索赔不能成立；如果合同双方都有责任，则应按各自的责任大小分担损失。

④索赔理由分析。分析对方的索赔要求是否与合同条款或有关法规一致，所受损失是否属于非对方负责的原因造成。

⑤索赔证据分析。分析对方所提供的证据是否真实、有效、合法，是否能证明索赔要求成立。证据不足、不全、不当、没有法律证明效力或没有证据，索赔不能成立。

⑥索赔值审核。如果经过上述的各种分析、评价，仍不能从根本上否定对方的索赔要求，则必须对索赔报告中的索赔值进行认真细致地审核，审核的重点是索赔值的计算方法是否合情合理、各种取费是否合理适度、有无重复计算、计算结果是否准确等。

项目七 建设工程项目信息管理

任务一　工程项目信息

内容概要

1. 建筑工程项目信息的概念。
2. 工程项目信息的构成、分类。
3. 信息的特征与基本要求。
4. 建筑工程项目信息管理的任务。

一、建筑工程项目信息的概念

近 20 年来，我国不断从工业发达国家引进项目管理的概念、理论、组织、方法和手段，取得了不少成绩。但是，应认识到当前我国在建筑工程项目管理中最薄弱的工作环节是信息管理。目前，多数建设单位（业主）和建筑施工企业的信息管理还相当落后，其落后表现在对信息管理的理解，以及信息管理的组织、方法和手段基本上还停留在传统的方式和模式上。

信息是指用口头、书面或电子等方式传输（传达、传递）的知识、新闻，或可靠或不可靠的情报。声音、文字、数字和图像等都是信息表达的形式。

二、工程项目信息的构成

由于建筑工程项目管理涉及多单位、多部门、多环节、多专业、多渠道，其信息量大、来源广泛、形式多样，主要由下列信息构成。

1. 文字信息

文字信息包括设计图纸及说明书、施工组织设计、工程地质勘察报告、原始数据记录、各类报表、来往信件等信息。

2. 语言信息

语言信息包括口头分配任务、做指示、汇报、工作检查、介绍情况、谈判交涉、建议、

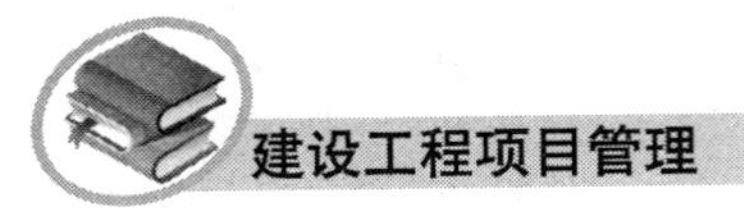

批评、工作讨论和研究、会议等信息等。

3. 新技术信息

新技术信息包括电话、电报、电传、计算机及网络、电视会议、数码照片与摄像、广播通讯等信息。

建筑工程项目管理者应当捕捉各种有用的信息并加工处理和运用各种信息。

三、建筑工程项目信息的分类

工程项目建设过程中，涉及到大量的信息，这些信息根据不同标准可分类如下。

1. 按工程项目建设的目标分类

①投资控制信息。投资控制信息是指与投资控制直接有关的信息，如各种估算指标、类似工程造价、物价指数、概算定额、预算定额、工程项目投资估算、设计概预算、合同价、施工阶段的支付账单、原材料价格、机械设备台班费、人工费、运杂费等。

②质量控制信息。如国家有关的质量政策及质量标准、项目建设标准、质量目标的分解结果、质量控制工作流程、质量控制的工作制度、质量控制的风险分析、质量抽样检查的数据等。

③进度控制信息。如施工定额、项目总进度计划、进度目标分解、进度控制的工作流程、进度控制的工作制度、进度控制的风险分析、某段时间的进度记录等。

④安全控制信息。如安全管理目标、安全控制的基本要求。

⑤合同管理信息。如经济合同、工程建设施工承包合同、物资设备供应合同、工程咨询合同、施工索赔等。

2. 按工程项目建设的来源分类

①项目内部信息。内部信息取自建设本身，如工程概况、设计文件、施工方案、合同结构、合同管理制度、信息资料的编码系统、信息目录表、会议制度、项目的投资目标、项目的质量目标、项目的进度目标等。

②项目外部信息。来自项目外部环境的信息称为外部信息，如国家有关的政策及法规、国内及国际市场上原材料及设备价格、物价指数、类似工程造价、类似工程进度、招标单位的实力、投标单位的信誉、毗邻单位情况等。

3. 按信息的稳定程度分类

①固定信息：指在一定时间内相对稳定不变的信息，包括标准信息、计划信息和查询信息。标准信息主要指各种定额和标准，如施工定额、原材料消耗定额；计划信息反映在计划期内已定任务的各项指标；查询信息主要指国家和工业部颁发的技术标准、不变价格等。

②流动信息：指反映在某一时刻或某一阶段项目建设的实际进程及计划完成情况等的不断变化着的信息，如项目实施阶段的质量、投资及进度的统计信息，项目实施阶段的原材料消耗量、机械台班数、人工工日数等。

4. 按信息的层次分类

①战略性信息：指有关项目建设过程中的战略决策所需的信息，如项目规模、项目投资总额、建设总工期、施工单位（分包单位）的选定、合同价的确定等信息。

②策略性信息：提供给建设单位（或施工单位）中层领导及部门负责人做短期决策用的信息，如年度计划、财务计划等。

③业务性信息：指的是各项目经理部的日常信息，如日进度、月付款额等。这类信息较具体，因而精度较高。

5. 按信息的管理功能分类

建筑工程项目信息按项目管理功能又可划分为组织类信息、管理类信息、经济类信息和技术类信息四大类，每类信息根据工程项目各阶段项目管理的工作内容还可以进一步细分，如图 7-1 所示。

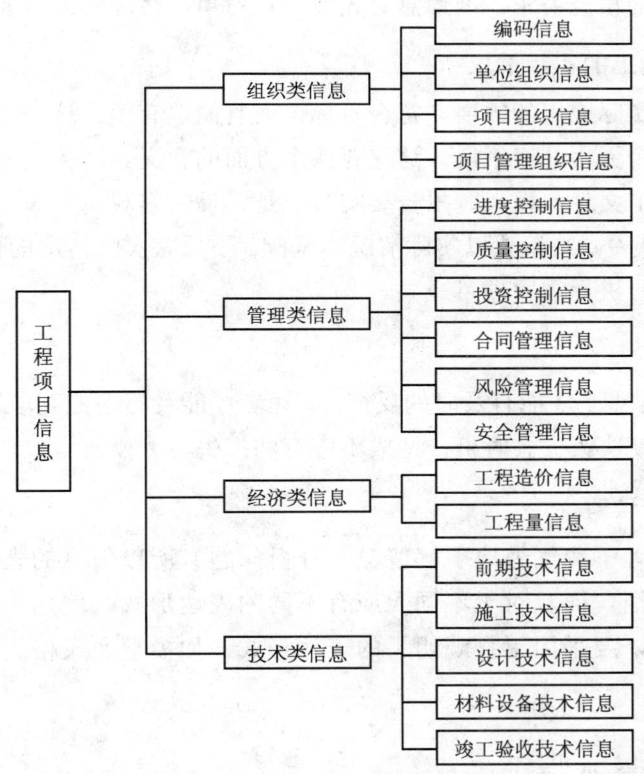

图 7-1　工程项目信息分类图

6. 按其他分类

①按照信息范围的不同，可以把工程项目建设信息分为精细的信息和摘要的信息两类。

②按照信息时间的不同，可以把工程项目建设信息分为历史性信息和预测性信息两类。

③按照对信息的期待性不同，可以把工程项目建设信息分为预知的和突发的信息两类。

预知的信息是项目管理者可以估计的，发生在正常情况下；突发的信息是项目管理者难以估计的，发生在特殊情况下。

以上是常用的几种分类形式。按照一定的标准将建筑工程项目建设信息予以分类，对信息管理工作有着重要意义。因为不同的范畴需要不同的信息，而把信息予以分类有助于根据管理工作的不同要求，提供适当的信息。

四、信息的基本要求

信息必须符合管理的需要，要有助于项目系统和施工管理系统的运行，不能造成信息泛滥和污染。一般它必须符合如下基本要求。

1. 信息专业对口

专业对口不同的施工管理职能人员、不同专业的项目参加者，在不同的时间，对不同的事件，就有不同的信息要求。故信息首先要专业对口，按专业的需要提供和流动。

2. 反映工程施工的实际情况

信息必须符合实际应用的需要，符合目标，而且简单有效。这是正确有效的管理的前提，否则会产生一个无用的废纸堆。这里有两个方面的含义。

①各种工程施工文件、报表、报告要实事求是，反映客观。

②各种计划、指令、决策要以实际情况为基础。不反映实际情况的信息容易造成决策、计划、控制的失误，进而损害项目成果。

3. 及时提供

只有及时提供信息，才能有及时的反馈，管理者才能及时地控制项目施工的实施过程。信息一旦过时，会使决策失去时机，造成不应有的损失。

4. 简单、便于理解

信息要让使用者不费气力地了解情况、分析问题。所以信息的表达形式应符合人们日常接收信息的习惯，而且对于不同人应有不同的表达形式。例如，对于不懂专业、不懂项目管理的业主，要采用更直观明了的表达形式，如模型、表格、图形、文字描述、多媒体等。

五、信息的基本特征

项目管理过程中的信息数量大、形式多样。

1. 常见的信息载体

①纸张，如各种图纸、各种说明书、合同、信件、表格等。

②磁盘、磁带以及其他电子文件的载体。

③照片、微型胶片、X 光片。

④其他，如录像带、光盘等。

2. 选用信息载体的影响因素

①科学技术的发展，不断提供新的信息载体，不同的载体有不同的介质技术和信息存取技术要求。

②项目信息系统运行成本的限制。不同的信息载体需要不同的投资，有不同的运行成本。在符合管理要求的前提下，尽可能降低信息系统运行成本，是信息系统设计的目标之一。

③信息系统运行速度要求。例如，气象、地震预防、国防、宇航之类的工程项目要求信息系统运行速度快，则必须采取相应的信息载体和处理、传输手段。

④特殊要求。例如，合同、备忘录、工程项目变更指令、会谈纪要等必须采用书面形式，由双方或一方签署才有法律证明效力。

⑤信息处理和传递技术的费用的限制。

3. 信息的使用说明

①有效期：暂时有效、整个施工期有效、无效信息。

②使用的目的。

决策：各种计划、批准文件、修改指令，运行执行指令等。

证明：表示质量、工期成本实际情况的各种信息。

③信息的权限：对不同的项目参加者和施工管理职能人员规定不同的信息权限，混淆这种权限容易造成混乱。通常须具体规定，有某一方面（专业）的信息权限和综合（全部）信息权限，以及查询权、使用权、修改权等。

4. 信息的存档方式

①文档组织形式：集中管理和分散管理。

②监督要求：封闭和公开。

③保存期：长期保存和非长期保存。

六、建筑工程项目信息管理的任务

建筑工程项目管理者承担着项目信息管理的任务，他是整个项目的信息中心，负责收集各种信息，做各种信息处理，并向各级、向外界提供各种信息。他的信息主要包括以下几个方面。

①组织建筑工程项目基本情况的信息，并使之系统化，编制项目手册。项目管理的任务之一是按照项目的任务、项目的实施要求设计项目实施和项目管理中的信息流，确定它们的基本要求和特征，并保证在实施过程中信息流通畅。

②项目报告及各种资料的规定，例如资料的格式、内容、数据结构要求。

③按照项目实施、项目组织、项目管理工作过程建立项目管理信息流系统，保证这个系统正常运行，并控制信息流。

④文档管理工作。

任务二 施工方信息管理

内容概要

1. 建设工程项目信息管理的内涵。
2. 施工项目相关的信息管理工作、信息管理手册的主要内容。
3. 信息管理部门的主要任务。
4. 施工方信息管理的手段。

在建筑工程施工管理中，信息、信息流和信息处理各方面的总和称为建设工程项目施工管理信息系统。管理信息系统是将各种管理职能和管理组织沟通起来并协调。建立管理信息系统，并使之顺利运行，是建筑工程项目施工管理者的责任，也是完成施工任务的前提。

一、施工方信息管理的任务

1. 建设工程项目信息管理的内涵

建设工程项目的实施需要人力资源和物质资源，而信息也是项目实施的重要资源之一。

信息管理是指信息传输的合理组织和控制。施工方在投标过程中、承包合同洽谈过程中、施工准备工作中、施工过程中、验收过程中以及在保修期工作中形成大量的各种信息，这些信息不但在施工方内部各部门间流转，其中许多信息还必须提供给政府建设主管部门、业主方、设计方、相关的施工合作方和供货方等，还有许多有价值的信息应有序地保存，可供其他项目施工借鉴。上述过程包含了信息传输的过程，由谁（哪个工作岗位或工作部门等）、在何时、向谁（哪个项目主管和参与单位的工作岗位或工作部门等）、以什么方式、提供什么信息等属于信息传输的组织和控制，这就是信息管理的内涵。

信息管理不能简单理解为仅对产生的信息进行归档和一般的信息领域的行政事务管理。为充分发挥信息资源的作用和提高信息管理的水平，施工单位和其项目管理部门都应设置专门的工作部门（或专门的人员）负责信息管理。

建设工程项目的信息管理是通过对各个系统、各项工作和各种数据的管理，使项目的信息能方便和有效地获取、存储（存档是存储的一项工作）、处理和交流。

上述“各个系统”可视为与项目的决策、实施和运行有关的各系统，它可分为建设工程项目决策阶段管理子系统、实施阶段管理子系统和运行阶段管理子系统，其中实施阶段管理子系统又可分为业主方管理子系统、设计方管理子系统、施工方管理子系统和供货方管理子系统等。

上述“各项工作”可视为与项目的决策、实施和运行有关的各项工作。如施工方管理子系统中的工作包括安全管理、成本管理、进度管理、质量管理、合同管理、信息管理、施工现场管理等。

上述“数据”并不仅指数字，在信息管理中，数据作为一个专门术语，它包括数字、文字、图像和声音。在施工方项目信息管理中，各种报表、成本分析的有关数字、进度分析的有关数字、质量分析的有关数字、各种来往的文件、设计图纸、施工摄影和摄像资料和录音资料等都属于信息管理中的数据的范畴。

建设工程项目信息管理的目的旨在通过有效的项目信息传输的组织和控制，为项目建设提供增值服务。据有关国际文献的资料统计：①建设工程项目实施过程中存在的诸多问题，其中 2/3 与信息交流（信息沟通）的问题有关；②建设工程项目 10%～33%的费用增加与信息交流存在的问题有关；③在大型建设工程项目中，信息交流的问题导致工程变更和工程实施的错误约占工程总成本的 3%～5%。由此可见信息交流对项目实施影响之大。

以上“信息交流（信息沟通）”的问题指的是一方没有及时或没有将另一方所需要的信息（如所需的信息的内容、针对性的信息和完整的信息）或没有将正确的信息传递给另一方。如设计变更没有及时通知施工方，从而导致返工；业主方没有将施工进度严重拖延的信息及时告知大型设备供货方，而设备供货方仍按原计划将设备运到施工现场，致使大型设备在现场无法存放和妥善保管；施工已产生了重大质量问题的隐患，而没有及时向有关技术负责人及时汇报等。以上列举的问题都会不同程度地影响项目目标的实现。

2. 施工项目相关的信息管理工作

（1）收集并整理相关公共信息

公共信息包括：法律、法规和部门规章信息，市场信息以及自然条件信息。

①法律、法规和部门规章信息，可采用编目管理或建立计算机文档存入计算机。无论采用哪种管理方式，都应在施工项目信息管理系统中建立法律、法规和部门规章表。

②市场信息，包括材料价格表，材料供应商表，机械设备供应商表，机械设备价格表，新材料、新技术、新工艺、新管理方法信息表等。应通过每一表格及时反映出市场动态。

③自然条件信息，应建立自然条件表，表中应包括地区、场地土类别、年平均气温、年最高气温、年最低气温、冬雨风季时间、年最大风力、地下水位高度、交通运输条件、环保要求等内容。

（2）收集并整理工程总体信息

以房屋建设工程为例，工程总体信息包括：工程名称、工程编号、建筑面积、总造价；建设单位、设计单位、施工单位、监理单位和参与建设其他各单位等基本项目信息；基础工程、主体工程、设备安装工程、装饰装修工程、建筑造型等特点；工程实体信息、场地与环境、施工合同信息等。

（3）收集并整理相关施工信息

施工信息内容包括施工记录信息和施工技术资料信息。施工记录信息包括施工日志、质量检查记录、材料设备进场记录、用工记录表等。施工技术资料信息包括主要原材料、成品、半成品、构配件、设备出厂质量证明和试（检）验报告，施工试验记录，预检记录，隐蔽工程验收记录，基础、主体结构验收记录，设备安装工程记录，施工组织设计，技术交底资料，工程质量检验评定资料，竣工验收资料，设计变更洽商记录，竣工图等。

（4）收集并整理相关项目管理信息

项目管理信息包括项目管理规划（大纲）信息，项目管理实施规划信息，项目进度控制信息，项目质量控制信息，项目安全控制信息，项目成本控制信息，项目现场管理信息，项目合同管理信息，项目材料管理信息、构配件管理信息，工、器具管理信息，项目人力资源管理信息，项目机械设备管理信息，项目资金管理信息，项目技术管理信息，项目组织协调信息，项目竣工验收信息，项目考核评价信息等。

①项目进度控制信息包括施工进度计划表、资源计划表、资源表、完成工作分析表等。

②项目成本信息要通过责任目标成本表、实际成本表、降低成本计划和成本分析表来管理和控制成本的相关信息；而降低成本计划由成本降低率表、成本降低额表、施工和管理费降低计划表组成；成本分析由计划偏差表、实际偏差表、目标偏差表和成本现状分析表等组成。

③项目安全控制信息主要包括安全交底、安全设施验收、安全教育、安全措施、安全处罚、安全事故、安全检查、复查整改记录等。

④项目竣工验收信息主要包括施工项目质量合格证书、单位工程交工质量核定表、交工验收证明书、施工技术资料移交表、施工项目结算、回访与保修书等。

3. 信息管理手册的主要内容

施工方、业主方和项目参与其他各方都有各自的信息管理任务，为充分利用和发挥信息资源的价值、提高信息管理的效率以及实现有序和科学的信息管理，各方都应编制各自的信息管理手册，以规范信息管理工作。信息管理手册描述和定义信息管理的任务、执行者（部门）、每项信息管理任务执行的时间和其工作成果等，它的主要内容包括以下几个方面。

①确定信息管理的任务（信息管理任务目录）。

②确定信息管理的任务分工表和管理职能分工表。

③确定信息的分类。

④确定信息的编码体系和编码。

⑤绘制信息输入输出模型（反映每一项信息处理过程的信息的提供者、信息的整理加工者、信息整理加工的要求和内容以及经整理加工后的信息传递给信息的接受者，并用框图的形式表示）。

⑥绘制各项信息管理工作的工作流程图（如信息管理手册编制和修订的工作流程，为形成各类报表和报告，收集信息、审核信息、录入信息、加工信息、信息传输和发布的工

作流程以及工程档案管理的工作流程等)。

⑦绘制信息处理的流程图(如施工安全管理信息、施工成本控制信息、施工进度信息、施工质量信息、合同管理信息等的信息处理的流程)。

⑧确定信息处理的工作平台(如以局域网作为信息处理的工作平台,或用门户网站作为信息处理的工作平台等)及明确其使用规定。

⑨确定各种报表和报告的格式以及报告周期。

⑩确定项目进展的月度报告、季度报告、年度报告和工程总报告的内容及其编制原则和方法。

⑪确定工程档案管理制度。

⑫确定信息管理的保密制度以及与信息管理有关的制度。

在当今的信息时代,在国际上工程管理领域产生了信息管理手册,它是信息管理的核心指导文件。期望我国施工企业对此引起重视,并在工程实践中得以应用。

4. 信息管理部门的主要任务

项目管理班子中各个工作部门的管理工作都与信息处理有关,它们也都承担一定的信息管理任务,而信息管理部门是专门从事信息管理的工作部门,其主要工作任务如下。

①负责主持编制信息管理手册,在项目实施过程中进行信息管理手册的必要的修改和补充,并检查和督促其执行。

②负责协调和组织项目管理班子中各个工作部门的信息处理工作。

③负责信息处理工作平台的建立和运行维护。

④与其他工作部门协同组织收集信息、处理信息和形成各种反映项目进展和项目目标控制的报表和报告。

⑤负责工程档案管理等。

二、施工方信息管理的手段

施工方信息管理手段的核心是实现工程管理信息化。

1. 工程管理信息化和施工管理信息化的内涵

①信息化是指信息资源的开发和利用,以及信息技术的开发和应用。信息化是继人类社会农业革命、城镇化和工业化的又一个新的发展时期的重要标志。

“信息资源”涉及范围非常广。从地域上划分,有国内信息资源和国际信息资源,它们都可再按地域细分;从信息的领域区分,则有政治、军事、经济、文化、艺术类等,它们也可再细分;从信息内容的属性划分,则有组织、管理、经济、技术类等。信息资源对人类社会的发展是非常宝贵的财富,应广泛开发和充分利用。

“信息技术”包括有关数据处理的软件技术、硬件技术和网络技术等。在国际社会中认为：一个社会组织的信息技术水平是衡量其文明程度的重要标志之一。

我国实施国家信息化的总体思路是：以信息技术应用为导向，以信息资源开发和利用为中心，以制度创新和技术创新为动力，以信息化带动工业化，加快经济结构的战略性调整，全面推动领域信息化、区域信息化、企业信息化和社会信息化进程。

工程管理信息化属于领域信息化的范畴，它和企业信息化也有联系。

②我国建筑业和基本建设领域应用信息技术与工业发达国家相比，尚存在较大的数字鸿沟，主要反映在信息技术在工程管理中应用的观念上，也反映在有关的知识管理上，还反映在有关技术的应用方面。

在数字经济与数字生态2000中国高层年会上提出“认知数字经济、改善数字生态、弥合数字鸿沟、消除数字冲突、把握数字机遇”是当前推动信息化的重要战略任务。

③工程管理信息化是指工程管理信息资源的开发和利用以及信息技术在工程管理中的开发和应用。施工管理信息化是工程管理信息化的一个分支，其内涵是：施工管理信息资源的开发和利用，以及信息技术在施工管理中的开发和应用。施工管理信息化是建筑现代化的一个重要方面。

工程管理的信息资源包括：组织类工程信息，如建筑业的组织信息、项目参与方的组织信息、与建筑业有关的组织信息和专家信息等；管理类工程信息，如与投资控制、进度控制、质量控制、合同管理和信息管理有关的信息等；经济类工程信息，如建设物资的市场信息、项目融资的信息等；技术类工程信息，如与设计、施工和物资有关的技术信息等；法规类信息等。

应重视以上这些信息资源的开发和利用，它的开发和利用将有利于建设工程项目的增值，即有利于节约投资/成本、加快建设进度和提高建设质量。

信息技术在工程管理中的开发和应用，包括在项目决策阶段的开发管理、实施阶段的项目管理和使用阶段的设施管理中开发和应用信息技术。

④自上世纪70年代开始，信息技术经历了一个迅速发展的过程，信息技术在建设工程管理中的应用也有一个相应的发展过程。

20世纪70年代，单项程序的应用，如工程网络计划的时间参数的计算程序、施工图预算程序等；20世纪80年代，程序系统的应用，如项目管理信息系统、设施管理信息系统（FMIS—Facility Management Information System）等；20世纪90年代，程序系统的集成，它是随着工程管理的集成而发展的；20世纪90年代末期至今，基于网络平台的工程管理。

⑤工程项目大量数据处理的需要，在当今的时代应重视利用信息技术的手段（主要是指数据处理设备和网络）进行信息管理，其核心的技术是基于网络平台的信息处理平台，即在网络平台上（如局域网，或互联网）进行信息处理，如图7-2所示。

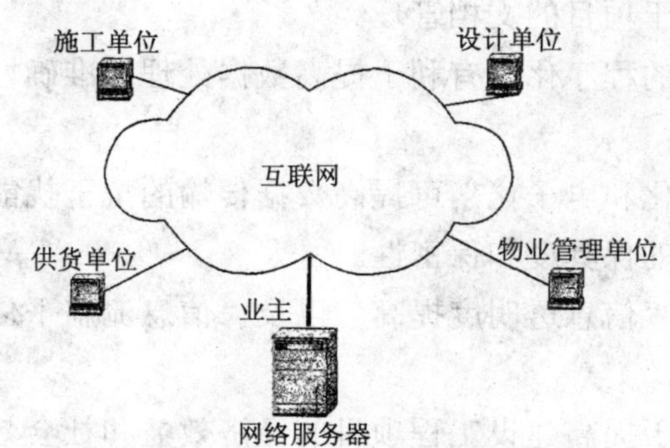

图 7-2　基于互联网的信息处理平台

在国际上，许多建设工程项目都专门设立信息管理部门（或称为信息中心），以确保信息管理工作的顺利进行；也有一些大型建设工程项目专门委托咨询公司从事项目信息动态跟踪和分析，以信息流指导物质流，从宏观上和总体上对项目的实施进行控制。

2. 工程管理信息化的意义

工程管理信息资源的开发和信息资源的充分利用，可吸取类似项目的正反两方面的经验和教训，许多有价值的组织信息、管理信息、经济信息、技术信息和法规信息将有助于项目决策期多种可能方案的选择，有利于项目实施期的项目目标控制，也有利于项目建成后的运行。

通过信息技术在工程管理中的开发和应用能实现以下功能。

①信息存储数字化和存储相对集中，如图 7-3 所示。

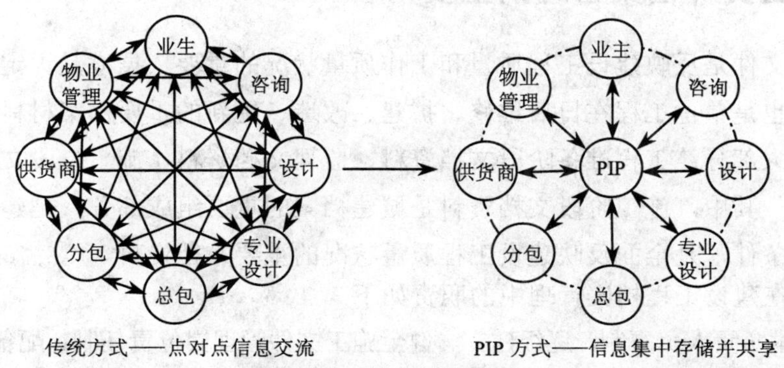

图 7-3　信息存储方式

②信息处理和变换的程序化。

③信息传输的数字化和电子化。

④信息获取便捷。

⑤信息透明度提高。

⑥信息流扁平化。

信息技术在工程管理中的开发和应用的意义如下。

①“信息存储数字化和存储相对集中”有利于项目信息的检索和查询，有利于数据和

文件版本的统一，并有利于项目的文档管理。

②“信息处理和变换的程序化”有利于提高数据处理的准确性，并可提高数据处理的效率。

③“信息传输的数字化和电子化”可提高数据传输的抗干扰能力，使数据传输不受距离限制并可提高数据传输的保真度和保密性。

④“信息获取便捷”、“信息透明度提高”以及“信息流扁平化”有利于项目参与方之间的信息交流和协同工作。

工程管理信息化有利于提高建设工程项目的经济效益和社会效益，以达到为项目建设增值的目的。

任务三　施工文件档案管理

内容概要

1. 施工文件档案管理的主要内容。
2. 施工文件的立卷原则、具体要求、文件排列、案卷编目等。
3. 施工文件的归档范围、质量要求、归档时间及相关要求。

一、施工文件档案管理的主要内容

建设工程文件是反映建设工程质量和工作质量状况的重要依据，是评定工程质量等级的重要依据，也是单位工程在日后维修、扩建、改造、更新的重要档案材料。建设工程文件一般分为四大部分：工程准备阶段文档资料、监理文档资料、施工阶段文档资料和工程竣工文档资料。其中，施工阶段文档资料是城建档案的重要组成部分，是建设工程进行竣工验收的必要条件，是全面反映建设工程质量状况的重要文档资料。

施工单位在建设工程档案管理中的职责如下。

①实行技术负责人负责制，逐级建立、健全施工文件管理岗位责任制。配备专职档案管理员，负责施工资料的管理工作。工程项目的施工文件应设专门的部门（专人）负责收集和整理。

②建设工程实行施工总承包的，由施工总承包单位负责收集、汇总各分包单位形成的工程档案，各分包单位应将本单位形成的工程文件整理、立卷后及时移交总承包单位；建设工程项目由几个单位承包的，各承包单位负责收集、整理、立卷其承包项目的工程文件，并应及时向建设单位移交，各承包单位应保证归档文件的完整、准确、系统，能够全面反映工程建设活动的全过程。

③可以按照施工合同的约定，接受建设单位的委托进行工程档案的组织和编制工作。

④按要求在竣工前将施工文件整理汇总完毕，再移交建设单位进行工程竣工验收。

⑤负责编制的施工文件的套数不得少于地方城建档案管理部门要求，但应有完整的施工文件移交建设单位及自行保存，保存期可根据工程性质以及地方城建档案管理部门有关要求确定；如建设单位对施工文件的编制套数有特殊要求的，可另行约定。

施工文件档案管理的内容主要包括工程施工技术管理资料、工程质量控制资料、工程施工质量验收资料、竣工图四大部分。

1. 工程施工技术管理资料

工程施工技术管理资料是建设工程施工全过程的真实记录，是施工各阶段客观产生的施工技术文件，主要内容如下。

（1）图纸会审记录文件

图纸会审记录文件是对已正式签署的设计文件进行交底、审查和会审，对提出的问题予以记录的文件。项目经理部收到工程图纸后，应组织有关人员进行审查，将设计疑问及图纸存在的问题，按专业整理、汇总后报建设单位，由建设单位提交设计单位，进行图纸会审和设计交底准备。图纸会审由建设单位组织设计、监理、施工单位负责人及有关人员参加。设计单位对设计疑问及图纸存在的问题进行交底，施工单位负责将设计交底内容按专业汇总、整理，形成图纸会审记录。由建设、设计、监理、施工单位的项目相关负责人签认并加盖各参加单位的公章，形成正式图纸会审记录。图纸会审记录属于正式设计文件，不得擅自在会审记录上涂改或变更其内容。

（2）工程开工报告相关资料（开工报审表、开工报告）

开工报告是建设单位与施工单位共同履行基本建设程序的证明文件，是施工单位承建单位工程施工工期的证明文件。

（3）技术、安全交底记录文件

此文件是施工单位负责人把设计要求的施工措施、安全生产贯彻到基层乃至每个工人的一项技术管理方法。交底主要项目为：图纸交底、施工组织设计交底、设计变更和洽商交底、分项工程技术交底、安全交底。技术、安全交底只有当签字齐全后方可生效，并发至施工班组。

（4）施工组织设计（项目管理规划）文件

承包单位在开工前为工程所做的施工组织、施工工艺、施工计划等方面的设计，用来指导拟建工程全过程中各项活动的技术、经济和组织的综合性文件。参与编制的人员应在“会签表”上签字，交项目监理签署意见并在会签表上签字，经报审同意后执行并进行下发交底。

（5）施工日志记录文件

施工日志是项目经理部的有关人员对工程项目施工过程中的有关技术管理和质量管理活动以及效果进行逐日连续完整的记录。要求对工程从开工到竣工的整个施工阶段进行全面记录，内容完整，并能完整、全面地反映工程相关情况。

（6）设计变更文件

设计变更文件是在施工过程中，由于设计图纸本身差错，设计图纸与实际情况不符，

施工条件变化，建设各方提出合理化建议，原材料的规格、品种、质量不符合设计要求等原因，需要对设计图纸部分内容进行修改而办理的变更设计文件。设计变更是施工图补充和修改的记载，要及时办理，内容要求明确具体，必要时附图，不得任意涂改和事后补办。按签发的日期先后顺序编号，要求责任明确，签章齐全。

（7）工程洽商记录文件

工程洽商是施工过程中一种协调业主与施工单位、施工单位和设计单位洽商行为的记录。工程洽商分为技术洽商和经济洽商两种，通常情况下由施工单位提出。

①在组织施工过程中，如发现设计图纸存在问题，或因施工条件发生变化，不能满足设计要求，或某种材料需要代换时，应向设计单位提出书面工程洽商。

②工程洽商记录应分专业及时办理，内容翔实，必要时应附图，并逐条注明所修改图纸的图号。工程洽商记录应由设计专业负责人以及建设、监理和施工单位的相关负责人签认后生效，不允许先施工后办理洽商。

③设计单位如委托建设（监理）单位办理签认，应办理书面委托签认手续。

④分包工程的工程洽商记录，应通过总包审查后办理。

（8）工程测量记录文件

工程测量记录文件是在施工过程中形成的确保建设工程定位、尺寸、标高、位置和沉降量等满足设计要求和规范规定的资料统称。

①工程定位测量记录文件。在工程开工前，施工单位根据建设单位提供的测绘部门的放线成果、红线桩、标准水准点、场地控制网（或建筑物控制网）、设计总平面图，对工程进行准确的测量定位。检查意见及复验意见应分别由施工单位、监理单位相关负责人填写，并签认盖章。工程定位测量完成后，应由建设单位报请规划管理部门下属具有相应资质的测绘部门进行验线。

②施工测量放线报验表。施工单位应在完成施工测量方案、红线桩校核成果、水准点引测成果及施工过程的各种测量记录后，填写《施工测量放线报验表》报请监理单位审核。

③基槽及各层测量放线记录文件。建设工程根据施工图纸给定的位置、轴线、标高进行的测量与复测，以保证工程的位置、轴线、标高正确。检查意见及复验意见应分别由施工单位、监理单位相关负责人填写，并签认盖章。

④沉降观测记录文件。沉降观测是检查建筑物地基变形是否满足国家规范要求、对建筑物沉降观测点进行沉降的测量工作，以保证工程的正常使用。一般建设工程项目，由施工单位进行施工过程及竣工后保修期内的沉降观测工作。观测单位按设计要求和规范规定，或监理单位批准的观测方案，设置沉降观测点，绘制沉降观测点布置图，定期进行沉降观测记录，并应附沉降观测点的沉降量与时间—荷载关系曲线图和沉降观测技术报告。观测单位的测量员、质检员、技术负责人均应签字，监理工程师应审核签字，测量单位应加盖公章。

（9）施工记录文件

施工记录是在施工过程中形成的，确保工程质量和安全的各种检查、记录的统称。主要包括：工程定位测量检查记录、预检记录、施工检查记录、冬期混凝土搅拌称量及养护测温记录、交接检查记录、工程竣工测量记录等。

（10）工程质量事故记录文件

工程质量事故记录文件包括工程质量事故报告和工程质量事故处理记录。

①工程质量事故报告。发生质量事故应有报告，对质量事故进行分析，按规定程序报告。

②工程质量事故处理记录。做好事故处理鉴定记录，建立质量事故档案，主要包括：质量事故报告、处理方案、实施记录和验收记录。

（11）工程竣工文件

工程竣工文件包括竣工报告、竣工验收证明书和工程质量保修书。

竣工报告是指工程项目具备竣工条件后，施工单位向建设单位报告，提请建设单位组织竣工验收的文件。提交竣工报告的条件是施工单位在合同规定的承包项目内容全部完工，自行组织有关人员进行检查验收，全部符合设计要求和质量标准。由施工单位生产部门填写竣工报告，经施工单位工程管理部门组织有关人员复查，确认具备竣工条件后，法人代表签字，法人单位盖章，报请监理、建设单位审批。

竣工验收证明书是指工程项目按设计和施工合同规定的内容全部完工，达到验收规范及合同要求，满足生产、使用并通过竣工验收的证明文件。建设单位接到竣工报告后，由建设单位项目负责人组织设计单位、监理单位、勘察单位、施工总承包、分包单位及有关部门，以国家颁发的施工质量验收规范为依据，按设计和施工合同的内容对工程进行全面检查和验收，通过后办理《竣工验收证明书》。由施工单位填写，报建设、监理、设计等单位负责人签认。

建设工程实行质量保修制度，工程承包单位在向建设单位提交工程竣工验收报告时，应当向建设单位出具质量保修书。质量保修书应当明确建设工程的保修范围、保修期限和保修责任等。

2. 工程质量控制资料

工程质量控制资料是建设工程施工全过程全面反映工程质量控制和保证的依据性证明资料，应包括原材料、构配件、器具及设备等的质量证明、合格证明、进场材料试验报告、施工试验记录、隐蔽工程检查记录等。

（1）合格证及检（试）验报告

合格证、试验报告的整理按工程进度为序进行，品种规格应满足设计要求，否则为合格证、试验报告不全。材料检查报告是为保证工程质量，对用于工程的材料进行有关指标测试，由试验单位出具试验证明文件，报告责任人签章必须齐全，有见证取样试验要求的必须进行见证取样试验。

（2）施工试验记录和见证检测报告

施工试验记录是根据设计要求和规范规定进行试验，记录原始数据和计算结果，并得出试验结论的资料统称。按照设计要求和规范规定应做施工试验，无专项施工试验表格的，可填写《施工试验记录（通用）》；采用新技术、新工艺及特殊工艺时，对施工试验方法和试验数据进行记录，应填写《施工试验记录（通用）》。见证检测报告是指在建设单位或工程监理单位人员的见证下，由施工单位的现场试验人员对工程中涉及结构安全的试块、试件和材料在现场取样，并送至经过省级以上建设行政主管部门对其资质认可和质量技术监督部门对其计量认证的质量检测单位进行检测，并由检测单位出具的检测报告。

（3）隐蔽工程验收记录文件

隐蔽工程验收记录是指为下道工序所隐蔽的工程项目，关系到结构性能和使用功能的重要部位或项目的隐蔽检查记录。隐蔽工程检查是保证工程质量与安全的重要过程控制检查记录，应分专业、分系统（机电工程）、分区段、分部位、分工序、分层进行。隐蔽工程未经检查或验收未通过，不允许进行下一道工序的施工。隐蔽工程验收记录为通用施工记录，适用于各专业。

隐蔽工程验收记录资料要求如下。

①验收时，施工单位必须附有关分项工程质量验收及测试资料，包括原材料试（化）验单、质量验收记录、出厂合格证等，以备查验。

②需要进行处理的，处理后必须进行复验，并且办理复验手续，填写复验记录，并做出复验结论。

③工程具备隐检条件后，由施工员填写隐蔽工程验收记录，由质检员提前一天报请监理单位，验收时由专业技术负责人组织施工员、质量检查员共同参加，验收后由监理单位专业监理工程师签署验收意见及验收结论，并签字签章。

（4）交接检查记录

不同工程或施工单位之间工程交接，当前一专业工程施工质量对后续专业工程施工质量产生直接影响时，应进行交接检查，填写《交接检查记录》。移交单位、接收单位和见证单位共同对移交工程进行验收，并对质量情况、遗留问题、工序要求、注意事项、成品保护等进行记录。《交接检查记录》中“见证单位”的规定：当在总包管理范围内的分包单位之间移交时，见证单位为“总包单位”；当在总包单位和其他专业分包单位之间移交时，见证单位应为“建设（监理）单位”。

3. 工程施工质量验收资料

工程施工质量验收资料是建设工程施工全过程中按照国家现行工程质量检验标准，对施工项目进行单位工程、分部工程、分项工程及检验批的划分，再由检验批、分项工程、分部工程、单位工程逐级对工程质量做出综合评定的工程质量验收资料。但是，由于各行业、各部门的专业特点不同，各类工程的检验评定均有相应的技术标准，工程质量验收资料的建立均应按相关的技术标准办理。具体内容如下。

（1）施工现场质量管理检查记录

为督促工程项目做好施工前准备工作，建设工程应按一个标段或一个单位（子单位）工程检查填报施工现场质量管理记录。专业分包工程也应在正式施工前由专业施工单位填报施工现场质量管理检查记录。施工单位项目经理部应建立质量责任制度、现场管理制度及检验制度，健全质量管理体系，配备施工技术标准，审查资质证书、施工图、地质勘察资料和施工技术文件等。按规定，在开工前由施工单位现场负责人填写“施工现场质量管理检查记录”，报项目总监理工程师（或建设单位项目负责人）检查，并做出检查结论。

（2）单位（子单位）工程质量竣工验收记录

在单位工程完成后，施工单位经自行组织人员进行检查验收，质量等级达到合格标准，并经项目监理机构复查认定质量等级合格后，向建设单位提交竣工验收报告及相关资料，由建设单位组织单位工程验收的记录，且单位（子单位）工程质量控制资料核查记录、单位（子单位）工程安全和功能检验资料核查及主要功能抽查记录、单位（子单位）工程观感质量检查记录相关内容应齐全且均符合规范规定的要求。

（3）分部（子分部）工程质量验收记录文件

分部（子分部）工程完成，施工单位自检合格后，应填报“________分部（子分部）工程质量验收记录表”，由总监理工程师（建设单位项目负责人）组织有关设计单位及施工单位项目负责人（项目经理）和技术、质量负责人等到场共同验收并签认。分部工程按部位和专业性质确定。

（4）分项工程质量验收记录文件

分项工程完成（即分项工程所包含的检验批均已完工），施工单位自检合格后，应填报“________分项工程质量验收记录表”，由监理工程师（建设单位项目专业技术负责人）组织项目专业技术负责人进行验收并签认。分项工程按主要工种、材料、施工工艺、设备类别等划分。

（5）检验批质量验收记录文件

检验批施工完成、施工单位自检合格后，应由项目专业质量检查员填报“________检验批质量验收记录表”，按照建设部施工质量验收系列标准表格执行。检验批质量验收应由监理工程师（建设单位项目专业技术负责人）组织项目专业质量检查员等进行验收并签认。检验批的划分原则：分项工程的检验批划分应便于质量控制和验收；划分的大小不能过分悬殊；能取得较完整的技术数据及检查记录；符合统一标准和配套施工质量验收规范规定。通常可根据施工及质量控制和专业验收需要按楼层、施工段、变形缝、系统或设备等进行划分；同时项目应在施工技术资料（如施工组织设计、施工方案、方案技术交底）中预先明确工程各分项工程检验批的划分原则，使检验批质量验收更加合理化、规范化、科学化。

4. 竣工图

竣工图是指工程竣工验收后，真实反映建设工程项目施工结果的图样。它是真实、准确、完整反映和记录各种地下和地上建筑物、构筑物等详细情况的技术文件，是工程竣工验收、投产或交付使用后进行维修、扩建、改建的依据，是生产（使用）单位必须长期要善保存和进行备案的重要工程档案资料。竣工图的编制整理、审核盖章、交接验收按国家对竣工图的要求办理。承包人应根据施工合同约定，提交合格的竣工图。竣工图编制要求如下。

①各项新建、扩建、改建、技术改造、技术引进项目，在项目竣工时要编制竣工图。项目竣工图应由施工单位负责编制。如行业主管部门规定设计单位编制或施工单位委托设计单位编制竣工图的，应明确规定施工单位和监理单位的审核和签认责任。

②竣工图应完整、准确、清晰、规范，修改到位，真实反映项目竣工验收时的实际情况。

③如果按施工图施工没有变动的，由竣工图编制单位在施工图上加盖并签署竣工图章。

④一般性图纸变更及符合更改或划改要求的变更，可在原图上更改，加盖并签署竣工图章。

⑤涉及结构形式、工艺、平面布置、项目等重大改变及图面变更面积超过35%的，应重新绘制竣工图。重绘图按原图编号，末尾加注“竣”字，或在新图图标内注明“竣工阶段”并签署竣工图章。

⑥同一建筑物、构筑物重复的标准图、通用图可不编入竣工图中，但应在图纸目录中列出图号，指明该图所在位置并在编制说明中注明；不同建筑物、构筑物应分别编制。

⑦竣工图图幅应按《技术制图复制图的折叠方法》（GB/T 10609.3－89）要求统一折叠。

⑧编制竣工图总说明及各专业的编制说明，叙述竣工图编制原则、各专业目录及编制情况。

二、施工文件的立卷

立卷是指按照一定的原则和方法，将有保存价值的文件分门别类整理成案卷，亦称组卷。案卷是指由互相有联系的若干文件组成的档案保管单位。

1. 立卷的基本原则

施工文件档案的立卷应遵循工程文件的自然形成规律，保持卷内工程前期文件、施工技术文件和竣工图之间的有机联系，便于档案的保管和利用。

①一个建设工程由多个单位工程组成时，工程文件按单位工程立卷。

②施工文件资料应根据工程资料的分类和“专业工程分类编码参考表”进行立卷。

③卷内资料排列顺序要依据卷内的资料构成而定，一般顺序为封面、目录、文件部分、备考表、封底。组成的案卷力求美观、整齐。

④卷内资料若有多种资料时，同类资料按日期顺序排列，不同资料之间的排列顺序应按资料的编号顺序排列。

2. 立卷的具体要求

①施工文件可按单位工程、分部工程、专业、阶段等组卷，竣工验收文件按单位工程、专业组卷。

②竣工图可按单位工程、专业等进行组卷，每一专业根据图纸多少组成一卷或多卷。

③立卷过程中应遵循下列要求：案卷不宜过厚，一般不超过 40 mm；案卷内不应有重份文件，不同载体的文件一般应分别组卷。

3. 卷内文件的排列

文字材料按事项、专业顺序排列。同一事项的请示与批复、同一文件的印本与定稿、主件与附件不能分开，并按批复在前、请示在后，印本在前、定稿在后，主件在前、附件在后的顺序排列。图纸按专业排列，同专业图纸按图号顺序排列。既有文字材料又有图纸的案卷，文字材料排前、图纸排后。

4. 案卷的编目

（1）编制卷内文件页号应符合的规定

①卷内文件均按有书写内容的页面编号。每卷单独编号，页号从“1”开始。

②页号编写位置：单面书写的文件在右下角；双面书写的文件，正面在右下角，背面在左下角。折叠后的图纸一律写在右下角。

③成套图纸或印刷成册的科技文件材料，自成一卷的，原目录可代替卷内目录，不必重新编写页号。

④案卷封面、卷内目录、卷内备考表不编写页号。

（2）卷内目录的编制应符合的规定

①卷内目录式样宜符合《建设工程文件归档整理规范》附录 B 的要求。

②序号：以一份文件为单位，用阿拉伯数字从 1 依次标注。

③责任者：填写文件的直接形成单位和个人；有多个责任者时，选择两个主要责任者，其余用“等”代替。

④编号：填写工程文件原有的文号或图号。

⑤日期：填写文件形成的日期。

⑥页次：填写文件在卷内所排的起始页号，最后一份文件填写起止页号。

⑦卷内目录排列在卷内文件首页之前。

（3）卷内备考表的编制应符合的规定

①卷内备考表的式样宜符合《建设工程文件归档整理规范》附录 C 的要求。

②卷内备考表主要标明卷内文件总页数、各类文件页数（照片张数）以及立卷单位对案卷情况的说明。

③卷内备考表排列在卷内文件的尾页之后。

（4）案卷封面的编制应符合的规定

①案卷封面印刷在卷盒、卷夹的正表面，也可采用内封面形式。案卷封面的式样宜符合《建设工程文件归档整理规范》附录 D 的要求。

②案卷封面的内容应包括：档号、档案馆代号、案卷题名、编制单位、起止日期、密级、保管期限、共几卷、第几卷。

③档号应由分类号、项目号和案卷号组成。档号由档案保管单位填写。

④档案馆代号应填写国家给定的本档案馆的编号。档案馆代号由档案馆填写。

⑤案卷题名应简明、准确地揭示卷内文件内容。案卷题名应包括工程名称、专业名称、卷内文件的内容。

⑥编制单位应填写案卷内文件的形成单位或主要责任者。

⑦起止日期应填写案卷内全部文件形成的起止日期。

⑧保管期限分为永久、长期、短期 3 种期限。各类文件的保管期限详见《建设工程文件归档整理规范》附录 A 的要求。

➢ 永久是指工程档案需永久保存。

➢ 长期是指工程档案的保存期限等于该工程的使用寿命。

➢ 短期是指工程档案保存 20 年以下。

➢ 同一案卷内有不同保管期限的文件，该案卷保管期限应从长。

⑨密级分为绝密、机密、秘密 3 种。同一案卷内有不同密级的文件，应以高密级为本卷密级。

⑩卷内目录、卷内备考表、案卷内封面应采用 70g 以上白色书写纸制作，且统一采用 A4 幅面。

5. 案卷装订与图纸折叠

①案卷可采用装订与不装订两种形式。文字材料必须装订。既有文字材料，又有图纸的案卷应装订。装订应采用线绳三孔左侧装订法，要整齐、牢固，便于保管和利用。装订时必须剔除金属物。

②不同幅面的工程图纸应按《技术制图复制图的折叠方法》（GB10609.3—89）统一折叠成 A4 幅面（297 mm×210 mm），图标栏外露在外面。

6. 卷盒、卷夹、案卷脊背

案卷装具一般采用卷盒、卷夹两种形式。

①卷盒的外表尺寸为 310 mm×220 mm，厚度分别为 20 mm、30 mm、40 mm、50 mm。

②卷夹的外表尺寸为 310 mm×220 mm，厚度一般为 20 mm、30 mm。

③卷盒、卷夹应采用无酸纸制作。

案卷脊背的内容包括档号、案卷题名，式样宜符合《建设工程文件归档整理规范》附录 E 的要求。

三、施工文件的归档

归档指文件形成单位完成其工作任务后，将形成的文件整理立卷后，按规定移交相关管理机构。

1. 施工文件的归档范围

对与工程建设有关的重要活动、记载工程建设主要过程和现状、具有保存价值的各种载体文件，均应收集齐全，整理立卷后归档。具体归档范围详见《建设工程文件归档整理规范》（GB/T 50328—2001）的要求。

2. 归档文件的质量要求

①归档的文件应为原件。

②工程文件的内容及其深度必须符合国家有关工程勘察、设计、施工、监理等方面的技术规范、标准和规程。

③工程文件的内容必须真实、准确，与工程实际相符合。

④工程文件应采用耐久性强的书写材料，如碳素墨水、蓝黑墨水，不得使用易褪色的书写材料，如红色墨水、纯蓝墨水、圆珠笔、复写纸、铅笔等。

⑤工程文件应字迹清楚，图样清晰，图表整洁，签字盖章手续完备。

⑥工程文件文字材料幅面尺寸规格宜为 A4 幅面（297 mm×210 mm），图纸宜采用国家标准图幅。

⑦工程文件的纸张应采用能够长期保存的韧力大、耐久性强的纸张。图纸一般采用蓝晒图，竣工图应是新蓝图。计算机出图必须清晰，不得使用计算机出图的复印件。

⑧所有竣工图均应加盖竣工图章。竣工图章的基本内容应包括："竣工图"字样、施工单位、编制人、审核人、技术负责人、编制日期、监理单位、现场监理、总监理工程师。竣工图章尺寸为：50 mm×80 mm。具体详见《建设工程文件归档整理规范》（GB/T 50328—2001）的竣工图章示例。竣工图章应使用不易褪色的红印泥，应盖在图标栏上方空白处。

⑨利用施工图改绘竣工图，必须标明变更修改依据；凡施工图结构、工艺、平面布置等有重大改变，或变更部分超过图面 1/3 的，应当重新绘制竣工图。

3. 施工文件归档的时间和相关要求

①根据建设程序和工程特点，归档可以分阶段分期进行，也可以在单位或分部工程通过竣工验收后进行。

②施工单位应当在工程竣工验收前，将形成的有关工程档案向建设单位归档。

③施工单位在收齐工程文件整理立卷后，建设单位、监理单位应根据城建档案管理机构的要求对档案文件完整、准确、系统情况和案卷质量进行审查。审查合格后向建设单位移交。

④工程档案一般不少于两套，一套由建设单位保管，一套（原件）移交当地城建档案馆（室）。

⑤施工单位向建设单位移交档案时，应编制移交清单，双方签字、盖章后方可交接。

参 考 文 献

[1] 宫立鸣，孙正茂．工程项目管理[M]．北京：化学工业出版社，2005.

[2] 周建国，刘宝华．工程项目管理基础[M]．北京：人民交通出版社，2007.

[3] 范红岩，宋岩丽．建筑工程项目管理[M]．北京：北京大学出版社，2008.

[4] 全国二级建造师执业资格考试用书编写委员会．建设工程施工管理——全国二级建造师职业资格考试用书[M]．3 版．北京：中国建筑工业出版社，2010.

[5] 中华人民共和国建设部．建设工程文件归档整理规范（GB 50328—2001）[M]．北京：中国建筑工业出版社，2007.

[6] 张海贵．现代建筑施工项目管理[M]．北京：金盾出版社，2001.

[7] 王俊安．招标投标与合同管理[M]．北京：中国建材工业出版社，2003.

[8] 张智钧．工程项目管理[M]．北京：机械工业出版社，2004.

[9] 邬晓光．工程质量控制与管理[M]．北京：人民交通出版社，2005.